有效管理的5大兵法

用文化管公司

（全新修订版）

孙陶然 著

中国友谊出版公司

图书在版编目（CIP）数据

有效管理的5大兵法：全新修订版 / 孙陶然著.——
北京：中国友谊出版公司, 2022.3
　　ISBN 978-7-5057-5439-3

　　Ⅰ.①有… Ⅱ.①孙… Ⅲ.①企业管理 Ⅳ.
①F272

中国版本图书馆CIP数据核字（2022）第061013号

书名	有效管理的 5 大兵法：全新修订版
作者	孙陶然
出版	中国友谊出版公司
发行	中国友谊出版公司
经销	北京时代华语国际传媒股份有限公司　010-83670231
印刷	唐山富达印务有限公司
规格	880×1230 毫米　32 开
	14.25 印张　260 千字
版次	2022 年 6 月第 1 版
印次	2022 年 6 月第 1 次印刷
书号	ISBN 978-7-5057-5439-3
定价	69.00 元
地址	北京市朝阳区西坝河南里 17 号楼
邮编	100028
电话	（010）64678009

再版自序

  《有效管理的 5 大兵法》是 2017 年首次出版的，至今已有四年多。在此期间，我对管理有了更深的理解，所以决定修订再版。与之前的版本相比，核心思想在修订版中没有变化，只是在表述上有所改变，同时补充了一些新内容，以确保所有的表述都是我的最新认知。

  我坚信，创业、经营、管理和修身都是科学，科学是有公式的，知道公式不一定能够解开题，不知道公式一定解不开题，但是知道一套公式，大概率能够解开题。

  2019 年，我联合师兄朱海先生创办了昆仑学堂体系型创业课程，迄今已招收三期学员。在授课过程中，我和朱海花了大量时间反复打磨，研发了十八门专业课程，对创业、经营、管理和修身四个方面的十八个重大课题，都给出了理论、方法论和工具。

  过去三年，我给昆仑学堂的学员讲了两遍我自己研发的十一门课，其中个别课程也给北京大学创业训练营、联想之星、黑马的学员讲过。

  我是一个精益求精的人，每一次讲课都会推陈出新，尤其是在昆仑学堂的教学中，经历了一个教学相长的过程，所以每门课程都进化得越来越完善。本书所讲述的五行文化，是其中一门重要课程，近三年也做了很多优化，所有最新的认知，此次都一并增加到修订版中了。

你能阅读此书，就说明咱们是有缘人。建议您在阅读时，关注以下三点：

一、体系比细节重要

任何问题，都要从体系角度去思考，不要钻到特别小的细节里，因为只看局部，不知道其在哪个体系之中，也不知道其在体系中的位置，最后得出的解决方法一定是片面的。

二、高度比深度重要

站在足够的高度看问题，要比钻到细节里面重要，如果高度不够，对细节只会越钻越歪。

就像看一幅油画，如果走得太近，看到的只是各种颜色的色块；如果离得特别远，什么都看不清楚；只有在合适距离，才能既欣赏到全局又欣赏到细节。

三、重点比全面重要

了解了全面之后，还要能抓住重点，因为解决问题的关键是要解决关键问题，关键要务、关键动作比全面重要。面面俱到的解决方法，既解决不了问题也达不成目标，只有抓住重点、解决重点，才能解决问题和达成目标。

思考比读书重要，形成自己的认知体系比学习重要。一定要清楚，读书的目的是学习，学习的目的是要形成自己的四大认知体系：世界观、价值观、人生观和万事万物观。一个有自己认知体系的人，是能够解决问题的人，是强大的人。

孙陶然

2021 年 10 月，于云南抚仙湖

本书之缘起

2012 年初，中信出版社出版了我的《创业 36 条军规》，出版之后非常受欢迎，第一年就加印了 36 次，几乎成为创业者的必读之书，也成了很多创业培训的标配教材。

2015 年 11 月修订再版，一经出版，又迅速加印若干次，至今仍在不断加印中。

很多创业者在微博、微信上给我留言，告诉我此书对他们帮助很大，不但有所启迪，而且很多人借助书中的原则解决了很多具体的问题，甚至规避了可能的重大风险。有的创业者拿给我的书上面密密麻麻写满了点评，有一个创业者告诉我，她初次读此书时还在上大学，当时她做了厚厚的一本读书笔记，后来每年读一次，每一次都有新的感悟——至今已读了 7 次，而她也已经创办了一个很成功的公司……在京东、亚马逊、当当等网站，《创业 36 条军规》都有超过万条评论，好评率超过 99.5%……说实话，看到这些我很高兴。

我历来相信，人生在世，应尽力去帮助别人，尤其是你的举手之劳而对别人是雪中送炭时更应如此。对我而言，花些时间把自己的经营管理心得总结出来，写出来，给大家看，帮助大家在创业路上少走一些弯路，是我应该做也必须做的。

我坚信，每个人都应该回馈社会。我们来到这个世界时是赤条条一无所有，然后我们在世界上学习、生活、工作，若有所得都是上天的恩赐，若有所得就应该尽可能地将所得的一部分甚至大部分回馈给社会，天道轮回盈亏轮转，这是自然之道。一直以来，我都认为企业家回馈社会有两种独有的方式：一种是把自己的经验和教训总结出来，告知给后来的创业者，帮助大家少走弯路更好地发展；一种是做天使投资，把自己赚到的钱的一部分投给那些有价值的创业想法或者有潜力的创业者，帮助他们创业。这两种方式，是每一个成功企业家回馈社会最好的方式。

总结自己的经验教训给别人传道解惑时，我主张必须本着负责任的态度，知无不言言无不尽，有些事你可以不写但是不能瞎写，有些事你可以不说但是不能瞎说，不可以避重就轻，也不可以为了掩饰自己曾经的狼狈就歪曲事实，更不可以为了显示自己的"高大上"就修改历史，否则是对你的粉丝最大的伤害。

实事求是，这是每个成功者传授经验时必须自我把握的道德底线。至少我写的每一个字都是坚持这个原则的。

创业，本质上考校的是创业者的三观（你如何看待这个世界、如何看待是非、如何看待自己的人生）；经营企业，本质上考校的是创业者定战略的能力（找方向、找人、找钱）；管理企业，本质上考校的是创业者建班子和带队伍的能力。

我坚信，对于创业公司而言，创始人自己不会的事情不能指望别人会，创始人自己解决不了的问题不要指望下属可以帮助解决，所以，学习创业、学习公司经营和学习公司管理，都是每一个创业者的必修课和必答题。

本书是教人管理的书。

没有人天生就会当总裁，即便那些有领导天赋的人，要做总裁管理一个数百人数千人的公司并且经营好，也是一个很大的挑战。

当总裁，要处理的问题千头万绪，应该做什么？做的过程中应该如何思考？如何决策？如何执行？本书中，我力争多从理念和方法论两个角度，给大家一个概念和一些简洁可执行的方法。只要按照该理念和方法论去做，你也可以学会当总裁，而且可以当得非常好。这就是我写本书的目的。

本书是一本教人经营公司的书，告诉创业者，从做产品、做市场、做管理乃至融资上市路上可能会遇到的问题以及解决思路。本书也是一本教人做人的书，即便你不创业，或者你不是一个领军人物，你依然可以从中学习如何做人如何做事，让自己成为一个"靠谱的人"、一个"有力量的人"，想清楚自己想过一种什么样的人生，并且知道坚持追求自己的理想，以及知道如何一步步实现自己的理想。

其实，《创业36条军规》出版之后，立刻就有很多出版社找上门来希望我出版第二本书，但我一直没有答应。一方面是我很贪玩很懒，总是静不下心来潜心写作；另一方面是我深知如果写书就不能不负责任，要给别人一碗水必须自己有一桶水，如果自己对要写的主题没有吃透，一知半解地写出来无异于误人子弟。所以，我在等着一种感觉，等到有一种冲动让我把某些东西写出来的时候再动笔，这实际是一个积累过程，我在等新的一桶水装满。

直到拉卡拉在三亚召开昆仑班二期（这是拉卡拉对中层以上领导的培训体系），为了亲自给大家全面讲解拉卡拉五行文化，我特意静下来，围绕着"用文化管公司"的思路再一次系统地梳理了一下关于企业经营管理的各种问题——本书的第一版就是基于那次两天的讲解内容完善而成。

我之所以提出来"用文化管公司"，是因为我一贯的思路是寻求"复杂问题简单化"。我认为只有把问题简单化才能逼近本质，只有把解决问题的方法简单化才可能被大家所掌握和运用。对于公司的经营和管理，最简单化的方法就是用文化管公司，以拉卡拉为例：拉卡拉的"五行文化"涵盖了企业管理的方方面面，是最简化的管理思路方法，也是最根本的管理思路和方法。只要整个体系都照此思想行动，不但可以做好管理工作进而做好经营工作，而且可以最大限度地加强协同和提高效率，我相信读完此书，读者慢慢会有此共鸣。

最后，本书的写作再次印证了顺势而为和水到渠成的正确性。这本书的第一版和《创业36条军规》一样，都是在飞机上写成的（例如，写这段话时我正在飞往以色列的航班上，我们一小队人马去以色列、约旦、黎巴嫩自驾），也是三段式工作法的产物（即先囫囵吞枣写完第一稿，然后放到一边；过一段时间再拿出来梳理一稿，再放到一边；过一段时间再拿出来定稿，这是我发明的工作方法，简单而高效）。

希望此书和《创业36条军规》一样，成为畅销书，成为每个创业者的案头读物。

　　首先，我要感谢所有和我一同创业的拉卡拉小伙伴们，戴启军（青城）、徐氢（庐山）、邓保军（南山）、舒世忠（天柱）等等，你们的智慧以及实践，是本书得以成书的基础；其次，我要感谢我的老师柳传志先生及厉以宁先生，二位的言传身教是我得以领悟公司经营管理真谛的来源；最后，我要感谢我的太太，以及我的孩子们，他们的支持是本书得以写成的力量源泉。

2017 年 10 月 4 日

我希望本书带给你什么

在此，我假设你是一位总裁，或者是企业一个部门的负责人，或者是一个项目的负责人，或者只是一个积极要求上进的业务骨干，我们来探讨你应该如何为自己设定工作目标，如何思考自己的工作，如何开展自己的工作，以及如何组建团队和带领团队一起去达成目标，这就是本书的内容。

换言之，本书是教人如何做领导者的书。

所谓领导者，在我看来，就是那些自己出题并且自己答题的人。他们知道方向，知道目标，知道如何能够达成目标，并且能够组织队伍去达成目标。

所谓自己出题，就是自己寻找方向，自己给自己设定正确的目标，达成目标之后自己给自己设定新的目标。

所谓自己答题，就是知道如何达成目标，并且能够自己组织队伍并带领队伍去达成目标。

自己出题自己答题，看似简单，实则最难，因为要自己能够出题就意味着必须知道方向，要自己能够答题就意味着必须有能力设计出到达目的地的正确航线，避开所有的冰山和暗礁，并且有能力组织队伍和你一起去达成目标，这是最高深的能力，我们称之为"领导力"，引领的能力，导向的能力。

本书的内容就是讨论如何当好一个企业的领导者。

我希望读完本书，你能够：

第一，知道什么是企业的领导者；

第二，知道如何做企业的领导者；

第三，掌握一些领导的管理工具，学会做一个合格的企业领导者。

本书中的管理工具，都是在拉卡拉施行了多年并且行之有效的，也是迄今为止我自己对企业的经营和管理理解和认知的制高点，你可以直接拿去使用，把这些当作规定动作先做好，然后再设计一些自己的管理工具作为自选动作。

关于学先进，我非常认同华为任正非先生的理念，即先僵化，再优化，最后再固化。学先进必须僵化地学习，掌握之后争取能够优化并且最终固化下来。学先进最差的学习方法是有选择地学，所谓"选择适合自己的来学"，这是最差的学习方法。道理很简单，别人是先进，你是后进，后进如何判断先进身上哪个是对的，哪个是错的？如何有能力选择那些"对的"来学习呢？如果一定要选择，后进一定会选择自己习惯的那些东西来学（而对后进来说应该学习的恰恰是他们不习惯甚至不喜欢的那些东西），最终学不到先进身上你真正应该学习的那些东西。

如果想真正从本书学到东西，我建议先僵化地学习，学会之后再试着看能不能优化，最后固化下来。毕竟，本书是我二十多年经营管理实践认知的产物。

我们做任何事情，如果想做成，都需要做到三点：一是要知道目标是什么，二是要知道如何达成目标，三是要能够组织队伍一起去达成目标。

一艘船的领导者是船长，船长的岗位在驾驶室，船长的使命是知道方向、知道目的地、制定出能够到达目的地的航线，以及组织一船的水手齐心协力驾驶本船到达目的地。

要想做好一个企业的领导者，也是同样道理，首先我们要知道我们该干什么，其次我们要知道如何干，最后我们还需要有一些有效的工具，让我们在干的过程中使用。

最后，再次提醒诸位看官，我希望读完此书的企业领导者，能够坚定以下理念：

1. 企业文化非常重要，必须第一时间由创始人亲自建立。

2. 拉卡拉的五行文化，是一种广义的企业文化，对企业的经营和管理非常有效，是大家可以拿来直接使用的文化。

3. 坚决地践行五行文化，围绕践行五行文化的每一个模块来做就是公司的经营管理。

目录
——contents——

第四章
企业家的自我修养

第五章
企业家需要体系性地学习

第六章
昆仑学堂的方法：五行文化管公司

第七章
五行文化第一模块（金）：使命、愿景、价值观

第八章
五行文化第二模块（木）：经营三要素

第九章
五行文化第三模块（水）：管事四步法

第十章
五行文化第四模块（火）：管人四步法

第十一章
五行文化第五模块（土）：十二条令

第十二章
拉卡拉 KTC 考核法

第一章

企业的真相

▲ 第一节　企业的本质

什么是企业？可以从多种维度去定义，有人认为企业是解决社会问题的组织，有人认为企业是为从事商业经营活动或者某些目的而成立的组织。在我看来，企业的本质就是做买卖，做买卖的本质是赚钱，做出一个有人愿意买的产品，找到一种可复制的销售方法去赚钱。不赚钱的企业是失败的，也是不道德的，因为企业不赚钱就会破产倒闭，既对不起股东也对不起员工。

企业的发展可以分为四个阶段：童年期、少年期、青年期和成年期。这四个阶段是层层递进的关系，每个阶段都有要解决的核心问题。四个阶段的核心问题分别是做产品、卖产品、多元化和生态化，解决了核心问题才能进入下一个阶段。企业的创办与发展过程，就是一个持续地解决上述问题的过程。

成为一家最小的百年老店需要做到第二阶段，成为卓越企业必须做到第三阶段，只有少数类型的企业能够做到第四阶段。

与万事万物一样，企业的发展也是动态的，而非静态的，与多种因素相关联，而非孤立的，因此任何用结果性思维看问题都是错误的。企业一旦成立，就注定进入了一个没有终点的过程，永远处于一个时刻变化和时刻要解决新问题的过程之中。处理和解决一个又一个的问题，就是企业的经营和管理。

企业的高度是由时代和赛道决定的，没有必要从营业规模、利润规模等指标进行绝对化比较。能够可持续成长、在自己的细分赛道里保持领先、受人尊重即为好企业。

▲ 第二节 衡量企业健康发展的三把尺子

如何评价一个企业的发展，这个问题非常重要。标准不同，对于企业经营者而言，努力的方向就会不同，对于投资人而言，投资决策就会不同。

我认为衡量公司健康发展有三个硬指标：

第一个指标是利润。

合法赚钱的公司肯定是健康发展的公司。既然企业的本质就是提供产品和服务从中获取盈利，不赚钱就说明企业提供的产品和服务没有被用户接受，当然不算成功。

不赚钱有多种原因，如果商业模式本身设计得就无法赚钱，就不是健康稳定发展的公司。但是，也有一些商业模式需要较长时期的烧钱才能赚钱，如果确实如此，也是健康发展的公司，很可能还是非常好的平台级公司。

第二个指标是收入。

如果没有利润，我们可以用收入衡量，有收入也说明产品和服务被市场所认可，是健康发展的公司，如果撇开公司规模等因素，收入5个亿的公司肯定比收入2个亿的公司发展得更好。

第三个指标是高黏度用户规模。

没有利润也没有收入，但是有用户，也可能是健康发展的公司。前提是用户黏性要高，而且规模要大。如果用户黏性低，说明公司所提供的产品和服务不是用户的刚需，如果不能形成规模，说明公司所提供的产品和服务只是个别用户的个别需求，都存在问题。

在实际工作中，结合衡量公司健康发展的三把尺子，借鉴中医的"望闻问切"法，我提出了一个企业诊断四步法：

第一步："望"利润

一看利润，包括规模、利润率、边际成本。

分析企业好坏，首先看利润，这是第一硬指标。

利润规模：企业利润的绝对规模是第一重要的指标，利润高的企业比利润低的企业好。

利润率：每销售一个产品获得的毛利是多少？如果很低，说明产品的可替代性高、附加值低，企业也很难盈利。另一个是净利率，如果净利率不高或者销售费用巨大、市场费用巨大，说明商业模式不够高明。

边际成本：如果随着规模扩大，产品的边际成本大幅度降低甚至趋零，是高明的商业模式；反之，说明商业模式不够高明。

二看收入，包括规模、结构、增长率。

如果企业没有利润，再看收入情况。

收入规模：对照过去36个月的收入曲线图，看收入规模，规模大的是健康发展的公司。

收入结构：如果收入来源于经常性收入，是可复制的收入，则收入的稳定性和含金量高。

收入增长率：如果收入年对年、月对月高速增长，是健康发展的公司。

三看用户，包括增速、黏性、规模。

如果公司既没有利润也没有收入，再看用户情况。

用户增速：好的产品，一定是用户增速快的，互联网产品有一个说法，如果用户不是呈几何级数裂变式增长，说明产品不够"爆品"。

用户黏性：用户黏性低，说明产品不是用户的刚需。

用户规模：一个是看潜在用户中有多大比例成为用户，比例越低越说明产品不是用户的刚需；另一个看用户的绝对规模，互联网产品如果没有 100 万以上的用户规模，是很难靠规模盈利的。

第二步："闻"产销

企业诊断的第一步"望"，是对企业的一个整体评估。如果企业利润情况良好，或者没有利润但收入情况良好，或者既没有利润也没有收入但是用户情况良好，说明企业"健康"，剩下的"闻问切"就是"常规体检"寻找"隐患"；如果企业的利润、收入和用户情况都不理想，说明企业"病了"，剩下的"闻问切"就是寻找"病根儿"。

一看产品，包括成交难度、用户体验、产品完成度。

大部分公司的失败是因为产品失败，大部分产品的失败是因为没有抓准用户的刚性需求。用户的刚需是一个方位而非一个方向，必须精确地抓准，差之毫厘，谬以千里。如果没有抓准需求，管理者很容易发现问题，最可怕的是抓住了需求但没有抓准，管理者很容易被迷惑，觉得需求没有问题……就如同电话号码如果少了一位数，大家都能发现打不通是因为号码错了，但是如果号码只是错了一位数字，很难发现是号码错了。

能够卖出去的产品，一定是抓住用户刚需的，具体表现一定是产品成交难度低、用户体验好、产品完成度高。

成交难度：抓住了刚需的产品。用户一定是愿意付费的，好的产品，一定是成交难度低的产品。目标用户一旦看到产品，就有购买冲动，而那些需要反复推销，甚至讨价还价才能成交的产品，都说明产品有需要完善之处。

用户体验：用户体验是产品的一票否决权，产品的用户体验不好，轻则相当于漏盆舀水，所有的投入和努力都会大打折扣，事倍功半，重则直接导致企业失败。好的用户体验应该是"小白用户"、不假思索、流畅使用。

产品完成度：这是我提出的一个概念，产品是有完成度的，完成度低的产品，推广起来事倍功半甚至会失败，只有完成度高的产品才能成功。产品的完成度可以分为三个级别：产品级、商品级、品牌级。

产品级的产品，指具备了功能和性能，带给了用户物质层面的满足；商品级的产品，指在产品级完成的基础上，增加了展示、交付等环节的设计，提供了完整的用户体验，带给了用户心理层面的满足；品牌级的产品，指在商品级的基础上，增加了品牌影响力，带给了用户精神上的满足。以智能手机为例，具备触摸屏等硬件的智能手机，是产品级的产品；具备丰富的应用商店的智能手机，是商品级的产品；最新款的苹果13，是品牌级的产品。

产品完成度低，是所有企业经营者必须高度重视的问题，这方面的似是而非，是失败之源。

二看销售，包括持续销售、销售加速度、可复制的销售方法。

如果产品没有问题但收入和利润不理想，一定是销售出了问题，就要分析销售环节。现实中，往往最畅销的产品并不是最好的产品，而是最会营销的产品。

持续销售：正确的销售方法，一定是可以让用户"应买尽买"的，不依赖某个具体的销售人员，形成常态化的持续的销售。对管理者而言，如果对于未来的销售是不可预测的，或者高度依赖于某个销售人员的，都说明销售存在问题。

销售加速度：正确的销售方法，一定是有销售加速度的，因为老用户会带来新用户，用户规模的扩大也会影响潜在用户产生购买欲望，如果没有销售加速度，要么是产品有问题，要么是销售方法有可优化之处。

可复制的销售方法：这是企业成功的关键，对于企业而言，首先是做出一个有人愿意买的产品，然后就是找到一个可复制的销售方法。没有可复制的方法，企业就像无头苍蝇一样，如果没有可复制的销售方法，销售不可持续，企业不可能成功。实际上，市场营销的本质，就是设计一种可复制的销售方法。

第三步："问"一把手

这一步看一把手。

企业的天花板是一把手，一把手决定企业的成败，尤其是初创公司，和一把手更是密切相关。

只有具备"成功范儿"的一把手，才能打造一家成功的企业。如果没有一个能胜任的领军人物，不管企业如何资源独特甚至占有先机，都不可能成功，手握一手好牌然后把企业做得稀巴烂的大有人在。

诊断企业，不管前面几个方面有没有问题，都要审视一把手是否堪当大任。

我认为一把手必须是"三好人才"和"三有人才"，"三好"即好品德、好才华和好心态，"三有"即有态度、有能力和有素质。

第四步："切"现金流

这一步看现金流。

现金流是企业的生命线，现金流紧张甚至面临断裂的企业是重症病人。企业的经营者必须时刻关注公司的现金流，根据公司每个月要消耗的成本和费用，测算现有现金能够支撑的时间，而且在测算时，对于收入要按照最低可能预测，对于成本和费用要按照最高可能预测。

原则上，如果在没有一分钱收入的情况下公司的现金不足以支撑十八个月的最低成本和费用，则公司的危险系数比较高。对于这样的公司进行杯水车薪式的投资，是风险最高的选择。

以上是我总结的企业诊断四步法，层层递进，由表及里抽丝剥茧，可以把企业分析得清清楚楚，就如同中医的"望闻问切"一样，是企业诊断的方法论。

诊断清楚了，才能对症下药。

▲ 第三节　什么是卓越企业

虽然每个企业千差万别，从所在领域到商业模式到人员组成再到公司历史都完全不一样，但是作为企业的领导者，我认为都应该把创办卓越企业作为目标。不想当元帅的士兵不是好士兵，既然创业，就必须以打造卓越企业为目标。

我定义卓越企业有三个标准：

第一，可持续成长。

任何情况下，企业利润的年复合增长率都可以保持在 25% 以上，这是卓越企业。

做企业需要的是持续增长而不是"一夜暴富"，收入和利润原地踏步肯定不是卓越企业，业绩波动起伏很大也不是卓越企业，一家卓越企业应该不管国际形势如何变幻，不管监管形势如何变化，不管同行采取什么策略，不管企业内部遇到什么变故，都可以保持 25% 以上的年复合增长率。

不要小看每年 25% 的增长目标，这是一个高难度的目标，尤其是企业到一定规模之后，要做到这一点需要的是综合能力和组合拳。首先，企业的主营业务必须稳健成长，具备 50% 以上的增长潜力；其次，企业还要不断孵化新的增长点，企业的经营计划必须有各种备份方案，具备应对行业监管、国家形势变化等的能力。只有成熟的企业、成熟的经营管理团队才有可能做到这些。

简单来讲，想给别人一碗水，自己得有一桶水。只有拥有年增长 50% 以上的能力，才能确保年增长 25%，只有拥有强大的能力和备份，才能应对各种不确定性。

我听到过企业最霸气的一句话是：要想从产品上颠覆我们是不可能的，因为我们在自己的每个产品上都做了两手准备，把自己作为假想敌，研发颠覆自己的产品……

可持续成长非常重要，巴菲特的公司过去二十多年的复合增长率大概是18%，但已经是世界上最赚钱的公司了。

第二，数一数二。

每个公司都以做到行业数一数二为目标是不现实的，只有极少数公司才有可能做到行业数一数二，但是，做到细分领域的数一数二应该是可能的，也是必须的，这是衡量卓越企业的硬指标。一个在行业细分领域都无法做到数一数二的企业，何谈卓越与成功？

所谓细分领域，即把自己所处的行业细分再细分，细分到最小维度，例如行业的某个领域、某个区域甚至某个产品类别，当然，如果行业不细分也能做到数一数二，那就是行业巨头。

第三，受人尊重。

我认为，大丈夫有所不为有所必为。作为创业者，企业的大小，三分靠努力，七分靠时势，但是企业能否受人尊重和规模大小无关，任何企业都可以做到。

受人尊重，既是卓越企业的标准，也是企业的最低标准。不被自己的员工尊重、不被同行尊重、不被社会尊重的企业再大都不能称之为卓越。

企业要做到三个被尊重并不容易。

只有走正道、发展得好并且与员工分享发展成果的公司，才可能受到员工的尊重。

只有走正道、发展得好并且履行龙头企业的行业责任，才可能受到同行的尊重。

只有走正道、发展得好，对社会有价值、有贡献的企业，才可能受到社会的尊重。

这些都不是容易做到的事情，很多企业走着走着就被生存压力所逼迫或者是被不良同行所逼迫，原本走正道的初心日渐偏离，最终走上邪路。只有那些有大定力的企业家才能做到坚持走正道。

这是我定义的卓越企业的标准，要做到这样的卓越企业，至少需要十年以上的时间，所以，创业，是一场十年起步的长征……

▲ 第四节 完整的创业包括三个维度

大多数创业者的概念里，以为创业就是注册公司、找人、租用办公场地、开发产品、销售产品以及售后服务等。围绕这些方面投入了大量精力，但是努力了多年却效果不佳，其原因就是创业不完整，只关注了创业的业务方面，忽略了创业的文化和政治方面。

一个完整的创业过程包括业务、文化及政治三个维度，必须齐头并进，任何一个方面有明显短板，企业的大厦都不稳定甚至有坍塌的危险。

创业的第一个维度是业务。

企业的核心是业务，即产品或服务，创业就是做买卖，做出一个有人愿意买的产品，找到一个把产品源源不断卖出去的方法。

大多数企业失败，表面上看是资金链断裂，实质是没有做出有人愿意买的产品，或者没有找到把产品源源不断卖出去的方法。

企业没有产品，相当于冲锋陷阵的战士手中没有武器；企业没有找到把产品源源不断卖出去的方法，相当于冲锋陷阵的战士没有组织，缺乏指挥，怎么可能成功？没有产品就没有收入，没有收入就是坐吃山空，再厚的家底也总会有弹尽粮绝的一天。

创业的第二个维度是文化。

企业文化是企业的灵魂，是企业战斗力的源泉和倍增器，没有企业文化的企业如同行尸走肉。

企业文化必须一开始就建立，哪怕只是只言片语，也必须有，并且以书面形式写出来。企业文化的核心是企业的使命、愿景和价值观，这是企业之所以存在的理由，以及要追求的方向和必须坚守的是非标准。

企业文化不会自动产生，必须由创始人亲自创建。

创业的第三个维度是政治。

经济学从来都是政治经济学，创业者必须了解国家战略、国家政策并且在此大框架下创业。

创业的政治维度就是企业以及企业领导人的政治地位、社会地位，随着企业的发展，企业及企业领导人在行业协会、社会政治生活等方面的地位也必须建立和逐步提高，为企业赢得更广阔的舞台以及对接更广阔的资源。

同样，企业和企业领导人的政治地位、社会地位不会自动形成，需要创始人和企业有意识、有步骤地花时间、花精力一步步去构建。

一、企业文化是企业的灵魂

书本上对企业文化的定义有很多种，我的定义是，企业文化就是以使命、愿景、价值观为核心的、企业全员共识的思维方式和行为方式。

企业文化的核心是使命、愿景、价值观。

使命，是企业一辈子要做的事，即我们是谁，我们追求的终极目标是什么，我们为什么而存在。

愿景，是企业十年要做的事，为了实现愿景，企业需要制定三年要做的事（企业战略），以及当年要做的事（年度经营计划）。

价值观，是企业的最高是非标准，即什么是对的，什么是错的，这是企业的"游戏规则"。

对使命、愿景、价值观的共识是企业全员得以凝聚在一起并在各种艰难险阻面前持续奋斗的基础。

不要以为企业文化是大企业的专利，所有的企业都需要自己的企业文化，初创企业尤其需要企业文化，初创企业缺方向、缺人、缺钱，更需要企业文化来指引、凝聚和激励大家共创令人心仪的事业。

企业文化必须尽早建立，等到公司发展起来了再建立就晚了，就像孩子从小不提要求不教育，等到十八岁了再想提要求，习惯已经养成很难改了。

企业文化只能由一把手亲自创建。创业之初，夜深人静之时，创始人应该自己一个人倒杯酒、点支烟或者打个坐，认认真真地、系统性地思考企业的使命、愿景及价值观，然后把他们用口语化的、通俗化的语言写下来。

企业文化是企业的旗帜，创始人自己想清楚了提出来，旗帜就树立起来了，从此"不是一家人不进一家门"，志同道合的人就慢慢汇聚过来，团队也会以此为目标统一认识，加强自我修养。

例如，拉卡拉的核心价值观第一条就是求实，这就决定了只说不做、喜欢忽悠的人在拉卡拉很难存活，因为不论拉卡拉谁负责招聘，不符合我们价值观的人都不会被招聘进来。万一有漏网之鱼进入了公司，他也会发现公司的人都很"求实"，"忽悠"在这里没有市场，最终要么改变，要么走人。

这就是企业文化的力量。

具备共同使命、愿景、价值观的队伍是最有战斗力的。

辛亥革命期间，河南爆发了"白朗起义"，起义军一度发展到数万人，三年间先后同北洋政府军队20多万敌军作战，攻破县城40多座，但最终还是失败了。原因就是起义军虽然提出了"反对袁世凯"的口号，但没有明确的政治纲领，也没有建立共同的价值观和愿景，加上组织不严密，以及西征陕、甘的战略失策，最终失败了。

同期的中国共产党，还只是几个共产主义小组，几十人的小队伍，但从一开始就鲜明地提出了使命、愿景、价值观，并建立了严明的纪律和组织，所以在严酷的环境中不断发展壮大，最终取得了革命胜利。

君联投资是另外一个例子。君联投资的价值观之中有一条"富而有道"，这是创始人朱立南先生提出的。为此，君联投资历史上几乎从未投资过游戏公司，虽然失去了前几年在游戏行业上投资挣钱的机会，但是随着时间的推移，君联投资讲诚信、值得信赖、做事公道的品牌越来越深入人心，并最终成为中国VC（风险投资）界的翘楚。

创业是带着一群人去未知的远方做一件未知的事情。远方在哪里？我们为什么要去那里？我们的使命是什么？什么是应该做的，什么是不能做的？我们应该如何思考问题和解决问题？这些都是创始人必须回答的问题，这些问题的答案，就是企业文化，这些问题如果没有清晰的答案，创业不可能成功。

企业文化是企业的灵魂，没有文化的企业就如同一盘散沙，所有成员无法形成合力；有文化的企业，所有成员都非常明确地知道什么该做什么不该做，物以类聚，人以群分，企业会非常有凝聚力和战斗力。

有文化的企业和没有文化的企业的差别，类似于平民和军队，同样是一百人，若是平民，大家目的不同，理念不同，行动不同，没有战斗力；而若是军队，则目标一致，令行禁止，行动有序，战斗力会很强大。

拉卡拉的企业文化是在公司发展过程中逐步总结出来的，但是从创办拉卡拉的第一天，我就为拉卡拉拟定了使命、愿景和价值观。随着企业的发展，我们又不断发展完善，为使命、愿景和价值观设计了经营三要素、管人四步法、管事四步法和十二条令四个方法论作为落地工具，最终形成现在拉卡拉的五行文化。

下图是2007年时拉卡拉的一个工牌，从中可以看到初创期拉卡拉的企业文化。

今天的拉卡拉，之所以能够在快速扩张以及不断有新鲜血液加入的情况下依然保持队形，并且在我们进入的每一个领域都做得不错，与企业文化强大有着莫大的关系。

二、企业文化的个性和共性

企业文化是个性化的，每个企业的文化都不尽相同。

每个组织的文化，都是创始人三观和个性的映射。

电视连续剧《亮剑》里，李云龙说每支部队都有军魂，这个军魂是由部队的第一任军事主管注入的。独立团的军魂，就是李云龙的个性：狡黠、霸气、顽强。用李云龙的说法，"狗走千里吃屎，狼走千里吃肉"，独立团就是狼，见到鬼子就要吃肉，再厉害的鬼子也要啃下一块肉来，这是他的性格，也是独立团文化的魂。

企业文化并无一定之规，创始人完全可以自由发挥，自己设定企业的文化，但前提应该符合经营和管理的规律。当然创始人也可以由着性子建立一个鼓励不求实、鼓励忽悠的企业文化，那就必须接受企业倒闭的后果。

企业文化是有共性的，很多价值观以及经营和管理的理念、方法论和工具，都是放之四海而皆准的普遍真理，不论是新经济企业还是传统经济企业都一样适用，这就是本书讲述的五行文化对绝大多数企业而言可以直接拿来应用的原因。

企业文化要与时俱进，绝对不能有一劳永逸地解决所有问题的思想，更不能敝帚自珍，拒绝革新与变化。在激烈的市场竞争中，没有恒久不变的企业，也没有恒久不变的企业文化，企业文化必须随着企业的发展和社会的演变不断创新和变革，因时而变，因势而变，与时俱进，以变制变，才能为企业发展助力。

企业文化既要仰望星空又要脚踏实地，重要的是落地，不落地的企业文化起不到作用。使命、愿景、价值观，是企业文化的核心，如果这三者太过抽象、高深，就很难落地。因此，在拉卡拉，我提出了"五行文化"：在使命、愿景、价值观之外，又增加了四个模块，分别是经营三要素、管事四步法、管人四步法及十二条令。

经营三要素、管事四步法和管人四步法是使命和愿景的落地工具，十二条令是价值观的落地工具。

使命、愿景、价值观就如同"佛法"，经营三要素、管事四步法和管人四步法就如同"佛经"，十二条令就如同"佛律"。

佛经和佛律都是为了帮助大家领悟佛法，三位一体，相辅相成。实践证明，这种"法""经""律"三位一体的广义企业文化，践行起来效果最好。

三、战术原则是企业文化在业务上的具体应用

战术原则，是军队作战时必须遵循的准则，我把企业依据企业文化以及自身业务特点确定的决策原则、执行原则等定义为企业的战术原则，即企业"做什么、不做什么以及怎么做"。

战术原则是指导我们工作的原则，也是战术纪律，是企业文化在业务上的具体应用。

越知道我们不能做什么就越清楚我们该做什么，没有战术纪律，靠运气打仗，即使赢了也是偶然，输了是必然。

四、企业和企业领导人的政治地位、社会地位是创业不可或缺的一部分

企业存在于社会之中，必须与社会打交道、与媒体打交道，某些行业还必须与行业监管部门、各个政府部门打交道。

即便企业不受行业监管部门监管，也不要以为企业不需要媒体和政府的支持。企业发展过程中难免会遇到政策落实、债务纠纷、被不公正执法等问题，遇到这些情况时，企业和企业领导人的政治地位、社会地位不同，会有一定的差别。

政府的支持和补贴不可能给到所有的企业，政府在听取意见、征求意见时也不可能顾及所有的企业，大多数情况下，这些资源更多的会落到社会身份强大的企业身上，甚至有些时候行业标准

的制定都是由社会身份强大的企业主导的。

企业及其领导人的社会地位，一方面可以让企业获得更多的资源，另一方面在企业遇到问题需要组织出面时，组织有可能会出面，这在很大程度上会影响问题的解决。

五、平时就要努力

随着企业的成长，企业领导人的社会地位也必须同步成长，如果企业"盛名之下其实难副"或者"养在深闺人未识"，对于企业发展都是不利的。

企业领导人的社会地位，也是一个从无到有、从零到一的过程，需要投入时间、精力一点一点去参与，一步落后步步落后。

当然，企业家的核心任务还是把企业做好，企业做不好，企业家花再多的时间混圈子、蹭热度，也不会受人认可更不会受人尊重；企业做好了，只要有社会地位和创业的意识，很容易"实至名归"。

▲ 第五节　创业者没有资格矫情

很多创业者总是喜欢说自己不喜欢见媒体，不喜欢跟政府打交道，不喜欢参加各种协会，不喜欢和投资人打交道，不喜欢看财务报表，等等，这些都是"矫情"的表现，都是极其错误的。

创业者没有资格用喜欢不喜欢、愿意不愿意这种思维来解决问题，对于创业者而言只有该不该，需要不需要这种思维模式。

应该做就去做而且必须做好，需要做就去做而且必须做好，要想创业就必须如此。

创业者不但没有资格矫情，还必须脸皮厚、懂感恩。

很多创业者总觉得不好意思麻烦别人，不好意思求助，这也是错误的，既然选择了创业，就必须厚起脸皮来。

谁都会有需要别人帮助的时候，开口求助并不丢人。开口求助最坏的情况无非是对方不愿意帮忙或者帮不上忙而已，只要自己竭尽全力努力了就没有什么遗憾。而如果是对方不愿意帮忙，至少你可以认清楚彼此关系的真实状态，有益无害。

人生最可悲的是没有竭尽全力导致事业失败。实际上，很多时候朋友没帮忙并不是不想帮忙或者没有能力帮忙，而是不知道你需要帮忙或者不确定你真的需要帮忙。所以创业者一定要厚脸皮大胆求助，明确说出自己的请求，别人帮你就"滴水之恩，涌泉相报"，别人不帮你也多理解对方的难处，或者认清楚对方是一个不愿意助人的人，或者认清楚彼此的关系并非自己想象的那么"铁"，这都是收获。

没有人有义务无条件地对你好，所以一定要善待那些帮助你和对你好的人，他们是你生命中的贵人，而且应该"滴水之恩，涌泉相报"。很多人有一个错误的观念，认为帮助自己的人很强大而自己很弱小，对方什么都不缺，自己能够拿得出手的东西对于对方而言都微不足道，所以只能"大恩不言谢"了。这是非常错误的，虽然施恩的人未必图报，但是没有人会愿意帮助一个"薄情寡义"的人，回报重要的是心意而非多么贵重的物质。换位思考一下，你帮助了一个人，这个人如果连逢年过节的一句问候，千里送鹅毛的一点心意都没有过，你会认为对方是知恩图报的人吗？以后还会继续帮助对方吗？

创业是业务、文化和政治三位一体的，如果选择了创业，就要不矫情、脸皮厚、懂感恩，这是最大的自助，天助自助者。

▲ 第六节　创业是一件很难的事

任何一个公司，不经过十年以上的发展，不可能成为一家在行业内数一数二的公司。

创业比打工难百倍，创业的风险比打工大百倍。

创业是带着一群未知的人去一个未知的地方完成一件未知的大事，充满不确定性。再有能力的创业者也无法在出发之前就想清楚所有的事情，即便想清楚，一旦出发也必然会发生很多变化。军事上讲"枪声一响，预案作废"，再完美的军事计划在战斗打响后预案都会失去作用，绝大多数公司成功时的商业模式和最初的设想都大相径庭。

创业的成功率很低，大多数人其实是不适合创业的，一旦不适合创业的人选择了创业，生活大概率会陷入一团糟。

创业是天底下最难的事儿，一旦开始创业，就意味着要过"非人"的生活，并陷入长期艰苦奋战之中。

创业路上，最常见的不是成功和失败，而是长时间的苦苦挣扎。

一、创业的成功率不足三分之一

创业之路想起来容易，做起来难，开始容易，过程很难，需要在前进的过程中根据市场的变化甚至竞争对手的动态随机应变。

据统计，美国新创公司存活十年的比例仅为4%，第一年以后有40%的公司会破产，五年以内有80%的公司会破产，活下来的20%在第二个五年中又有80%破产。哈佛商学院的研究发现，第一次创业的成功率是23%，已成功的企业家再次创业成功的比例略高，但也只是34%。

不要被某些成功者忽悠，很多人在成功后会下意识地杜撰出自己的很多"英雄壮举"，可以理解。成功路上很多事情确实不足为外人道，那些求爷爷告奶奶的艰辛以及几度绝望几度想放弃的糗事确实有损自己的"光辉形象"，很多成功者会选择为自己"避讳"，但这其实是最害人的。对于很多创业者来说，如果按照他们宣称的方式和经验去做，成功的概率不会太高。

创业者必须十八般武艺样样精通，不要相信那些一年创立两年融资三年上市的故事，不要相信那些被投资人追逐着想投资的故事，更不要相信有人在厕所用六分钟搞定永远也花不完的钱的故事。这些故事几乎肯定是吹嘘的，即便不是吹嘘的，故事的主人公也是千分之一、万分之一的幸运儿，即便跟你吹牛的那个人就是那个幸运儿，也不等于你会是下一个幸运儿。

二、中国创业者需要熟悉多项业务

中国创业者更需要"十八般武艺样样精通"，不但需要应对业务、经营和管理，还必须应对很多企业经营之外的事情，工商、税务、城管、公安等等，任何一方面应对不好，企业的发展都会受到影响。

而且，应对这一切只能靠创业者自己，几乎没有人可以求助。创业路上，最能帮到创业者的是天使投资人，他们对于创业者的价值远大于金钱，相当于创业者的教练、导师，是不拿工资还自己投钱的联合创始人。如果天使投资人曾经是成功的创业者，他们会告诉创业者前方会遇到什么，应该怎么处理，以及帮助对接资源等等。例如 Facebook（脸谱网）的扎克伯格在创业之初获得了 PayPal 前 CEO 彼得·蒂尔的天使投资，后者帮他找了很多厉害的人给他做顾问，甚至安排扎克伯格拜访时代公司的总裁当面求教。

中国创业者很少有人能够遇到有创业经验的天使投资人，基本上只能靠自己一点点摸索和试错。

不过最近一两年这种情况正在快速发生变化，越来越多的中国的成功企业家开始投身天使投资，不仅给予创业者资金，还亲自参与到创业公司的战略制定和业务拓展之中，充当创始人的教练和对手的角色，这是非常好的事情。

我自己近年也偶尔做天使投资，同时也作为 LP（有限合伙人）投资了几家基金，因为我认为，企业家回馈社会的最好方式是把赚到的钱的一部分拿出来做天使投资，投资给有潜力的创业者或者有价值有意义的早期项目。当然，培训创业者也是企业家回馈社会的很好方式，这也是我创办昆仑学堂体系型创业课的原因。

三、想清楚再出发

每次媒体问我最想给创业者的建议是什么，我的回答都是"不要轻易开始创业"。

大多数创业者选择创业之时其实并不清楚创业是怎么一回事，不清楚创业需要什么样的技能，不知道创业需要专门学习，更不清楚只有少数人适合创业，以及创业将是一场十年以上的艰苦长征等等。他们仅仅是凭着满腔的热情以及一个浪漫而美好的想象就开始了，从此踏上漫长的、充满变数的、经常让人感到无助的创业长征路……

孙子曰："兵者，国之大事，死生之地，存亡之道，不可不察也。故经之以五事，校之以计，而索其情。……知之者胜，不知之者不胜。"

创业是影响人生的大事，一旦选择创业，就意味着选择了一种特别的生活方式，从此将过上另外一种生活。

创业路上，一年遇到的酸甜苦辣、悲欢离合、爱恨情仇比不创业五年十年遇到的都要多；一旦选择创业，不仅自己的生活状态会完全改变，也会影响到家庭的生活状态，甚至会影响到亲朋好友……

不要相信某些"成功者"自己讲述的"创业传奇"，每一个成功都是艰辛努力的结果，只有极少数人能够成功。

《孙子兵法》的核心思想是不要轻易开战，因为战争意味着巨大的消耗和损失。如果开战，应该是胜而战之而不是战而胜之，只有能够获胜才会投入战斗，而不是稀里糊涂投入战斗后再去寻求如何获胜。

创业也是同样的道理，投身到一个自己不喜欢的事业是不明智的，投身到一个自己没有胜机的事业是愚蠢的。

创业之前，应该先问清楚自己适不适合创业，有没有机会创业成功。事实是，适合创业的人成功的概率比不适合创业的人要大几倍甚至十几倍。道理很简单，创业出发时，一切都是未知，一切都需要靠自己无中生有地创造出来，而且必须随时随机应变，如果不具备好品德、好才华和好心态，以及有态度、有能力和有素质，是无论如何不可能胜任的。

一个不适合创业的人创业，就像一个不会开车的人驾驶一辆载满乘客的大客车，对乘客是非常不负责任的。

▲ 第七节 创业是一辈子的马拉松

创业是一场一辈子的马拉松，企业创始人和自己创办的企业会一辈子都血肉相连。

经常看到已经退休了的创始人在企业遇到困难时又重新"出山"，或者已经把企业卖掉了的创始人，在企业遇到困难支撑不下去时，自己又掏钱把企业买回来继续经营，这种例子比比皆是。

前段时间，雷军宣布要赌上自己的全部信誉开始自己最后一次重大创业：小米要造车。我非常理解，一旦开始创业，就是一个停不下来的旅程，只要生命没有终止，创业就不会停止。

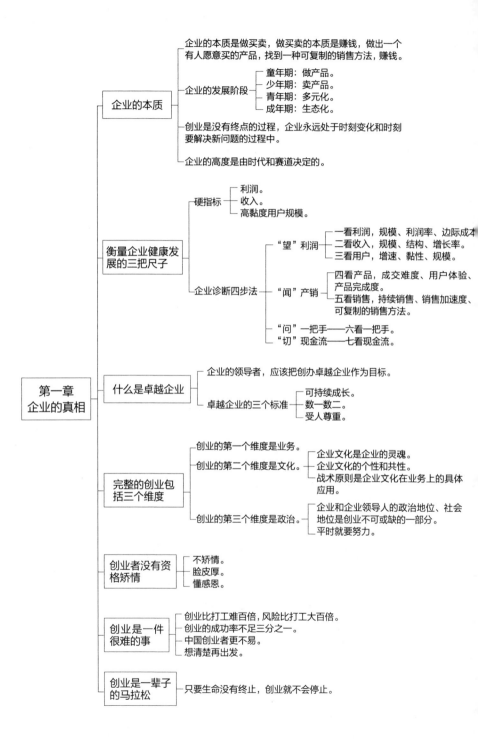

第一章 企业的真相

企业的本质
- 企业的本质是做买卖，做买卖的本质是赚钱，做出一个有人愿意买的产品，找到一种可复制的销售方法，赚钱。
- 企业的发展阶段
  - 童年期：做产品。
  - 少年期：卖产品。
  - 青年期：多元化。
  - 成年期：生态化。
- 创业是没有终点的过程，企业永远处于时刻变化和时刻要解决新问题的过程中。
- 企业的高度是由时代和赛道决定的。

衡量企业健康发展的三把尺子
- 硬指标
  - 利润。
  - 收入。
  - 高黏度用户规模。
- 企业诊断四步法
  - "望"利润
    - 一看利润，规模、利润率、边际成本。
    - 二看收入，规模、结构、增长率。
    - 三看用户，增速、黏性、规模。
  - "闻"产销
    - 四看产品，成交难度、用户体验、产品完成度。
    - 五看销售，持续销售、销售加速度、可复制的销售方法。
  - "问"一把手——六看一把手。
  - "切"现金流——七看现金流。

什么是卓越企业
- 企业的领导者，应该把创办卓越企业作为目标。
- 卓越企业的三个标准
  - 可持续成长。
  - 数一数二。
  - 受人尊重。

完整的创业包括三个维度
- 创业的第一个维度是业务。
- 创业的第二个维度是文化。
  - 企业文化是企业的灵魂。
  - 企业文化的个性和共性。
  - 战术原则是企业文化在业务上的具体应用。
- 创业的第三个维度是政治。
  - 企业和企业领导人的政治地位、社会地位是创业不可或缺的一部分。
  - 平时就要努力。

创业者没有资格矫情
- 不矫情。
- 脸皮厚。
- 懂感恩。

创业是一件很难的事
- 创业比打工难百倍，风险比打工大百倍。
- 创业的成功率不足三分之一。
- 中国创业者更不易。
- 想清楚再出发。

创业是一辈子的马拉松
- 只要生命没有终止，创业就不会停止。

企业发展阶段论

创业成功需要多久？这是每一个创业者都会问自己很多遍的问题。我的答案是，创业是一辈子的事。成就一家卓越企业至少需要十二年，企业的发展要经过四个发展阶段。

企业的发展如同人的成长一样，要经过童年期、少年期、青年期以及成年期四个阶段，必须一个阶段一个阶段地发展，解决了本阶段的关键问题才能跨入下一个阶段。每个阶段也许时间可以缩短但是阶段不可以跨越，这就是我 2017 年提出来的企业发展阶段论。

▲ 第一节　一次成功的创业需要十二年

创业是一辈子的事，企业家只要还活着，就不可能断开与自己创办的企业的关联。非常多的企业家在退休以后企业遇到问题时又重新出山，甚至卖掉企业后企业遇到困境时自己又掏钱重新买回来继续经营。

企业是通过经营获利的组织，其本质是做出一个有人愿意买的产品，找到一种源源不断把产品卖出去的方法并持续获利，基础是产品和卖法。

因此，企业发展的第一阶段，核心任务是做产品，做出有人愿意买的产品，企业才能度过童年期。一般而言，这个阶段需要三年。我的经验是，如果三年能够做出一个市场认可的好产品就是成功，很多企业花了四年五年直至资金耗尽都没能做出有人愿意买的产品，最终死在了企业的童年期。

有了产品，还要有源源不断把产品卖出去的方法。找到销售方法，并在全国、全网按照销售方法把产品卖出去，获得规模化的收入和利润，是企业发展的第二阶段，是企业少年期。这个阶段的核心任务是卖产品。如果能够用三年的时间，把产品卖到市场占有率数一数二，那是非常棒的成绩，很多有十几年历史的企业，每年仍然在盈亏平衡点上下挣扎。

成为单品冠军的企业，下一个台阶就是多元化经营，因为企业若想可持续成长，仅仅靠一个产品是不可能的。多元化是企业发展的第三阶段，即企业的青年期。如果能够用三年的时间，开辟出企业增长的第二曲线就是成功，如果未能开辟出第二曲线，企业就会一直停留在少年期。

多元化成功的企业，持续成长的下一个台阶是生态化阶段，这是企业发展的第四阶段，即成年期。对大多数企业而言永远不可能跨入本阶段，如果有幸跨入本阶段，也很难用三年时间完成企业的生态化。

可见，成为一家可持续成长、数一数二、受人尊重的生态化企业，至少需要十二年以上的时间。

这是所有成功企业共同的发展模式，从童年期到少年期，再到青年期和成年期，每个阶段大概三年，概莫能外。即便是"集资本万千宠爱于一身"的小米、滴滴、字节跳动等企业，从创办到上市也都超过十年，而且上市也只是阶段性成功的里程碑而已，并不意味着企业已经进入成熟稳定可持续成长的阶段。

历史上也有过用了不到十年，甚至只有五年就"跑步"上市的企业，但都很快就陷入各种问题之中，经营业绩大幅度下滑，基本上最终都消失了。企业的规律和自然界一样，拔苗助长的结果一定是苗枯死，颗粒无收。

▲ 第二节　企业发展阶段不可逾越

人生最大的特点，就是每个发展阶段不可逾越，再伟大的人物童年期之后也只能是少年期，不可能从童年期直接跨过少年期到青年期。而且每个阶段都有本阶段的核心任务，只有完成了本阶段的核心任务，才能更好地开始下一个阶段。例如从职业角度看，人生童年期的核心任务是天真无邪，少年期的核心任务是打好基础准备考大学，青年期的核心任务是大学毕业开始自己的职业生涯，等等。

企业的发展和人生一样，会经历童年期、少年期、青年期和成年期四个阶段，同样每个阶段都不可以逾越。

正确的创业姿势是按照创业阶段论，先做成一个小买卖，再逐步扩大，做成一个中买卖、大买卖，一个阶段一个阶段地发展。遗憾的是，现在很多创业者都忽视了创业阶段论，忽视了以做产品为起点开始创业，而是被各种创业神话、创业概念所诱惑，满脑子趋势、概念，总想着弯道超车，结果是欲速则不达，这是现在大多数人创业失败的核心原因。

武大郎卖烧饼其实是一个非常正确的创业姿势，找到一个大众、高频的刚需——吃饭，做出一个满足需求的产品——烧饼，找到一个卖法——挑着担子走街串户叫卖。每个烧饼成本三文钱，卖五文钱，有二文钱的毛利，可以做成一个小买卖；如果他慢慢攒点钱，盘下一个店铺，雇俩人，就可以开一个烧饼店，做成一个中买卖；如果再攒点钱，或者有人投资，就可以多开几家店，形成连锁，做成一个大买卖……

人生的每一个阶段不可缩短也不会延长，时间到了一定进入下一发展阶段；企业的发展阶段则不同，每个阶段长度不定，解决了当期的核心问题马上进入下一发展阶段，解决不了就会一直停留在本阶段。

企业的四个发展阶段是层层递进关系，就像盖楼，只有盖完第三层才能盖第四层，心急吃不了热豆腐。

上幼儿园的小孩子天天研究长大了以后做什么是没有意义的，因为首先要小升初、初到高，上大学，然后才谈得上选择什么职业。企业经营也同样，必须专注当下，专注解决当下阶段的核心问题，去做与本阶段核心问题无关的事情是没有意义的，只会分散资源，影响做好当下阶段的事情。活在当下，专注做当下应该做的事，解决当下必须解决的关键问题，享受当下的快感。童年期企业就踏踏实实做产品，享受做产品过程中的煎熬及熬过困难之后"柳暗花明又一村"的喜悦，少年期企业就踏踏实实卖产品，体会做市场的快乐。

理论上，企业的赚钱模式有四种：靠产品赚钱、靠资本赚钱、靠品牌赚钱以及靠生态赚钱，基础是靠产品赚钱。只有做好产品卖好产品，企业才能发展，才谈得上其他赚钱模式，尤其是童年期和少年期企业，只能靠产品赚钱，青年期和成年期的企业，才可能也必须靠资本、品牌及生态赚钱。

企业发展的四个阶段，关键要务

童年期3年		青年期3年	
做产品	卖产品	多元化	生态化
	少年期3年		成年期3年
年收入500万	年利润5000万	年利润5亿	
平均用时12年			

一、企业发展的第一阶段：童年期，做产品

童年期企业的标准是年度经常性收入 500 万人民币，经常性的年收入低于 500 万人民币的都是童年期企业，童年期企业的核心问题是做产品。

童年期是企业死亡的最高发阶段，有人统计过，能够存活超过三年的初创企业只有不到三分之一。

与人生一样，活下来才能谈发展，如果死掉了，就彻底没有机会了。企业的死亡原因有很多，例如政策变化不再允许从事某个行业，合伙人分裂导致公司经营不下去或者决定清算关门，等等。除了这些不可抗力之外，企业死亡最核心的原因是现金流断裂，当企业可支配的现金无法支付应付款时，企业就会死亡。

企业的现金来源主要有几个方面：股东投资、企业的股权融资、借款，以及销售收入。前三者为外力，后者为内力，内力是企业现金来源的核心，没有销售收入的企业就是家底再丰厚，股

权融资和借款能力再强，也总有坐吃山空的一天。

很多创业者知道要关注企业的现金流，但所有的创业者都天然地高估收入，低估支出，这是很多企业最终现金流断裂的核心原因。正确的做法是量入为出，把支出控制在即便企业一分钱收入也没有的情况下公司账上的钱还够花十八个月，最低也可以支撑十二个月的程度。如果低于十八个月，必须马上着手融资并且随时准备进一步压缩支出规模，非如此不可能创业成功。

企业的现金流取决于两个方面：收入和支出。在支出既定的情况下，收入越多企业活得越久；在收入既定的情况下，支出越少企业活得越久。保持现金流不断的窍门只有一个：开源节流。开源不是我们自己能够决定的，但是节流是我们完全可控的。

企业的生死存亡就是这样一个简单的小学算术题，可惜很多创业者都不重视，往往是企业已经发不出工资了才开始着急想办法，这时候即使是神仙来了也没有办法。

昆仑学堂有一门专业课《商业的本质》，讲商业的本质是产品、销售和交付。企业是靠提供产品或者服务赚钱的商业机构，首先要有产品，没有产品的企业的首要工作当然是做产品，做出产品之后卖产品，卖出产品之后盈利。

这是最浅显的道理，恰恰被很多创业者忽视，也是很多创业者失败的原因。

童年期企业的核心问题是做产品，做出一个有人愿意买的产品，这也是所有创业的第一步。

如何经营好童年期的企业？有三个要点：

1. 把每一分钱都用在做产品上

童年期企业（年收入500万元以内的企业）必须把每一分钱都花在做产品上，公司要最小规模、最低成本运行。凡是与做产品无关的事，一件不做；凡是与做产品无关的人，一个不招。

既然企业的生死存亡在于现金流，童年期企业又处于没有产品所以没有收入的状态，无法开源，就必须最大限度节流，每一分钱都花在做产品上，雇用的每一个人都必须是做产品需要的。这就是美国的很多成功企业都是在自家的车库里面创业的原因。在中国也一样，小米公司起步融资500万美元，但是最早的MIUI有很多代码是在星巴克咖啡厅写出来的。

很多创业者开始创业，第一件事是租大的办公室，甚至还要装修，然后开始招聘人员，助理、行政、人力资源、财务，销售、市场推广更是大招特招。实际上，没有这些人丝毫不影响做产品，在公司没有做出来可以卖的产品之前，这些人除了消耗公司有限的资金之外毫无用处。

处在童年期的企业，必须坚定地只做一件事：做产品，此外的任何事情都不要做。因为只要做事就需要人，越往下做需要的人越多，不知不觉之间，人员就壮大起来了。

企业没有做出有人愿意买的产品之前，相当于一支没有武器装备的军队，如果硬要冲锋陷阵，只能成为炮灰。对于做产品，市场、销售、行政乃至售后服务人员，都是没有意义的，都是在消耗资源而没有创造价值。

童年期企业不用定战略，如果一定要定战略，战略就是：集中全部资源做出一个有人愿意买的产品，找到一种源源不断把产品卖出去的方法。

童年期企业，不要把钱浪费在做产品以外的人和事儿上，不要把时间浪费在做产品以外的人和事儿上。以最快速度、最低成本，做出一个最低限度可交付产品，然后马上投放市场进行产品验证、销售验证和盈利验证，小步快跑、快速改进，才是正确的创业姿势。

2. 一个刚需、一个产品、一个功能

创业首先是做产品，做产品首先是抓住刚需。

抓住一个针尖大的需求解决到极致就能成功，不痛不痒的需求解决一百个也不会成功。很多创业者的失败都在于需求不够刚性，产品没有刚需就如同在沙漠里种地一样，付出再多努力也是徒劳无功。

抓住一个大众、高频、刚需的产品，可以做成一家超大的公司；抓住一个小众、高频、刚需的产品，可以做成一家中等公司；抓住一个小众、低频、刚需的产品，可以做成一个门口有人排队的网红小店。

在昆仑学堂，我提的口号是"一个刚需、一个产品、一个功能"，抓住一个刚需，只做一个产品，产品用一个核心功能解决这个刚需，再把用户体验做到极致，一定可以成功。

虽然有点极端，但所有成功的企业都是如此。刚需是一个点而不是一个面，微信刚刚起步的时候就是抓住了用户想要省话费的刚需，用一个语音通话功能收获了海量用户，然后逐步叠加了很多功能。如果当年微信推出时罗列了很多功能但没有语音通话，

也许不会如此成功。

让我们成功的是方位而不是方向，大多数创业者的失败都不是因为方向错误，而是在正确的方向上没有找到正确的方位。大家都知道香山在北京市区西北，但向着北京市区的西北走不一定能到达香山，只有知道东经多少度，北纬多少度，才能够到达香山。

大多数失败都是方向正确但是没有找到正确的方位，一直在正确的方位周围绕圈子，最终差之毫厘，谬以千里。

童年期企业应该只做一个产品。

所谓一个产品，指的是最细颗粒度的一个产品，即一个人群、一个刚需、一个功能、一个型号。

同样是智能手机，针对高端市场和针对低端市场，是两个产品。

同样的人群，社群服务和培训服务是两个产品。

创业者常见的错误是不专注、不聚焦，尤其是资源多、想法多的创业者，经常同时做几个产品（最常见的是他们认为这些产品都是一个大的产品，这就是我强调要用最细的颗粒度来区分产品的原因），而且每个产品都希望面面俱到，这是不可能成功的。俗称"一把好牌打得稀烂"，核心错误就是没有把握童年期企业需要"一个刚需、一个产品、一个功能"的经营要点。

童年期企业为什么应该只做一个产品？原因有两个：

第一，童年期企业本身缺钱、缺人、缺技术，集中全部力量做一个产品尚不一定可以成功，分散力量同时做两个甚至更多产品更不可能成功，只会降低成功的可能性。

第二，让我们成功的是做成了一个产品，而不是做过了很多个产品。所谓做成了一个产品，即做出了一个有人愿意买的产品，只要有一个这样的产品，然后源源不断将之卖出去获取盈利，创业就成功了，企业也就可以从童年期跨入少年期，持续成长。

3. 一把手亲自做产品

既然童年期的企业核心工作就一个——做产品，当然应该是一把手亲自做产品，亲自担任产品经理，亲自设计产品的每一个细节。

在一个除了做产品做其他任何事情都是错误的阶段，如果一把手不亲自做产品，只是宏观地把握一下产品方向，泛泛地提出一下对产品的期望和要求，都是"作死""等死"，是典型的自误。

童年期企业一把手必须亲自做产品，原因如下：

解决核心问题，就是一把手的核心岗位职责。

童年期企业的核心问题是做产品，所以，做出有人愿意买的产品，是童年期企业一把手的核心岗位职责。

一把手的工作，就是要为组织掌控方向、抓协同，以及做后备，对于没有产品的童年期企业而言，能不能做出产品，以及产品是什么，就是企业的方向，这个方向，只有也必须由一把手来掌控。

核心问题，只有一把手能够解决。

所有的资源，只有一把手最清楚，最有能力调动；核心问题，只有一把手有权力决策。所以，客观规律就是：一把手没有想到的事，企业不会想到；一把手自己不懂的事，企业基本上不可能做好，创业如此，各行各业的工作也大抵如此。

前线指挥官永远不要指望兵工厂能够制造出自己想要的武

器，也不要抱怨兵工厂造不出自己需要的兵器，除非前线指挥官亲自画出武器的设计图纸。

不要寄希望于分管产品的副总裁或者产品经理能够做出公司需要的产品，只有一把手才能够做出对的产品。

一把手不亲自做产品，就是在耽误时间，就是在"一本正经"地听任下属"一本正经地扯淡"。这是无数初创公司用无数金钱和失败佐证了的真理，请诸君一定要重视。

在亲自做产品这件事上，相信我，一把手一丁点儿的偷懒，都意味着时间的耽搁、资金的浪费、方位的偏差，甚至失败。自己不亲自做产品或者亲自做产品但是不抠细节只是泛泛管理的一把手，运气好的，产品需要推倒重来；运气不好的，连返工的机会都没有，直接 game over（游戏结束）了。

二、企业发展的第二阶段：少年期，卖产品

少年期企业和童年期企业的分界线是：年度经常性收入 500 万元。

当然，如果企业能够做到年度经常性收入超过 500 万元，一定已经做出来了一个有人愿意买的产品，并且基本上找到了可以把产品源源不断卖出去的方法。恭喜，企业开始进入第二发展阶段：少年期。

少年期企业的核心问题是：卖产品。在全国、全网按照找到的可复制的销售方法，把产品源源不断地卖出去，获取规模性盈利。

找到可复制的销售方法与按照该方法实现预期的销售收入和利润是两码事。两者之间的差别是兵书与实战的差别，是 Excel

利润表和真金白银利润的差别。这之间的鸿沟是建班子、定战略、带队伍，是人力、财力、管理能力等等，都需要企业逐一去解决，才可能达成预期的结果。解决这些问题，就是企业的经营管理。

如何让企业度过少年期进入青年期？

如何经营好少年期企业？有三个要点：

1. 专注于卖已有的产品

不要抱着"金饭碗"要饭吃。既然公司已经做出来了"一个"有人愿意买的产品，工作的核心就必须转变为卖"这个"产品，而不是再做其他的产品。

很多创业者爱犯两个错误：一个错误是，总觉得已经做完的产品不足够，还需要第二个、第三个产品，所以做出一个有人愿意买的产品后并不集中资源去卖产品，而是一边卖一边做其他的产品，甚至投入做其他产品的精力比卖已有产品的精力还多；另一个错误是，如果已有的产品销售不畅，不是花力气去解决销售的问题，而是开始做另一个产品。

还有的创业者把融资排在第一位，花大量时间去找关系、见投资人、谈融资。不是说融资不重要，但是创业不是融资，创业的目的也不是融资，融资只是解决创业过程中资金问题的一种方式而已，并不是所有的创业都需要融资。有的商业模式不需要投资，例如教育培训，因为是先收学费再交付课程；有的商业模式需要投资很少，创业者自己的资金就足够，这两种情况都不需要对外融资。

如果必须对外融资，也要清楚，对于投资人而言，他们不是慈善家，而是用自己的资金让别人替自己赚钱的人。这就决定了资本必然是"嫌贫爱富"的，必然是"锦上添花"而非"雪中送炭"的。对于创业者而言，与其把时间花在融资上，不如把时间花在做产品和卖产品上，做出了产品，多卖出一些产品，有了收入自然就有现金流了，而且产品卖得越好，融资越容易；越是没有销售额，融资越难。

2. 找到可复制的卖法

少年期企业的核心任务是卖产品，卖产品的关键是找到可复制的卖法。

任何产品，卖出一台两台是容易的，难的是源源不断地卖出去，只有找到可复制的卖法才能源源不断地把产品卖出去。

市场上卖得最好的产品并不一定是质量最好的产品，好产品找不到可复制的卖法一样会卖不出去。

可复制的卖法，就是俗称的市场营销。我认为，市场营销的核心是4P（产品、价格、渠道、推广的一个组合），找到适合自己产品的那个组合，就找到了可复制的卖法，就是自己的市场营销方案。

不要指望第三方公司能够提供营销的"灵丹妙药"，更不要指望能够找到一个"世外高人"或"大厂牛人"解决公司的销售问题。可复制的卖法（市场营销方案）只能靠一把手自己去找，第三方公司只能提供支持和帮助。

寻找可复制的卖法，必须一把手亲自做。

市场营销，本质上就是把产品的信息传递给目标用户并且促进目标用户购买。这是一门科学，是有规律可循的，只要分析清楚目标用户的特征，是可以推导出产品、价格、渠道和推广应该如何设计的。

1999 年，我参与了一个创业公司的产品设计、制造、推广与营销工作，我们的产品是全中文掌上手写电脑商务通。产品推出的第一年，我们就取得了超过 60% 的市场占有率，引起了巨大的轰动，当时记者采访我必问的一个问题就是：商务通奇迹的秘诀是什么？

我的回答是，没有秘诀，我们只是按照教科书上教的，把产品、价格、渠道和推广都做对了而已。

真是如此，我们的营销方案真的是我们自己通过逻辑分析和推理得出来的。我们分析，商务通的目标用户是三类人：有钱的、有权的或者既有钱又有权的，这些用户以中年男性居多，所以广告代言人应该要找美女，这样沟通效果最好。我们发现，只要当面演示清楚产品怎么用，目标用户一定会买；说不清楚，用户一定不会买，于是我们得出第一个结论：需要十分钟的功能性广告来把产品说清楚而不是三十秒的品牌广告。

目标用户晚上多数都在外面吃饭，吃完饭还要唱歌，半夜 11 点回家肯定睡不着觉，那时候没有网络，所以只能看电视。所以我们的广告不应该在晚上七点半或八点的黄金时间播，而应该在半夜 11 点、12 点甚至凌晨播。目标用户都是习惯于被服务的，所以广告应该有订购电话，随时送货上门。

分析清楚了用户，营销模式也就设计出来了：在当地电视台大量投放十分钟的电视广告，选择半夜、早晨、中午的时间播放，提供电话订购，送货上门服务，要在城市中最高档的商场设立专柜……

我们选择了郑州、哈尔滨、苏州张家港做试点，试点都成功了，于是我们总结出了经过验证的"张家港模式"，并开始在全国迅速复制。

复制时，我们不但给出了具体的"操作手册"，该做什么、步骤是什么、每一步具体怎么做，而且还给出了"理论销量"，即根据每个城市的人口数、手机拥有数、经济发达程度等指标，用我们给出的可复制卖法计算出来每个城市每个月应该卖多少台。结果，全国每个城市都做到了我们要求的"理论销量"。

社会科学的规律是，没有人能够告诉我们正确答案，虽然我们可以用逻辑和常识推理出卖法，但是只有在市场上验证才知道对不对，如果能够卖出去并且卖到预期的销量，卖法就是对的，否则就是错的。

2B 的销售其实很简单。

很多创业者对 2B 销售常感到很头疼，寄希望于找"大厂牛人"，最终付出了高昂的代价却"颗粒无收"。我的建议是，先分析 2B 销售的问题：需要什么样的销售人员？如何找到合适的销售人员？如何找客户？如何销售？这些问题的答案都在一把手手里。只要一把手亲自完成 10 单销售，自然就知道上述问题的答案了。如果还是不知道，再亲自完成 10 单销售，然后就知道什么样的销售人员能够胜任，客户在哪里，向目标客户销售需要几个步骤，每个步骤应该做什么以及怎么做，等等。这就是可复制的卖法，非一把手亲自去找寻，否则不可能找到。

3. 一把手亲自卖产品

少年期企业，核心问题是卖产品，而解决核心问题就是一把手的岗位职责，所以少年期企业，一把手必须亲自卖产品。

这个阶段，对于一把手而言，凡是不能够产生销量的事都不做，凡是不能帮助卖产品的都不是真朋友。

做出了有人愿意买的产品，剩下的就是一件事——卖产品。这个时候，"万般皆下品，唯有卖产品高"，不要张不开嘴推销自己的产品，卖产品没有什么丢人的，创业本来就是做买卖，产品卖不出去，就是创业失败。

公司不是实验室，也不是研究所，公司的目的不是研发产品而是创造收入，任何产品只要有人愿意买都可以创造收入，所以，既然有了产品就要把重点放在卖产品而不是研发更多的产品上。

卖产品的时候，一定要先打样再推广。

打样是东北话，过去手工做鞋的时候，先把脚的轮廓画在纸上，然后照着样子做鞋。

企业经营中的打样就是树立样板，选择局部区域或者人群进行试点，验证产品或者方案。如果验证成功，即树立了样板，然后总结出成功的步骤和方法，让大家复制推广。

打样就是试点，但不是盲目地去试，而是要先分析出最可能成功的路径，制定出最可行的方法，然后选择一个小的区域或者人群，一把手亲自按照这种路径和方法去做一遍，验证一下是否行得通。如果行不通，现场寻找行得通的方法或者修改路径，直至达成预期结果。

如果达成了预期结果，按照达成预期结果的方法整理出操作手册，明确步骤、做法及投入产出数据，形成样板方法和样板市场。

如果反复修改和努力也达不成预期结果，说明试点的方案是不可行的，要反过来重新分析和设计方案，然后再展开试点验证。

复制要坚决、要快。

打样要慢，精雕细琢，不放过任何一个疑点，一定要找到可复制的销售方法，防止把偶然事件当作可复制的。打样的时候别急，只要打样成功，就有了发力点，未来就是一片坦途，一旦没有把握好，把不可复制的卖法当成了可复制的卖法去推广，后果不堪设想。

如果找到了可复制的销售方法，复制时一定要坚决，要快，要求每个地方必须坚决按照打样成功的模式去做，总部的指示理解的要执行，不理解的更要执行，在执行中加深理解。

全国分支机构的设立，也是一个打样和复制的过程，先开设一两个分支机构，试点成功后总结出模式，再快速复制。

少年期企业，是走向细分行业数一数二的时期，也是一个精细化经营的时期，如何通过管理，保证产品的交付，并且降低产品的成本及公司的费用，都是管理者要解决的问题。

相比童年期企业，少年期企业的成败更取决于实践。Excel表上算不出来的利润，实际经营中一定挣不出来，按照 Excel 表的测算进行经营时，对成本的控制、对应收款的回收、渠道体系、售后体系的建设，这些都会严重影响利润的真正达成，都需要企业找到解决方法并实施到位。

创业企业的所有问题一把手都要搞清楚，一把手解决不了的事，下属不可能解决。

切记，一把手任何时候都不要把矛盾外移，也不要把矛盾后移，否则只能是欲速则不达。在没有找到可复制的卖法的情况下发展代理商，就是矛盾外移，自己不知道如何源源不断地把产品卖给终端用户，代理商更不可能知道；产品不过关就开始销售，就是矛盾后移，最终的结果必然是"偷鸡不成蚀把米"，货物怎么发出去的还得怎么收回来。

三、企业发展的第三阶段：青年期，多元化

青年期企业和少年期企业的分界线是年度税后利润 5000 万元。

企业年利润超过 5000 万元后，仅靠单一产品线已经很难继续保持持续增长，同时，从抗风险和对抗不确定性角度来讲，也需要开辟第二增长曲线，进入多元化阶段，即企业的青年期。

青年期企业，核心问题是多元化，开辟第二、第三条产品线，找到第二、第三增长曲线。

多元化的难度不仅在于跨界进入此前未曾接触过的行业，还在于每一条新产品线的开拓，并不是一次已有案例的成功复制，而是一次需要克服以往成功路径依赖的创业，难度甚至超过第一次创业。

企业此前的成功，并不意味着新的创业必然成功，如果产生了路径依赖，此前的成功甚至会成为新创业成功的障碍。

中国的企业，一旦实业做成功了，很容易就想进军房地产和金融领域，认为这两个领域挣钱快、挣钱容易，而忽略了隔行如

隔山的道理，盲目跨界，最终会导致失败。

多元化是非常危险的事，每一次多元化都相当于一次新的创业，成功企业的二次创业不等于必然成功，相反，往往失败率更高。因为已经成功的人心态很难调整到童年期企业，往往不能放下身段。将小公司按照大公司来运作，想当然地从老员工中选择一把手和班子，想当然地按照原来成功的做法去做，而忽略了不同的行业，甚至不同类型的产品需要不同的做法。

如何经营好青年期企业，有三个要点：

1. 用创业的方式多元化

用创业的方式多元化，即把每个孵化的新项目都注册成独立的公司，母公司只投入小比例股权（例如30%），不合并报表，不按照母公司的管理体系来管理，而是让团队投入大比例股权，同时引入市场化风险投资基金，按照独立创业公司方式去成长，在市场的大风大浪中去成长。公司成长起来后，可以不断加大对项目的投入直至并购回母公司或者将孵化的项目独立上市；成长不起来，也不再追加投入，而是止损，寄希望于其他孵化的项目或者从市场上并购。

大企业内部往往很难孵化新业务，每一个部门都背着明确且有挑战性的KPI（关键绩效指标），新孵化的业务很难争取到资源。

童年期公司的管理方式和青年期尤其是成年期企业迥然不同，童年期企业更多需要的是冒险，不拘一格的创新，需要的是快速反应和业务优先；青年期和成年期企业更多需要的是稳重和确定性，需要的是按部就班的规范，管理优先。

童年期企业在青年期、成年期公司的管理体系之下也很难有活力，更难以参与初创期企业之间的激烈竞争。一个最简单的例子，孵化的项目如果需要烧钱，放在上市公司内根本不可能，因为上市公司每个季度都要交出投资人期望的财务报表。

最好的方式，是把每一个要孵化的项目按照市场化的方式独立成立公司运作。实际上，少年期的公司到后期，应该把每年利润的 10% 拿出来以风险投资的思路，投资到母公司拟孵化的项目之中，为未来开辟第二增长曲线打基础，成功故可喜，失败亦欣然。

2. 打造充满活力的企业文化

最有希望的公司，是一个内部能够不断诞生出开疆拓土英雄的公司。最没有希望的公司，是一个一把手"武大郎开店"，企业内只有俯首帖耳的徒弟和下属，没有独立思考担当责任的合伙人的企业。

一个企业，如果所有的创新都是自下而上的，企业是有活力的，未来也是有保障的；如果所有的创新都是自上而下的，企业就是僵化的，未来没有保障的。打造百年老店基业长青的唯一办法，是打造出充满活力的企业文化。

我总结出充满活力的企业文化有三个要点：

一是自下而上驱动的组织结构。

组织结构本质上分为两类：高层指令式结构和分布自驱式结构。

高层指令式的组织结构，要求所有的下属组织严格按照指令执行，把下属变成只会听将令的"低能儿"，而且集团公司的高层指令式系统天然地会下达越来越多的指令，指令之间越来越不自洽。现代社会，经济活动日益复杂，也注定高层指令式指挥模式不可能及时反馈，最终要么是"一刀切"式的指令，要么是面对复杂多维的信息无法及时有效反馈而致"系统崩溃"。

分布自驱式的组织结构，以最小的利润中心为基础管理单位，每个基础管理单位都自带发动机，自我出题，自我答题，自我驱动。

一列火车，只有一个火车头，所有的车厢都是被动地靠火车头牵引着走；一个车队，每个车厢都自带发动机，自带司机，两相比较，动力和活力，孰强孰弱？

华为要求让听得到炮声的人决策，我非常认同，让坐在总部中央空调办公室里的人决策前线的事情是荒谬的。

二是军功主义导向的企业文化。

最狼性的组织是军功主义的组织，不是论资排辈，也不是攀亲带故，一切唯军功论，然后按劳分配、论功行赏。

军功 = 防区 × 战绩。决定军功的第一个系数是防区大小，防区越大系数越大，这样就会使得人人争主攻、抢活儿干；决定军功的第二个系数是战绩，是超出预期？符合预期？还是低于预期？战绩越好系数越大。不但要抢活儿干，还要干得好，军功才大。如果只是一味争夺任务但是干不好，还是没有军功。

三是领导身先士卒的工作作风。

领导必须身先士卒，不允许有只管人不管事的领导，解决核心问题是一把手的岗位职责，一把手必须亲自解决关键问题。

下属能够胜任，领导可以做甩手掌柜；下属不能胜任，就要指导，指导无效就要换人，如果换人还解决不了问题，领导就必须亲自顶上去。

3. 善用并购手段

多元化过程中，不要寄希望于内部孵化，万丈平地起高楼，从零做起到成为独角兽公司，是非常难的一件事，原因有三个：

一是大企业内部未必适合创业项目成长，创业项目很难获得资源，而且会受到大企业管理制度的限制。

二是创业成功是小概率事件，期望有针对性地孵化一个成功一个，这本身就不符合客观规律。

三是温室里长不出参天大树，只有在激烈的市场竞争之中存活下来的企业，才是真正有生命力的企业。

我认为多元化最好的方式是风投模式，即把整个市场作为自己的孵化器，广泛地对创业公司进行少部分股权投资，同时嫁接公司的资源帮助这些创业公司成长。如果确认成长起来的被投企业对自己有重大战略意义，再加大投入甚至并购。如果无法并购，被投企业独立上市，我们的投资回报也会丰厚无比。

这种模式的缺点是并购时可能代价巨大，但是如果与孵化不出新业务相比，代价大一点并不可怕。

即便是自己未曾风险投资过的企业，如果可以成为企业的第二增长曲线，也要敢于出重金并购。并购时切忌图便宜，任何领域都是便宜没好货，欣欣向荣甚至自己有 IPO 机会的企业没有人会贱卖，便宜的都是不怎么好的企业。

四、企业发展的第四阶段：成年期，生态化

成年期和青年期企业的分界线是年度税后利润超过 5 亿人民币，拥有海量高黏度用户或者是平台级的企业。

如果具备这两个条件，恭喜你，企业从青年期进入了成年期。

成年期企业的核心任务是生态化，借助企业的资本、品牌及用户、流量等开展多元化投资和经营。

理论上，企业赚钱有四种方法：

第一种方法是靠产品赚钱。

第二种方法是靠钱赚钱。通过投资企业尤其是和企业相关的企业获取投资收益。

小米集团在小米手机卖好之后很快就投资了一百多家企业。这些企业不论从利润还是从市值上都已经非常成气候，即便有一天小米集团出问题了，通过投资这些企业赚的钱也是一个天文数字。

实际上，企业发展的后期阶段，产品本身已经没有那么重要了，产品只是企业前进路上的一级台阶，再好的产品也会退出市场的，重要的是它退出市场之前要有新的产品接替上来。

基业长青的企业都不会死守自己的任何一个产品，而是要用动态眼光来看产品。既要把它当成唯一的武器和生产工具，也要做好随时用新的产品替代它的准备，死守既有产品的企业最终只能随着产品被淘汰而一起消失。

第三种赚钱方法是靠品牌赚钱。

企业成为行业龙头之后会产生巨大的品牌效应和势能，别人会把赚钱机会送上来给你，甚至你都不用掏钱，出品牌就行了。

所有的企业去海外 IPO 时都要找基石投资人，折价让他们来认购。当年大家都找李嘉诚，为什么找他呢，因为他有品牌，他买了之后股票就能够卖出去。一个企业到了可以靠品牌赚钱的时候还要靠产品赚钱，就好比一个人明明可以靠颜值还要去卖苦力。

第四种赚钱方式是靠生态赚钱。

企业如果有海量的用户或者是一个平台有海量的流量，就可以借此投资优秀的公司并且用自己的用户和流量使被投企业获得成功，而且使其获得非常好的投资价格。有时候，流量甚至可以折成投资，所以，有人说腾讯其实是一个收创业税的公司。

企业发展过程中，创始人必须明白企业赚钱的方式——基础是靠产品赚钱，大多数企业终其一生也只能靠产品赚钱。但也必须明白，除了产品，企业还有另外三种更加高级的赚钱方式，当企业具备了这三种赚钱能力时要主动把握。不发挥靠产品赚钱以外的赚钱能力，企业永远长不大。

成熟期企业，工夫在诗外。世事洞明皆学问，人情练达即文章，企业能够走多远，走得怎么样，最终考验的是企业一把手的三观与境界。

做企业就是做人，做人就是要时时修炼，平时不烧香，临时抱佛脚是抱不上的。创业者在日常工作甚至生活中说的每一句话，做的每一个行为，都会成为别人心中给你贴的一个标签。这些标签如果是靠谱的，你的路就会越走越宽；如果是不靠谱的，你就会越来越寸步难行，创业者如何做人直接影响到别人是否会和你合作及如何合作。

为什么有的创业者融资很容易？因为他提前两年就在影响潜在投资人，人家看了他两年，对他产生了基本靠谱的判断，所以他融资时就会很容易；有的人用人朝前，不用人朝后，被人贴上了不靠谱、势利的标签，融资就会很困难。

如何经营好成熟期企业？有三个要点：

1. 尊重常识、尊重逻辑的世界观

成熟期企业体量巨大，是一个或者若干个生态的中枢核心，每一个决策和举动影响的都是整个行业和千万亿万的用户。一把手能否清晰地认知世界，尊重常识、尊重逻辑的底线决定企业的命运。

大家可能看到过很多这样的例子。企业家成功了，然后开始自我膨胀，认为自己无所不能，认为钱能够解决一切，最终巨大的企业轰然倒塌。

2. 走正道的价值观

价值观，是人最终决策和选择的依据。对于成熟期企业而言，一把手如果"德不配位"，是非常危险的事情，企业越发展，一把手越要坚守走正道的价值观。

企业越大责任越大，这种责任，既包括企业自身要坚持更高的价值底线，成为对用户、对社会、对人类有正向贡献的企业，为其他企业树立价值上的榜样；也包括要带动整个行业的生态进化，"一花独放不是春，百花齐放春满园"，龙头企业、成年期企业，对社会的责任不仅仅是自身的发展。

对于成熟期的企业而言，没有必须要做的项目，发展速度快一点慢一点也已经不是第一位的了，重要的是要行稳致远。出来混早晚要还的，不走正道种下的恶因迟早会应验在自己身上，从长远来看，走正道是唯一能够成功的道。

一个社会，如果位于头部的成年期企业都不坚守价值观，这个社会是令人悲哀和没有希望的。

3. 温暖他人，成就自己的人生观

本质上，人的一切决策和选择的根本，在于自己的人生观。追求一个什么样的人生，决定了人最终的选择和决策。

不是所有的企业都能够发展到成年期，只有极少数企业（万分之一概率，靠的是天分以及历史性的机遇）能够走到生态化阶段。绝大多数企业都是靠"祖师爷"赏饭吃，即要依靠自己一万小时的勤奋和努力才能够获得自己的市场地位，虽然无法走到生态化阶段，甚至无法走到多元化阶段，但也足以造就百年卓越老店。

如果有幸执掌一家成熟期企业，你会将企业带向何方？企业应该坚守什么样的文化？对于一把手而言就是"一念天堂，一念地狱"，说企业的未来如何完全取决于一把手对生命的理解也不为过。

如果可以给些建议的话，我建议成年期企业的一把手，更多地思考通过温暖他人成就自己。"穷则独善其身，达则兼济天下"是中国传统士大夫的人生观，我也建议有幸执掌成年期企业的一把手，也多作如是观。

五、企业发展阶段不同，管理模式不同

企业发展阶段不同，管理模式截然不同，理论上，管理模式分为三种：

1. 亲力亲为

适用于企业或者新业务的起步期。这段时期，企业的核心问题是找方向，产品和销售都还没有定型，凡事一把手必须亲力亲为，不能假手于人。此时的一把手既是董事长，又兼总裁，兼首席产品经理，兼财务部经理，兼生产部经理，兼前台。这个阶段，一把手自己不清楚怎么做的事情别人不可能会做。

2. 身先士卒

适用于企业或者新业务的成长期。这时候企业的方向和产品已经基本定型了，人员规模也发展到数十人或上百人，必须有一些分工，一把手不可能什么事都亲力亲为了，管理模式必须调整为"身先士卒"。一把手亲自主持最重要的事情，什么事最重要，什么事最困难，一把手就抓什么。产品有问题，就亲自抓产品；有了产品，还没有找到规模销售的方法，就亲自抓销售；销售规模扩大，交付出现问题，就应该亲自抓交付……以此类推，把别人能够做好的事情都安排别人去做，自己亲自抓别人做不好的事情。

3. 保驾护航

适用于企业或者新业务的成熟期。企业发展到一定规模，一

把手一定要向后退，组建好领导班子，大家分工负责，一把手负责保驾护航。

所谓保驾护航，即专注于领导三件事。我定义领导核心工作的三件事：

一是控方向。领导者必须掌控企业的方向以及每一个下属部门的方向。管理上最容易犯的错误就是放任低级别人员在方向问题上讨论来讨论去甚至做决策，方向必须由最高指挥官决策，对每一层级而言，方向的决策都是上级的权力。

对方向的把握能力，很多时候不是态度问题也不是能力问题，而是对终极目标的理解问题及眼界、格局问题，这都是职务行为。只有在领导位置上的人才有的能力，就如同站在山顶上的人能够看到远方的情况，而站在山腰和山脚下的人如何努力都无法看见一样。如果领导者在把控方向方面偷懒一分，未来所付出的代价将是十分甚至百分。

知道怎么做的事情，就可以形成规范。有规范的事情，任何人去做，结果大概率都是可以预期的。对于领导而言，有规范的事再大也不是事儿，没有规范的事儿再小也要关注。管理上，防区不能有死角，防区之内所有事物，领导都必须了如指掌，而且要把注意力放在没有规范的事情上。

二是抓协同。协调关系、协调资源并且做某些决策，是上级天然的职责，有些事情只有上级才有权力或者权威决定，下级再努力也不可能办成。这类事情，上级必须履行岗位职责，上级偷懒不履职，造成的效率降低是"触目惊心"的。

三是做后备。领导的核心工作不是靠自己达成目标，而是靠别人达成目标，让每一个对自己汇报的人都是胜任的人是领导在管人上的核心岗位职责。人对了事儿才能对，下属如果不胜任，就要指导和培训；如果还不行，就要及时更换；如果更换不到合适的，领导就必须亲自上。

虽然各个企业情况千差万别，但是毫无疑问，不同阶段企业的管理模式应该不同。大公司和小公司的管理差别也很大，有些原则甚至是截然相反的。

简单说，小公司要以业务为核心，不需要太多管理；大公司必须以管理为核心，通过文化管人，通过管人来管事。小公司的管理者应该把注意力放在业务上，亲自抓业务，业务突破了才能生存下来。

大公司的管理者必须从具体业务和事务之中抽身出来，把时间放在人和战略上，让每个直接下属都由称职的人担任，通过解决人来解决事。大公司管理的核心是通过管人来管事，管理者必须从根本上克制住亲自出手的冲动，把注意力放到用人上，必须从分管的人是否胜任的角度来看待和处理各项事务。

企业内最好不要有只管人不管事的领导，尤其是核心高管，必须亲自管业务顺便管人。拉卡拉的五行文化中要求团长必须兼主力营营长，营长必须兼主力连连长，不允许有只管人不管事的领导。实践中我也发现，那些不管具体事情只发号施令的领导没有一个是成功的。

创业期最忌讳小公司大做，一定要大公司小做。你可以把自己想象成一个大公司，也可以追求做一个大公司，但是一定要按照小公司去做。

我曾经写过一条微博，论述小公司的六个管理条例：

一是战略，就是做出一个有人愿意买的产品。不制定大而全的N年规划及所谓的中长期战略，而是专注于做出一个有人愿意买的产品，然后集中全部资源卖产品。

二是跟我冲而不是给我上。不设只管人不管事的领导，总裁应该直接兼任前方总指挥，副总必须兼任下属关键部门的经理。虽说群众的创造力是无穷的，但是创造历史的还是领导而非群众，尤其对创业公司而言，不能指望你自己不参与而下属会自己创造奇迹。

三是只做最低限度的管理。我们都喜欢规范和有序，但其实是公司越大，规范的价值才越大，对于小公司，花精力去关注管理规范的直接后果就是效率的降低和成本的快速提高，而且会扼杀创新。小公司只要目标明确、奖惩分明就够了，对业务也只该做最低限度的规范。

四是做减法。成功，需要的是做好一件事，做再多的事，如果做不好也不可能成功。对于小公司而言，要集中资源专注在主业上，甚至专注在对本年度目标有贡献的事上。做事的时候必须控制人员规模，给一个人发一个半人的钱让他做两个人的事。其实对任何阶段的公司都一样：冗员是管理的万恶之源。人多，成本就高；人多，管理就容易乱；重要的是，人多，就会无事生非。在我几十年的管理实践中，我发现从来没有什么事是因为缺人而失败了的，最多是因为缺人导致进度延缓了，而只要是机构臃肿，没有不出问题的。

五是先打样再推广。不论是市场还是管理，甚至是新产品，都要先在小范围内试点，试点成功再推广，切记一上来就大规模推广。不要担心试点丧失市场时机，做好试点可以避免犯错，磨刀不误砍柴工。而且，试点不怕慢，但必须细致，一把手亲自参与，关注每个环节，找到可以复制的模式，试点成功了推广必须快。

六是新人做新事。公司拓展新业务很正常，最容易出的问题是让老人去做新事，导致老事新事一起混乱。正确的做法应该是：老事定指标，精细化管理；新事设目标，鼓励试错；以项目小组的方式工作；新事新人做，不要增加老人的工作量。绝大多数人不具备并行处理事务的能力，尤其不具备同时负责两类不同事情的能力，将新事交给老人做的第一个后果就是老事需要增加人手，公司就会变得混乱和低效。

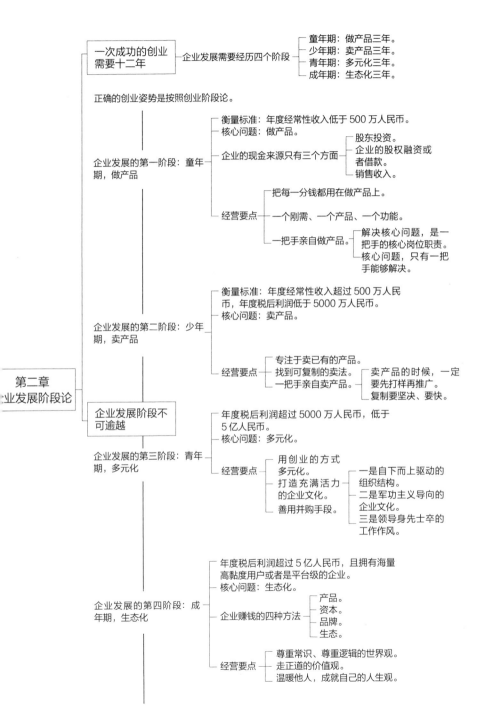

第二章
企业发展阶段论

一次成功的创业需要十二年 ── 企业发展需要经历四个阶段
- 童年期：做产品三年。
- 少年期：卖产品三年。
- 青年期：多元化三年。
- 成年期：生态化三年。

正确的创业姿势是按照创业阶段论。

企业发展的第一阶段：童年期，做产品
- 衡量标准：年度经常性收入低于 500 万人民币。
- 核心问题：做产品。
- 企业的现金来源只有三个方面
  - 股东投资。
  - 企业的股权融资或者借款。
  - 销售收入。
- 经营要点
  - 把每一分钱都用在做产品上。
  - 一个刚需、一个产品、一个功能。
  - 一把手亲自做产品。
    - 解决核心问题，是一把手的核心岗位职责。
    - 核心问题，只有一把手能够解决。

企业发展阶段不可逾越

企业发展的第二阶段：少年期，卖产品
- 衡量标准：年度经常性收入超过 500 万人民币，年度税后利润低于 5000 万人民币。
- 核心问题：卖产品。
- 经营要点
  - 专注于卖已有的产品。
  - 找到可复制的卖法。
  - 一把手亲自卖产品。
    - 卖产品的时候，一定要先打样再推广。
    - 复制要坚决、要快。

企业发展的第三阶段：青年期，多元化
- 年度税后利润超过 5000 万人民币，低于 5 亿人民币。
- 核心问题：多元化。
- 经营要点
  - 用创业的方式多元化。
  - 打造充满活力的企业文化。
    - 一是自下而上驱动的组织结构。
    - 二是军功主义导向的企业文化。
    - 三是领导身先士卒的工作作风。
  - 善用并购手段。

企业发展的第四阶段：成年期，生态化
- 年度税后利润超过 5 亿人民币，且拥有海量高黏度用户或者是平台级的企业。
- 核心问题：生态化。
- 企业赚钱的四种方法
  - 产品。
  - 资本。
  - 品牌。
  - 生态。
- 经营要点
  - 尊重常识、尊重逻辑的世界观。
  - 走正道的价值观。
  - 温暖他人，成就自己的人生观。

企业发展阶段不同，管理
模式不同
├─ 起步期：亲力亲为。
├─ 成长期：身先士卒。
└─ 成熟期：保驾护航。　该阶段一把手应专注于三件事 ┬ 控方向。
　　　　　　　　　　　　　　　　　　　　　　　　　　├ 抓协同。
　　　　　　　　　　　　　　　　　　　　　　　　　　└ 做后备。

小公司的六个管理条例 ┬ 做出一个有人愿意买的产品。
　　　　　　　　　　　├ 跟我冲而不是给我上。
　　　　　　　　　　　├ 只做最低限度的管理。
　　　　　　　　　　　├ 做减法。
　　　　　　　　　　　├ 先打样再推广。
　　　　　　　　　　　└ 新人做新事。

第三章

企业家的岗位职责

企业家是企业的最高负责人，作为一个组织的最高负责人，有很多岗位职责，例如建班子、定战略、带队伍等，换一个说法就是控方向、抓协同、做后备等。但是，除了这些，还有两个企业家不可忽视的岗位职责，那就是学习和加强自我修养。

创业是科学，企业的经营是科学，企业的管理也是科学，各有其本质和规律。自然科学，不知道公式解不开题，知道公式不一定能够解开题，但知道全套公式大概率能够解开题。创业也一样，系统地学习创业、企业经营和企业管理的本质和规律，一定可以少走弯路，大概率能够创业成功。

掌握科学最好的方式是向真正的师父学习，自己钻研和摸索虽然可能找到答案，但得不偿失，因为绝大多数你辛辛苦苦钻研和摸索出来的结论都是师父口中的常识。与其花大量的时间和学费去摸索，不如直接学习。

创业就像盖大厦，地基是需求，地基必须坚实。越大众、越高频、越刚性的需求越坚实，坚实的地基才能建起摩天大楼，需求不够强，如同在沙滩上盖楼，岌岌可危。

企业大厦的屋顶是使命、愿景、价值观。在地基之上，支撑屋顶的是四梁八柱，四梁八柱需要齐头并进，任何一个明显的薄弱环节都会导致企业大厦坍塌。对企业而言，十二条令、管人四步法、管事四步法和经营三要素是四梁，产品、销售、交付、品牌、投融资、政府关系、媒体关系、风控等是八柱，如何建设企业的四梁八柱都是科学，都有本质和规律可循。

企业的大厦是由一把手带队修建的，企业家的修为是企业的天花板，企业家的修为决定了企业大厦的高度和坚固程度。因此，企业家必须把系统地学习关于创业、企业经营和企业管理的科学，以及提升自己的修为，作为两个核心岗位职责。

创业、企业的经营、企业的管理是三件事，是三门科学。

创业是要解决从零到一无中生有的问题，经营是要解决做对的事情的问题，管理是要解决把事情做对的问题，三者不能混为一谈。三者的相同之处是，它们都是科学，都有其本质和规律可循。

所谓科学，就是有规律可循、结果可重复的学问，是有原理、方法论和工具的知识。

做商务通的时候，有一次我们要调整价格，为了计算出厂价、代理价、零售价，列了一个一元二次方程。所有的老总们都记不起一元二次方程的求根公式了，所以计算不出来价格，有人去办公室找来一个记得求根公式的员工，马上计算出了要调整的价格。

这就是科学，不知道公式解不开题，知道公式就能够解开题。

没有人生下来就懂创业和企业的经营、管理，需要专门学习。遗憾的是，这个道理被大多数创业者忽略了。所有人都知道想当厨师需要先上类似蓝翔这样的技校，想当医生需要先上医学院再考执照。可悲的是，几乎没有人认为想创业需要先学习创业和经营管理的知识，所有人都认为自己天生就会，直接上手干就可以了。这种错误的认知，让很多创业者吃了很多苦头，也是大多数人创业失败的原因。

科学需要体系化地学习，这里面有三个含义：

第一，完全没有必要自己去研究公式或者定理，公式和定理前人早已经研究出来了，找懂的老师认真学习就好了。

第二，要体系化学习，了解全局和局部，局部在全局之中的地位及局部之间的关联，这样才能系统性地掌握。不能一叶障目不见泰山，也不能盲人摸象以偏概全，要从过程维度，全面、动态、彼此关联地认知，而非从结果维度，局部、静止、孤立地认知。

第三，要找对学习的对象，不能随便学习，需要找到真正懂的名师来学习，才能学到真知灼见，如果跟错了师父，不但学不到真本事还会被带到沟里。

人生可悲的事，莫过于你的顿悟是别人的常识。本来可以简单跟老师或者书本学会的一个公式，不去找老师学习也不读书，自己花很长时间摸索，走了很多弯路跌了很多跟头最后想出来了，而这个公式对于很多懂的人来说是常识，这是非常悲哀的。更可悲的是，也许你摸索了很久还没有摸索出来公式而事情已经告败。

还有一件可悲的事情是拜错师父。就像郭靖为学武功去拜师江南七怪，师父不可谓不用心，但是因为自己尚未摸到高深武功之门，自然无法教出武功高强的弟子；而全真教的马钰，仅仅是点拨了郭靖几次就让郭靖的内功飞速精进。

▲ 第一节 创业是一门科学

创业，是指从无到有创办一家企业，构建企业的业务结构、企业文化，进而提升企业的政治社会地位的过程。

列夫·托尔斯泰说："幸福的家庭都是相似的，不幸的家庭各有各的不幸。"对于创业而言，成功的企业都是有共性的，失败的企业也是有共性的，那些共性之处就是创业的科学。

　　既然经营和管理是一门科学，那是不是可以请专业人士或者职业经理人来管理公司呢？理论上是可以的，如果专业人士或者职业经理人有足够的责任心和职业道德的话，至少对于大公司而言是可以的，但对于初创的公司则不可以。因为初创公司最需要的不是经营和管理，而是创业。创业就是找方向、找人和找钱，这些不是靠按部就班就可以做到的，需要的是以主人心态进行创新。

　　创业和企业经营管理有何不同？本质上都是做企业，不同的是，创业是从无到有创办一个新企业，企业经营管理是对已有的企业进行经营和管理。与后者相比，前者要解决的是从无到有的问题，后者要解决的是如何变得更好的问题。

　　从无到有是最难的，没有主人心态以及强大的创新能力不可能成功。什么人适合创业？如何分配股权？如何选择合伙人？如何选择创业方向？如何设计商业模式？这些都是科学，都有其本质和规律。

　　创业最大的难题是创始人不懂创业，不懂企业经营，不懂企业管理，创始人对这些完全没有概念，甚至不知道该如何去思考这些问题。解决方案是，只有通过学习，尤其是自己的深入思考，才能掌握关于创业、企业经营和企业管理的本质和规律，并形成自己对这些问题的认知体系，唯有如此，创业才能成功。

　　2019 年，我联合著名企业家朱海一起在线上创办昆仑学堂体系型创业课，就是要集我三十年多次创业的经验及朱海三十年跨国企业经营管理的经验，总结出关于创业、经营和管理的十八个关键问题，由此形成体系性课程，针对每个问题给出原理、方法论和工具，传授给有缘的创业者，让大家可以直接拿来使用，少走弯路。

体系性地学习科学，少走弯路就可以创业成功。

一、企业经营是一门科学

企业经营，是指企业通过市场研究与预测，选定产品发展方向，制定长期发展规划，通过科学决策，达到预定经营目标的过程，企业的经营是一门科学。

企业经营的核心，就是柳传志先生四十年前提出的"管理三要素"，在拉卡拉五行文化之中，我将之命名为"经营三要素"：建班子、定战略、带队伍。

如何建班子、如何定战略、如何带队伍，都有科学的原理、方法论及工具，通过学习可以"信解行证"。如果不主动学习，跟着感觉走，摸着石头过河，也可能做对，但做对是偶然，做错是必然。在摸着石头过河过程中必然会走很多弯路，每一个弯路都意味着资金上的损失，市场时机的错失，甚至会导致企业经营失败。

我几乎没有见过不懂经营和管理的创始人成功的案例，不论自己是否做一把手，创始人都需要学明白基础的经营和管理规律。

二、企业管理是一门科学

企业的管理，是对企业的经营活动进行计划、组织、指挥、协调和控制等一系列活动，企业的管理是一门科学。

很多公司在换 CEO 时会跨行业选择，例如 IBM 历史上非常出色的 CEO 郭士纳以前是纳贝斯克（主营饼干和休闲食品）公司的 CEO。这种跨界任职说明，企业的经营管理是一门科学，与行业关系不大，只要掌握了理论和方法论，可以经营管理好任何公司。

如何管事？如何管人？如何让队伍令行禁止？这些都有理论、方法论和工具，可以通过学习掌握。每一个方面都有多种理论和方法论、工具，企业经营管理者应该选择其中简单、有效的方法论和工具，直接拿来使用，先僵化，再固化，最后优化。

企业的经营和管理都是实践科学，实践科学必须知行合一，信解行证。比如，在《天龙八部》中，王语嫣熟读所有武功秘籍，自己不练武还手无缚鸡之力；再比如，一个人想学游泳，把各种游泳的理论和方法倒背如流，但如果不下水实践，掉到水里还是会被淹死。

知道了但不去行动，不是真的知道，只有遵照行动的知道才是真正的知道。而且在行动时，一定要解决问题、达成结果，行动了却没有解决问题，没有达成结果也不是真正的知道。

在认知体系的建立上，思考比读书或者听别人分享重要。学习经营和管理不能死记硬背管理教条或生搬硬套别人的经验，要思考构建自己的对经营和管理的认知体系，形成自己的经营和管理模型，设计自己的经营和管理工具，进而建立起自己的经营管理体系。

管理和天赋也有很大关系，很多人天赋中就没有管理意识，很难通过后天的学习拥有卓越的管理能力，只能有所提高，最多达到 80 分；但既然是科学，后天的学习就非常必要，即便那些天赋中有管理因子的人也必须经过后天系统性的思考和学习才能成为管理专家。

对于知行合一的科学，最好的学习方法是信解行证。

▲ 第二节　企业家必须提高自我修养

企业的一把手可能是创始人，可能是联合创始人，也可能是董事长或者总裁，不管是什么称呼，企业一定有一个实际控制人，即最高决策人，本书中我们统一称之为"一把手"。

企业的大厦是由创业者来建设的，核心是企业的一把手，尤其是初创公司，再怎么强调一把手的作用都不为过。

企业家是企业发展的天花板，所以，企业家必须把不断提高自我修养纳入自己的岗位职责。

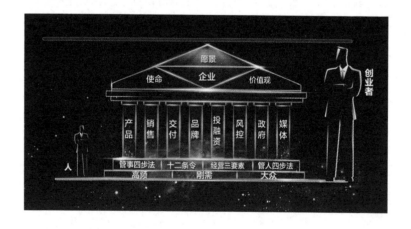

企业家是企业大厦的建设者，企业家的高度是企业发展的天花板。企业发展了，企业家的自我修养也必须提高，否则就如同将一辆高速行驶的汽车交给一个小孩子驾驶一样，一旦企业家的能力不足以驾驭企业，企业就会出现问题。

从人到创业者的蜕变，难度不亚于从猿到人的蜕变，从创业者到企业家的蜕变，是更难的一种蜕变，完成这种蜕变的唯一方法，是不断提高自我修养。

一、企业的命运多是由一把手决定的

企业的命运很大程度上是由一把手决定的，尤其是初创企业，一把手基本上决定了一切。没有任正非就没有今天的华为，也就是说，没有任正非，华为一定不是今天这个样子。

创业是一个无中生有的过程，这个过程需要想象力、创造力，更需要应对种种不确定性的能力，这些都要靠一把手来处理，一把手的见识、境界就是企业发展的天花板。

大企业也一样，越大的企业越是考验一把手的境界而非业务，本质上考验的是一把手的三观，他们对世界的看法，对是非的看法及对人生的看法，直接决定了企业向何处去。

随着企业的发展，企业一把手的修为也必须同步提高，企业一把手的修为提高速度必须快于企业的发展速度。如果一把手的修为提不上去，"小马拉大车"，必然出问题，这就是很多公司上市了之后会翻车的原因。企业虽然因为机缘和运气上市了，但是企业一把手并不具备领导一家上市公司的品德、心态和才华，最后做出错误的决策让企业陷入困境。

二、一把手必须把提升自我修养当作岗位职责对待

一把手是创业公司的天花板，对于一把手而言，重要的不是低头拉车而是抬头看路，重要的是不断提高自己的境界。

一把手对业务的熟悉固然重要，更重要的是一定要站得高，要能够跳出具体的战术问题和细节问题，从战略高度思考和规划，而不是鼠目寸光；要看得远，要有预见性，永远在未雨绸缪，所有的事情要有预案，成竹在胸；还要善于归纳、总结、提炼，要能分清主次和轻重缓急……这些都是一把手的修养。

一把手需要什么样的修养？

在拉卡拉和昆仑学堂，我总结出一把手要具备"三好"和"三有"，"三好"即好品德（志存高远、心胸宽广、意志坚定）、好才华（认知能力、决策能力、执行能力）、好心态（赢家心态、学习心态、创业心态）；"三有"即有态度（求实、进取、激情）、有能力（解决问题、有亮点、业绩好）、有素质（守十二条令、懂管事四步法和管人四步法、会经营三要素），对"三好"和"三有"的修炼，就是一把手的自我修养。

很多朋友好奇，为什么我参与了那么多企业的创建和经营，而且拉卡拉集团的业务那么多那么复杂，却总是看到我在全世界玩来玩去呢？

这不奇怪，虽然我的身体在世界游历，但是我的心一直在企业的事情上，需要我做的事情我一件没少做而且都做对了。

我认为，一把手对企业的投入不在于物理上的时间，而在于是否履行一把手的岗位职责，而履行一把手的岗位职责诸如建班子、定战略、带队伍等的关键事情，并不需要物理上亲力亲为的

时间，需要的是一把手的修为。

一把手如果每周 7 天 ×16 小时地坐在办公室处理日常事务，在我看来是不可思议的，这基本上是在"用自己战术上的勤奋来掩盖自己战略上的无能"。

一把手的岗位职责是制定企业的人才标准并招贤纳士，为企业制定正确而高明的战略，建立并推广企业文化，带出一支队伍，在经营管理上控方向、抓协同和做后备，而不是事无巨细地亲自处理。一把手的岗位职责履行的好与坏，关键要看一把手的自我修为，修为越高，履职越胜任。

一把手的眼界非常重要，只有看得远才能走得远，一把手不要窝在企业里，要走出去开阔眼界，到社会中去，到圈子中去，到大自然中去。当然，出去的目的是为了回来，一把手参与各种活动的目的是为了开阔眼界，把企业做得更好而不是参与本身。

我非常建议创业者不要只埋头于自己企业的那点儿事，而应该走出去，跳出具体事务，从远一点高一点的角度去审视自己的企业，去展望航线和发现现状中的问题。对这一点我的体会非常深，每次出差去合作伙伴处或参加社会活动，哪怕是喝个茶，我都会得到很多资讯，得到很多启发，尤其是有机会和高手接触时更是如此。不管是哪个圈子的高人，和他们接触都会让我大开眼界，启发出很多思路，所谓"听君一席话，胜读十年书"是现实存在的，而且如果遇到"高君""明君"，你从他们身上能够领悟到的东西要远远超过读书。

要学会退出画面看画。一幅油画，如果站在跟前看，看到的只是一个一个的色块，只有退到几米开外，才能欣赏到画的是什么。同样，站在桅杆顶上看见的东西是站在甲板上无论如何也看不到的，这不是视力好坏和认真不认真的问题，是高度和角度问题。

很多做得好的企业，其创始人都是业界圈子的活跃人物。当然，也有很多活跃于各种圈子的所谓的"企业家"的企业做得一塌糊涂。这其中的差异就在于，是把做好自己的企业当作目标还是把参与各种圈子当作目标，是否清楚自己安身立命的根本是企业的成绩。很多创业者参加了一些社会活动后开始热衷于各种活动、采访、聚会，最后自己的企业被搞得一塌糊涂，这是很愚蠢的，人不能被外物带着走，永远要牢记自己的使命和目的。

三、工夫在诗外

宋朝大诗人陆游在逝世前一年，给他的一个儿子传授写诗的经验时说"工夫在诗外"。意思是说他初作诗时，只知道在辞藻、技巧、形式上下功夫，到中年才领悟到这种做法不对，诗应该注重内容、意境，这才是写出好诗的根本。

人世间所有的事情，都是"工夫在诗外"，我们要想把事情做好，必须从事情之外下功夫而非盯着事情本身使蛮力。人自身的品德、才华、心态，此前的所作所为是因，做好事情是果，有因才有果，有因必有果，不去在因上努力直接奔着果去是不会有期待的结果的。

企业家尤其如此，不要天天盯着公司那一点点业务，更不要天天窝在办公室里签字和找员工谈话，提升自己的见识，提高自己的修为，远比这些重要得多。

所谓"文章本天成，妙手偶得之"。"诗"和"文章"是结果，但决定能够写出好诗好文章的"因"不是诗和文章本身的辞藻、技巧和形式，而是它们之外的诸如作者的人生经历和他们对于人生的感悟等等。

任何一件事情，都是某些"因"带来的一个"果"，当然，事情本身又会是另外一个"果"的"因"。所以，决定这个事情的结果的是那些"因"，只有在那些"因"上做工作，才能改变事情的"果"，不明白这一点，再多的努力也不会有效果。

所有的水到渠成都是未雨绸缪的结果，没有提前的布局和铺垫，遇事必然手忙脚乱。

他山之石，可以攻玉，很多解决不了的事情，换个角度也许就迎刃而解了。我坚信万事万物的原理都是相通的。我非常喜欢户外，因为当我徒步三个小时以上突破体力的极限之后，周身的毛孔都会打开，仿佛身体在和大自然一呼一吸。我会发现大脑开始出奇地空灵起来，很多原来困扰不清的问题，突然看得清清楚楚，一些更优的决策也呼之欲出。

很多事情的解决，都不能直来直去，而需要迂回包抄。棋局焦灼缠斗之时，不妨到别处落子，也许柳暗花明；战争中相持不下时，不妨开辟第二战场，或者来个围魏救赵。

古往今来，成功最大的窍门，就是"工夫在诗外"，企业家的"工夫在诗外"就是提高自我修养。

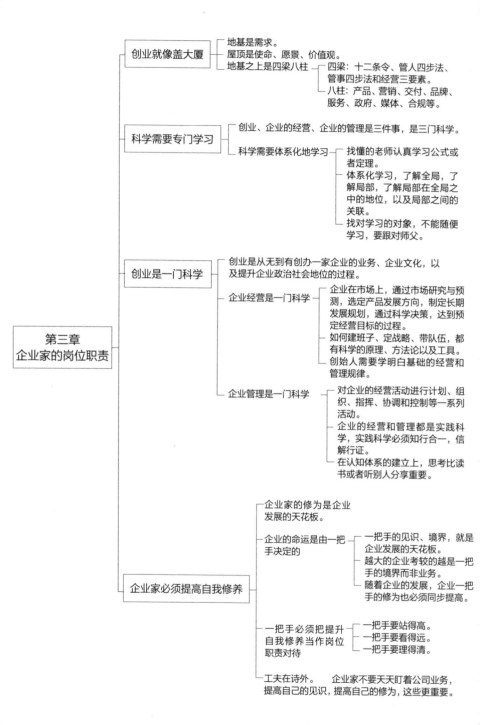

第三章
企业家的岗位职责

创业就像盖大厦
- 地基是需求。
- 屋顶是使命、愿景、价值观。
- 地基之上是四梁八柱
  - 四梁：十二条令、管人四步法、管事四步法和经营三要素。
  - 八柱：产品、营销、交付、品牌、服务、政府、媒体、合规等。

科学需要专门学习
- 创业、企业的经营、企业的管理是三件事，是三门科学。
- 科学需要体系化地学习
  - 找懂的老师认真学习公式或者定理。
  - 体系化学习，了解全局，了解局部，了解局部在全局之中的地位，以及局部之间的关联。
  - 找对学习的对象，不能随便学习，要跟对师父。

创业是一门科学
- 创业是从无到有创办一家企业的业务、企业文化，以及提升企业政治社会地位的过程。
- 企业经营是一门科学
  - 企业在市场上，通过市场研究与预测，选定产品发展方向，制定长期发展规划，通过科学决策，达到预定经营目标的过程。
  - 如何建班子、定战略、带队伍，都有科学的原理、方法论以及工具。
  - 创始人需要学明白基础的经营和管理规律。
- 企业管理是一门科学
  - 对企业的经营活动进行计划、组织、指挥、协调和控制等一系列活动。
  - 企业的经营和管理都是实践科学，实践科学必须知行合一，信解行证。
  - 在认知体系的建立上，思考比读书或者听别人分享重要。

企业家必须提高自我修养
- 企业家的修为是企业发展的天花板。
- 企业的命运是由一把手决定的
  - 一把手的见识、境界，就是企业发展的天花板。
  - 越大的企业考较的越是一把手的境界而非业务。
  - 随着企业的发展，企业一把手的修为也必须同步提高。
- 一把手必须把提升自我修养当作岗位职责对待
  - 一把手要站得高。
  - 一把手要看得远。
  - 一把手要理得清。
- 工夫在诗外。 企业家不要天天盯着公司业务，提高自己的见识，提高自己的修为，这些更重要。

企业家的自我修养

企业家是企业的主人，企业家决定企业的命运，因此企业家必须把提高自我修养作为自己的岗位责任来对待，从"三好"和"三有"两个维度提高自我修养。

企业内部，人可以分为四类：员工、团队、班子、一把手。

企业所有的成员，都是员工。

员工之中，直接向一把手汇报的人，是团队。

团队之中，能够站在公司高度与一把手讨论问题，并且能够独当一面以上的，是班子成员。

公司的最高负责人，是一把手。

这四类人，各自的角色要区分清楚，不能混淆。如果让员工当了团队，或者让团队成员当了合伙人，都会产生麻烦。要么是不胜任，耽误事情，要么是没有给予对应的待遇，导致人才流失。

▲ 第一节　一把手往往决定企业的命运

人无头不走，鸟无头不飞，任何时候，带头大哥都是非常重要的。团队既然是一群人，就必须要有一把手，一个没有领头的团队只能是一盘散沙。一头羊带着的一群狮子打不过一头狮子带着的一群羊，这就是一把手的作用。

创业公司尤其依赖一把手，所有伟大的公司都是和一个领军人物的名字联系在一起的，例如张瑞敏之于海尔、乔布斯之于苹果等，无一例外。创业是一个无中生有的过程，这个过程需要想象力、创造力，更需要应对种种不确定性的能力，这些都要靠一把手的个人修为来应对。

电视剧《亮剑》里的李云龙说，一支部队的性格是由它的第一任军事首长注入的。公司的经营风格是由其创始人奠定的。

企业的命运很大程度上是由一把手决定的，尤其是初创企业，一把手基本上决定了一切。

一、一把手的作用再怎么强调都不为过

一把手容易产生两个错误倾向：要么低估团队的作用，认为自己一个人就可以包打天下；要么高估团队作用，结果搞成了团队集体领导、投票经营，这都是不对的。

一把手和团队的关系，如果是一串数字，一把手是第一位数，一把手决定了整体数字的数量级，到底是十还是百，是千还是万。

所以，企业，尤其是初创企业，再怎么强调一把手的作用都不为过。一把手可以天天讲团队很重要，以鼓励团队，但是自己心里必须清楚，最重要的是一把手，一把手的岗位责任无人可以替代，企业中很多重要的事都只能由一把手亲力亲为。没有一个强大的一把手，创业不可能成功，每个伟大的企业都是由一个伟大的一把手缔造的，换一个一把手，历史就会重写。

每个伟大企业的诞生过程都是一个破茧化蝶的过程，需要随机应对创业路上的沟沟坎坎，需要有预见性，需要坚持，需要执着……所有的这一切，仰仗的都是领军人物的心力、智力和体力。

一把手是团队形成和发展的关键，优秀的一把手善于发现和解决问题，对行业趋势和前景有自己独到的见解与精辟的分析，

对企业短、中、长期目标有详细规划；能激励团队的士气，传授经验；能让有能力、有情怀的人，死心塌地地跟着打拼。

显然，不是每个人都适合当一把手，一把手需要专业的素质，需要强大的心力、智力和体力。我认为只有不到 10% 的人适合创业，适合创业的人中只有不到 5% 的人适合当一把手。

1. 任何时候一把手都不能放弃岗位责任

一把手就如同一辆车的司机，如果放弃自己的岗位责任，车辆就变成了无人驾驶，翻车是必然的。

一把手任何时候都不能用别人的思考代替自己的思考，任何时候都不能用集体的意愿代替自己的选择。

对于公司所有重要的事情，一把手必须自己静下心来，从头到尾想清楚，然后做取舍和决策。

对于很专业的技术问题，即便一把手不懂技术，也要亲自思考分析 CTO（首席技术官）的汇报，用自己的常识和逻辑，用自己的认知体系，做出自己的判断。一把手至少要做出这样的判断：CTO 给出的是深思熟虑后的方案吗？ CTO 的水平能胜任吗？ CTO 是个靠谱的人吗？

2. 一把手应该听多数人意见，跟"关键少数人"商量，一个人做决策

真理往往掌握在一把手手里，很多成功案例都是一把手力排众议的结果。大多数情况下，团队之中没有任何人能够有一把手的境界和认知，很多一把手三下五除二就可以解决的事情对下属

来讲就是不可能完成的任务，很多一把手一目了然的判断是下属冥思苦想三天三夜也看不清楚的，因为一把手是企业里唯一站在山顶上的人，山顶能够看到的风景，能够体会到的感受，是没有站在山顶上的人永远无法看到和感受得到的。一把手对企业的愿景、价值观、对业务的判断，是其他人不可能替代的。

夏虫不可语冰，站在山顶上的人永远不可以把判断方向的责任推卸给站在半山腰的人，也永远不要与站在山腰上的人争论，因为位置不同，所见不同，责任不同。

二、企业的一把手

我上高中时，曾经读过美国前总统尼克松写的一本书《领袖们》，书里介绍了多位卓越而富有个性的当世领袖，令我从多个角度感受到领袖们的人格魅力。我对此印象非常深刻。同时这本书也让我感受到一种冲动：若能成为一个领导者，带领大家去实现一个伟大梦想，将是多么令人热血澎湃的一件事！我想这就是所谓的使命感吧。我坚信，若上天给我们机会让我们成就大事时，我们必须勇敢地承担，否则上天会不高兴的。就是这种使命感，让我一直奋勇前行。记得我大学毕业不久就担任了部门的二把手，负责部门的日常运营。有一次，我的一个五十多岁的下属和他夫人闹矛盾，他夫人到公司来找领导诉苦要求主持公道。我调解了半天也没有效果，只好发火告诉他们我才二十三岁，本来应该是谈恋爱的年龄的我，为什么要来调解两个五十多岁的人的家庭矛盾？这就是领导者，你永远需要担负比别人多得多的责任和义务，是压力也是福利，因为领导者经历的挑战要比普通群众多几倍，领导者的人生也注定比普通群众波澜壮阔几倍甚至几十倍。

谁是企业的一把手？董事长还是总裁？有的企业是董事长兼总裁，目前监管部门要求A股上市公司的董事长和总裁是两个人，我的观点是，至少初创公司的董事长和总裁必须是一个人。

一般认为，董事长负责制定战略，总裁负责执行战略，但是实际工作中，很难把制定战略和执行战略分割开，任何战略在执行中都需要调整，执行者的能力直接影响战略的成败。如果一个初创公司还要把制定战略和执行战略分属两个人，那是不负责任的。即便对于相当规模的公司而言，董事长和总裁也最好是一个人。

如果一定要董事长和总裁分设，我认为最好的方案是强董事长弱总裁。董事长实际上是董事长兼总裁，总裁实际上是负责执行的常务副总裁或者COO（首席运营官）；由董事长制定战略并且做执行中的重大决策，总裁负责落实执行。

如果董事长和总裁都强势，公司势必陷入内斗之中；如果董事长和总裁都弱势，公司也会陷入没有领导力的陷阱；如果弱董事长强总裁，公司可以正常发展，但一旦董事长某天不甘于弱势，公司就会陷入一轮"你死我活"的内斗之中；如果强董事长弱总裁，董事长辛苦一些，公司还是可以有序发展的。

企业内部有各种头衔，例如实际控制人、创始人、董事长、首席执行官、总裁等等，这些头衔有时候是全部重合在一个人身上，有时候是部分重合在一个人身上，也有时候是分离的。但不管称谓如何，企业必须有且只能有一个一把手，作为公司的最高负责人、最高决策者以及最高责任承担者，本书将之称为企业的一把手，企业的一把手就是企业家。

企业家的岗位职责，核心是建设起企业的大厦，实现企业的使命、愿景和价值观，为此需要建班子、定战略、带队伍（经营三要素），需要管事（管事四步法）、管人（管人四步法）……这些都是本书要讨论的内容。

三、企业必须有主人

一把手，是权力维度的界定；主人，是所有者维度的界定。

只有主人，才会将事情当作自己的命根子，企业不但要有一把手，还必须有主人。

讲权利时人人都要求有，讲责任时个个都躲得远远的。有主人的企业，才有人负责，没有主人的企业，是没有人负责的企业，是一个人见人欺的企业，是一个不可能做好的企业。

没有主人的企业，如一个没有独立行为能力的儿童，既无法做出正确的决策，也无法根据外界的变化及时调整决策；如一只无头的苍蝇，做得好是运气，做不好是必然。

创业是一个无中生有、化茧成蝶的过程，其中需要太多的创新、太多的选择，没有主人是万万不行的。

企业的主人，首先当然是企业的所有者，如果企业所有者不是一个人而是很多人，则第一大股东应该是企业的主人；如果第一大股东持股比例不够多，就必须在第一大股东和企业一把手之中选择一个企业的主人，最好的方式是选择企业一把手作为企业的主人。否则，如果大股东不在经营层任职，或者企业股权很分散，很容易导致大股东不行使主人的职责，小股东没有权利当主人，不持股的经营层更不是企业的主人。如果不指定一个企业的主人，就会事实上造成企业在没有主人的情况下运行，没有人担责，没有人决策。

▲ 第二节　企业家的自我修养

企业家是企业发展的天花板，所以，作为企业家，必须不断提高自我修养。

企业家应该具备什么样的修养？我的总结，企业家必须好品德、好才华、好心态，以及有态度、有能力、有素质。这"三好"和"三有"是企业家的标准。

企业要建立自己的人才标准

企业一定要建立起自己的人才标准，有标准才知道如何选人，并且引导企业员工按照这个标准来要求自己、提高自己。

企业的人才标准，必须旗帜鲜明地宣布，让内部所有人都知道，也要让外部所有人都知道，这就是千金买马骨的道理。树立起自己的人才标准，大家就知道企业是唯才是举而不是任人唯亲，八方才俊就会汇聚过来，企业内部人才也就知道了建功立业和努力的方向。

企业的人才标准，就是领导标准。领导，从来都是一个组织最重要的分子，管好领导就等于管好了整个组织，一个组织的领导合格不合格，胜任不胜任，直接决定组织的命运。

人对了，事才能对。如果我们选择了一个对的人，只要假以时日，一定能够拿出来一个满意的结果；如果我们选错了人，今天没有结果，明天后天也不会有结果，而且还会有连锁反应的负面结果。

人是决定性的因素，选错人是最大的危险。所以，建立起一个清晰的人才标准，照此来选人、培养人，非常重要。

只有有了人才标准，才不会选错人。很长时间里，拉卡拉有一个规定，年薪某个标准以上的人一定要我面试一下。我的面试时间一般不长，形式灵活，其目的只有一个，就是基于我的经验对该人进行一个判断，看看其是否符合我们的企业文化。

我也非常建议所有的企业都这么做，凡是重要员工，企业的最高领导人一定要亲自面试，也许不一定需要面试很长时间，但是因为领导人是企业内经验最丰富以及对企业理解最深的人，领导人的面试可以在最深层次对被面试人有一个直观认知。

历史上，凡是我第一面感觉不对的人，最终都印证了我的感觉是对的，最终都出现了问题。所以，现在我坚信感觉不对的人不能用。

▲ 第三节　企业家的"三好"修炼

成功的企业家必须具备什么样的素质？

企业家如何加强自我修养？

这个问题是有标准答案的，即企业家必须要具备好品德、好才华、好心态"三好"，以及有态度、有能力、有素质"三有"。

好品德：志存高远、意志坚定、心胸宽广。

好才华：认知能力、决策能力、执行能力。

好心态：赢家心态、学习心态、创业心态。

一、企业家必须具备的素质：好品德

成功的企业家，必须具备三个好品德：志存高远、意志坚定、心胸宽广。

事实就是如此，决定企业家能否成功的因素远远不是业务、资源、技术等等，而是品德、才华和心态这些每一个人都可以通过自身修炼而获得的东西。

这也充分说明，要做事先做人的道理。自身修养到位了，做事才能成功；自身修养不到位，做事不可能成功，即便侥幸的成功，也是"德不配位"必遭祸殃。

1. 志存高远

绝大多数情况下，队伍中的绝大多数人都是没有主意的，谁能提出建议并且能够自圆其说，谁的主意就会是团队的主意，谁就是领导者。但只有志存高远的领导者，才能聚集起队伍，并带领队伍克服前进道路上的各种艰难险阻，抵御路边的各种诱惑，最终成就伟大事业。

所有的伟大企业都是从很弱小的时候就立意高远、胸怀大志的。

中国共产党在只有几十个人的时候就设立了实现共产主义的远大目标，正是这种远大的理想带领他们走向最终的胜利。当时，比共产党强大的地方武装力量很多，各省的军阀也势力巨大，但是后来很快都灰飞烟灭了，原因就是因为他们没有远大理想，只是靠江湖义气以及金钱聚拢起来的乌合之众，缺乏凝聚力，遇到困难即会四分五裂。只有志存高远才能面对各种艰难险阻不动摇，才能跨过千山万水去争取胜利。

志存高远，就是情怀、道德和理想。

优秀的企业家必须是有情怀的。情怀就是未来、精神和他人，而不是现在、物质和自己，一个只考虑现在、只考虑物质、只考虑自己的人是没有情怀的，一个愿意考虑他人，考虑未来、考虑物质之外的精神和灵魂的人是有情怀的。真正能够走得远做得大的人一定是有情怀的人，因为大家要追随的是有情怀的人。

优秀的企业家必须是有道德的。大丈夫有所不为有所必为，任何时候都应该坚守道德底线，而非只在对自己有利或者无害情况下坚守道德底线，而且应该把自己的道德底线设得高一点。

优秀的企业家必须有远大理想。人们要追随的是能够成就大事的英雄，越是能力强的人越是如此。如果刘邦说"我的理想就是当亭长"，张良、韩信、萧何是不会追随他的。

2. 意志坚定

所有成功者，都是意志坚定的人，清楚自己想要什么、清楚自己怎么做能得到想要的。同时，他们也有强大的执行力能够得到自己想要的，善于调整自己的心态应对过程中的挫折和失败。

我曾经是一个每天要吸两包烟的人，2009 年 4 月的一天，我突然开始不喜欢自己吸烟的形象，于是我决定戒烟，从那时开始就一支烟都没有吸过。朋友们纷纷问我是如何做到的，真的做到了吗？我的回答是，一个男人，如果连对一支烟的欲望都控制不住，那还能做什么？

记得高中时读过一本小说《海水下面是泥土》，书中那种男子汉气概给我留下了极深刻的印象。书中的男主角"少校"讲过他和他的同母异父兄弟的差别，"他们像白老鼠，聪明、家教好，但是他们缺少艰苦奋斗、挣扎求生的本能。我是一只褐色老鼠，可能只能当兵，但我吃苦耐劳、不怕牺牲。如果我的腿陷在夹子中，为了脱身，我会把那只夹住的腿弄断，在所不惜，他们准不能"。所有的成功者都是小褐鼠，温室里圈养的小白鼠是成不了气候的。

所有的竞争最后都是精神的竞争，精神垮了人也就败了，只要你的精神不垮，你就有可能在竞争中胜出。所有的成功者都是心力强大的人，有"断腿求生"的气魄和对自己的狠劲儿。我的信念是：只要肉体没被消灭，精神就不可以垮掉，即便筋疲力尽也要比对手多坚持 5 分钟，即便是跪着倒下也要比对手晚一点倒下。

没有人能预知自己这辈子会走哪条路，更不可能预知路上会遇到什么人什么事，我们唯一知道的就是我们每个人都必须要经历很多很多考验，生活中的很多事，不到最后一秒钟都很难确定结果。

面对如此多变、如此不确定的人生，我们有什么"法宝"可以让自己的人生过得更好？我认为如果有"法宝"，这个"法宝"就是强大的心力，让自己的心力强大起来，意志坚定是我们可以更好地应对未来的重要基础。

只要不认输，奇迹就可能出现，如果认输了就失败了。高尔夫球场上，最后一个球入洞之前；德州扑克桌上，最后一张牌发出之前；人生旅程中，在闭眼离去之前，什么奇迹都可能发生，什么奇迹都可能出现，前提是不能放弃，如果放弃，一切就结束了。

创业路上内忧外患经常是一起来，漫长的创业过程，最终考验的首先是创业者的意志，然后才是资本、技术等实力。商场上竞争到最后，拼的都是人的心理素质、意志力，谁垮掉了谁放弃了谁就失败了，谁扛住了谁坚持下来了谁就最后成功了。

只有拥有强大心理素质的人才适合创业，才可能成功，世界上 80% 的创业失败是因为放弃，而 80% 以上的放弃是因为意志垮掉了。要想成功，必须让自己成为一个心力强大的人，任何时候任何情况都必须顶住。

意志坚定就是自信、坚持、结果导向。

成功者都是超级自信的。自信未必能成功，但是不自信一定不可能成功，如果不自信，就不会敢于去争取，不争取就没有任何机会成功。

成功者都是超级能坚持的。不撞南墙不回头、撞了南墙也不回头，就是用头把南墙撞开一条缝也要冲过去。

成功者都是结果导向的。在他们看来，没有结果就是没做，他们认为理由和借口只是失败之后博取别人同情的工具，没有任何意义，他们根本不屑于为失败找理由。

意志力80%是天生的，通过后天培养和训练仅仅可以有一定程度的提高。俗话说，三穷三富活到老，没有人能够一直走在平路上，没有人能够一帆风顺，所以只有那些意志力强大的人能成功。强大的意志力让他们永不满足，让他们能睿智地看待发生的一切，能迅速调整自己的心态，唯有如此，才能应对创业路上的千沟万壑。

意志力强大的本质在于志存高远并且能够迅速调整自己的心态，让自己永远处于理智和清醒之中，让自己永远在向着目标前进。

意志力羸弱的人都是不能控制自己情绪的人，更别谈调整自己的心态了，他们只会一味放纵自己的情绪，不但会让情绪在放纵中放大，还会影响到自己身边的人，结果必然与自己的愿望适得其反。

3. 心胸宽广

一个心胸狭隘的人也许有可能幸运地成为一把手，但是有能力的人不会愿意追随一个心胸狭隘的人，企业家必须心胸宽广。

心胸宽广就是空杯心态、包容和成就他人。

成功者都是空杯心态的。一个装满了水的杯子不可能接纳任何新的水，同样，一个人只有拥有空杯心态，才可能学习和吸收新的东西。成功者都是破除心中执念的人，不会在意是"我的"还是"别人"的想法，而是在意"对的""有效"的想法；不会在意"我"是错了还是"没错"，而是在意事情"做成了"。

虽说创业者都是偏执的，只有偏执狂才能把别人都认为不可能的事做成，但是应该偏执的是对成功的渴望，而非"我"或者"我的"。

成功者都是能包容的。人无完人，如果不能包容和自己不一样的人或者意见，如果不能包容有缺点的人，很难发现人才，很难凝聚人才，而孤家寡人是成就不了大事的。

成功者都是有成就他人之心的。他们不但乐见下属成功，而且总是主动创造机会帮助下属成功，唯有如此心态，才能让每个下属都愿意追随，并竭尽全力，一个把所有的光环和机会都留给自己的人，不会有人愿意追随。

志存高远、意志坚定和心胸宽广，是企业家必须具备的好品德，也是所有成功者必须具备的好品德。世界就是如此奇妙，这三个成功者必备的素质，都跟行业无关，甚至跟业务能力无关，是每一个人只要想就有可能自我修炼获得的。

成功，首先在于做人，一个志存高远、意志坚定、心胸宽广的人，想不成功都难，做人上有问题，不可能成功。

二、企业家必须具备的素质：好才华

在我看来，企业家必须具备三种能力：

认知能力，也称见识。一个人要有四大认知能力，四大认知即世界观、价值观、人生观，以及对万事万物本质和规律的理解。

决策能力，即做出正确决策的能力。人生，就是一个选择接着一个选择，成功者都是拥有做出成功决策能力的人。

执行能力，人世间所有的事情都是做出来的而非想出来的，认知和决策决定方向，执行决定最终结果。执行能力包括个人能力和领导能力两方面。

认知能力、决策能力和执行能力，是人的三大能力，是产生其他能力的能力，企业家必须具备这三大能力，而且越强越好。

1. 认知能力的修炼，就是建立起自己的四大认知体系

所谓认知能力，就是建立起自己的四大认知体系，建立自己对世界、是非、人生以及万事万物本质和规律的认知。建立自己的认知体系，是一个人一生中最重要的事情，一个没有自己认知体系的人，是没有灵魂的，无异于行尸走肉。有了自己的认知体系，相当于有了一把尺子和工具箱，对任何问题都知道如何评判，知道如何寻找解决方案。有了自己的认知体系，再接触到任何新的认知，就可以用自己的认知体系去框一下，看看是否相符，如果相符就给自己点个赞，强化自己的认知自信。如果不符合，一定要马上搞清楚是新认知错了还是自己错了，如果是自己错了，就要修订自己的认知体系。

思考是建立起自己认知体系的唯一的路径。思考比读书重要，一个只读书不思考，尤其是不思考构建自己认知体系的人是无法构建起自己的认知体系的，这就是俗话说的死读书、读死书，越读越傻。

认知事物时，要从个体、个体在体系中的位置，以及个体之间的相互关系三个维度认知。认知体系有没有标准答案？认知体系有四个：世界观、价值观、人生观、万事万物观。所有事物都是你中有我我中有你的，所有的事物都是处在时刻变化过程中的，不存在亘古不变的独立存在，所有的事物都是有因必有果的。我

认为，价值观也有标准答案，杀生、偷盗、妄语肯定是不好的，善良、布施、成人之美肯定是好的。人生观，我个人认为基本有标准答案，人生该怎么过，虽然千人千面，但是活成自己想活的样子、活在当下、温暖他人成就自己等，应该是每个人共同的选择。万事万物观，不论是物质还是事件，或者是为人处世，我认为都有其本质和规律，掌握规律尊重规律即可成功，不尊重规律一定会失败。

人之所以异于禽兽，是因为人有认知体系，尽早建立起自己的四大认知体系，是人生最重要的事情。认知体系的建立，核心是思考，辅助的是向别人学习以及读书，有了建立认知体系的念头，就会积极通过向别人学习或者读书去获取信息，最终经过自己的思考形成自己的认知体系。

2. 决策能力的修炼，就是建立自己的决策模型

有人统计过，每一天人要做出四万多个决策，虽然绝大多数都是身体本能下意识地决策，但毫无疑问，决策是人生最重要的事情，没有决策寸步难行，决策决定结果。

很多时候，选择比努力重要。如果选择在沙漠上种地，戈壁上挖井，付出再多的时间再多的努力也不会有结果；如果选择了平庸的战略，就会"杀敌一千，自损八百"陷入苦战；如果选择了高明的战略，就会"运筹帷幄之中，决胜千里之外"。

如何做出正确的决策，避免错误的决策呢？两个要点：第一是有自己的决策模型，第二是敢于决策。

决策模型是一种算法，包括决策时要考虑的因素，以及各个

因素的权重。人和人的差异在于有没有决策模型以及决策模型的科学性。没有决策模型的人靠感觉随机决策，很可能遗漏决策时应该考虑的因素而做出错误的决策，更大的可能是决策没有一致性，每一次决策考虑的因素都不同，而一系列杂乱无章的决策是不可能引领我们走向最终的目标的。同样，有决策模型但是决策模型不科学的人，也无法保证大多数决策是正确的。企业家修炼自己，一定要重视建立和完善自己的决策模型，使之科学而高明。

下图是我的决策模型，不论是工作还是生活上的任何决策，我都会严格依据这个决策模型来思考，考虑三个要素。每个要素的权重原则上各占三分之一，每个决策根据具体情况权重可以微调，但是必须三者都兼顾到：

（1）先问目的

做决策之前，先搞清楚要决策的事情的本质以及与自己之间的关系：

·此事，我们的收获有哪些？

·这些收获是我们必须要的吗？

·这些收获如果没有，会影响我们主要目标的达成吗？

很多人在做决策时，其实并没有认真去想这些问题，更没有想清楚这些问题，只是看到大家都去做自己就去做了。或者父母要求自己去做，自己就去做了；或者是好朋友说一起吧，自己就去做了；或者是觉得闲着也是闲着，自己就去做了。

很多时候我们以为一件事情的结果就是我们想要的，而且是我们非要不可的；很多时候我们以为一件事情是我们可以做成的，以为一件事情是我们唯一能做的。这些都是对于要决策的事情本身认知不清楚，依据这些错误的认知做出的决策当然是错误的。

我的观察是，如果先问清楚目的，我们每个人正在做的事情至少有一半是不应该做或者可以不做的，实际上，我们大量的时间和资源都被浪费了，试想一下，如果依然是现有的时间和资源我们只做目前一半的事情，我们的工作和生活会是什么样子？

（2）权衡利弊

问清楚目的之后，就要权衡利弊。

世界上没有"百利而无一害"的事情，也没有"百害而无一利"的事情，所有的事情都是有利有弊，有得有失的，这个世界的本质就是如此。

我们应该做的选择是两个：一是抓住重点，避免舍本逐末；二是两害相权取其轻。

决策之前，要分析清楚：

·最坏情况下，此事的结果是什么？我们是否可以承受？最好情况下，此事的结果是什么？对于我们要抓的重点有多大意义？

·此事我们成功的概率有多大？此事我们的代价有多大？

·如果不做此事，还有其他更好的方案可选吗？

（3）符合三观

所有的决策，不管我们承认不承认，骨子里是我们的三观在起作用，本质上人生观、价值观和世界观无时无刻不在影响我们的决策。最好的决策，是符合三观的决策，越是重大决策，越要依据三观来决策。

违背自己人生观的决策，即便收获再多再大也不会令我们开心和快乐；违背价值观的决策更是我们不应该做的；违背世界观的决策，必然没有好结果。例如这个世界的本质是所有的事物时刻处于变化过程中，没有永恒不变的事物，如果我们在决策时追求永恒的感情，必然无法达成，使自己以及相关的人陷入痛苦之中。

3. 执行能力的修炼，要从个人能力和领导能力两方面展开

如果说认知能力和决策能力是选择做对的事情的能力，执行能力就是把对的事情做成的能力，这是更难的一件事。

同一件事情，A可能做不成，而B能做成；同一个人做一件事，次序、节奏、时机不同，结果也会截然不同。

并不是只要有美好的想法，事情就能做成。再美好的想法，如果不讲究策略、直来直去，很可能也是做不成的。世界上最遗

憾的事情就是怀着美好的愿望去竭尽全力做一件对的事情，资源也够，一手好牌，但是因为能力问题而没有做成。

所以，我们必须不断加强自我修养，不断提升自己的执行能力，对于企业家以及所有想成功的人尤其如此。

人的执行能力包括个人能力和领导能力两个方面。

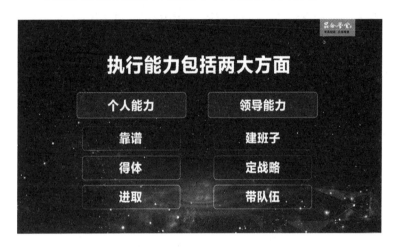

（1）个人能力，核心是靠谱、得体和进取

靠谱就是唱歌的调子跟曲谱一致，演奏乐器的调子跟乐队的调子一致。不靠谱不着调，就会被踢出组织，没有人愿意跟你合作。每个人的成败其实在过去早已注定，此时此刻之前，所有的人都在根据你的每一个言行举止给你贴标签，如果贴的都是靠谱的标签，所有的人都会愿意与你合作；反之，所有的人都会对你退避三舍。

言行举止、为人处世符合自己的身份和角色，符合当时的场景和氛围，既不交浅言深，也不交深言浅，即是得体。每个人都处在多个组织之中，在每个组织中的位置也各不相同，每个场景下每个氛围下都能够得体，是一种非常强大的个人能力。

知道进取、敢于进取、有能力进取是成功的前提，随时随地积极进取，誓把5%的可能变成100%的现实的人是能力强大的人。

修炼个人能力最简单的方法，是按照五行文化中的十二条令去做，持之以恒，就是一个靠谱的、得体的、进取的人。

（2）领导能力，核心是建班子、定战略和带队伍

领导能力是成功者必备的能力，只要不是一个人做事，就需要领导能力。领导，即引领和引导，俗话说"人无头不走，鸟无头不飞"，企业没有一个强有力的领导是不可能成功的。企业家，是带着一群未知的人（前进路上需要不断招贤纳士），去一个未知的地方（所有的创业都是要创造一个现在还不存在的未来），去做一件未知的伟大事业（未来成功时我们做的事情一定不是此时此刻我们正在做的事情），没有强大的领导能力不可能成功。

修炼领导能力，最简单的方式是修行五行文化中的经营三要素：建班子、定战略、带队伍，这三个能力是领导能力的核心。五行文化中的管事四步法和管人四步法，是带队伍的有效方法论。

关于修炼认知能力、决策能力和执行能力，因为篇幅关系，本书就不做详细展开了，诸君如果有兴趣，可以阅读我的另一本书《精进有道》，里面有详细阐述。

三、企业家必须具备的素质：好心态

我坚定地认为，心态决定成败，我们都是因为先具备了某种

心态才得到了某种结果。道理很简单，心态决定了我们的思维方式和决策，也决定了我们的行为，而行为决定结果。

赢家心态、学习心态和创业心态，是所有成功的基础，没有这些心态，一定不可能成功；拥有这些心态，一定可以成功，不是在此处就是在别处。心态，80% 以上是天生的，20% 是后天环境影响以及自己领悟和学习来的。

1. 成功必须具备的第一个好心态：赢家心态

先有赢家心态，而后才能成为赢家。

我总结的赢家心态是：自信、自主、自强、自嘲，如果不具备这四个心态不可能成为赢家，具备了想不成为赢家都很难。

自信，坚信自己行，坚信自己比别人强，越是艰难越向前，坚信舍我其谁，尤其是所有人都不行的时候，自己一定会挺身而出。

自信未必会成功，但是不自信一定不会成功，因为不自信的人根本不敢挺身而出，连成功的机会都没有，尤其是对于领导者而言。如果不自信，下属们不可能自信，这就是为什么一头羊带着一群狮子打不过一头狮子带着的一群羊。

自主，坚信我命由我不由天，从来不听天由命，从来不把自己的命运交由别人决定，凡事都要掌握主动权，永远有 B 计划，永远追求自己掌握自己的命运。

自强，永远竭尽全力，不做则已，做就要做到最好。所有的成功都是九死一生的结果，没有超强的自强意志力，走不到终点。

自嘲，能够放下，善于通过各种方法来迅速调节自己的情绪和心态，让自己永远处于自信满满、斗志昂扬的状态。

自嘲是抵抗巨大压力以及迅速调整自己情绪和心态的最有效手段，大多数人不具备这种能力，敢于自嘲的人是心态极其强大的人。自嘲是成功最需要的一种能力，没有人能够一帆风顺，遇到挫折和失败是常事，能否不被挫折和失败打垮？能否不被旁人甚至是最亲近的人的嘲笑和忽视打垮？如果能，才可能成功，否则已经失败了。

2. 成功必须具备的第二个心态：学习心态

学习心态，即随时随地让自己保持空杯状态，随时愿意放弃自己错误的想法，随时愿意学习别人的长处。学习心态是一个人能够进步的基础，没有学习心态的人，很难学习新的东西，也极其固执，没有学习心态是进步的大敌，不进步的人是不可救药的，不可能成功的。

世界上最值得敬佩的人，不是力量最大的人，也不是最聪明的人，而是会学习的人。

学习，是人最重要的一种能力，我将之称为"母能力"，是提升我们能力的能力。人与生俱来的能力除了吃喝拉撒睡以外大概就只有直觉了，除此之外，所有的能力都需要后天学习。所以，有没有学习的意识，会不会学习，是人和人之间差别的全部原因。

学习有三种方法，向书本学、向先进学和复盘。

第一种是向书本学，多读书。我有一个体会，凡是爱读书的人都笨不到哪儿去，也差不到哪儿去，不论男孩女孩。老祖宗说得对:"腹有诗书气自华。""熟读唐诗三百首,不会吟诗也会吟。"书籍是所有人思想的总结,写书是很难的一件事,如果想给别人一碗水,自己必须得有一桶水。每本书都是作者思想的结晶,经过作者大量的提炼分析总结的结果(当然那些"剪刀加糨糊"的书除外)。喜欢读书的人都不会太差,不论是选伙伴还是选恋人。

第二种是向先进学。三人行必有我师,只要身边有人某方面做得好,就分析出个一二三,搞清楚人家为什么做得好。这样的人像海绵,不断吸收周围的营养,会越来越强。

学先进是最聪明的学习方法,看到身边任何人任何一点做得好,都花心思去琢磨,用三条总结出人家为什么做得好。能够总结出人家为什么好,基本上就离学会不远了。看到俞敏洪演讲好,就认真总结总结,为什么好、好在哪里,如果想明白了,下次自己演讲水平自然可以提高一点儿;去参加一个活动,如果感觉好,就仔细观察观察,看看人家是怎么做的、为什么这么做,下次自己组织类似活动的时候,把别人好的地方都吸取过来,效果自然不会太差。

俗话说,吃一堑长一智。学先进可以让我们在别人吃一堑时自己长一智,这是学习的高境界。不会学习的人,吃一堑不长智;会学习的人,吃一堑长一智;比较会学习的人,吃一堑长三智;最会学习的人,身边的人吃一堑自己长三智。

第三种学习方法,复盘。这是最有效的学习方法。

我们不但要爱学习,还要会学习。会学习的人,就如同海绵一样,随时随地都在从周边汲取营养、汲取能量,让自己每时每刻都在变强大;不会学习的人,相当于一个只有流出没有流入的湖，再强也会越来越虚弱的。一个会学习的人和一个不会学习的人，相当于一个不断在前进，一个停在原地，彼此的差距自然会越来越大。

3. 成功必须具备的第三个心态：创业心态

创业心态，不是创业者专有的心态，而是所有成功者都必须有的，体现的是高度的使命感、不达目的决不罢休的韧劲儿，以及关注终极结果使命必达的信念。因为创业是世界上最难的事，所以我将之命名为创业心态。

在我看来，创业心态包括三个要素：主人担当、结果导向、终极思维。我一直认为，是否在创业，不在于股权多少，甚至不在于是否拥有股权，不在于职务高低，只在于心态。如果以创业心态在做事就是在创业，否则就不是在创业，换言之，一个打工人如果以创业心态在工作就是在创业，他就绝不是一个简单的打工人。我自己的经历就是如此，我用两年时间从公司的临时工做到常务副总裁，用四年时间做到公司的股东。同样，一个拥有企业100%股权的老板，如果没有创业心态，就不可能创业成功。

创业心态就是主人担当。

主人担当就是把自己当作主人，把公司的事情当作自己的事情办，把企业当作自己的命根子。

著名经济学家弗里德曼说过：花自己的钱办自己的事，既讲节约又讲效果；花自己的钱办别人的事，只讲节约不讲效果；花别人的钱办自己的事，只讲效果不讲节约；花别人的钱办别人的事，既不讲效果又不讲节约。

经济学最重要的假设就是，人都是经济人。所以本质上，人在做自己的事时，最负责任，最讲究投入产出比，既讲效果又讲节约；而且，人只有在做自己的事时，才最敢负责任，不用担心自己是否有权力决策，不用担心别人高兴不高兴。

成功这件事，不论是自己的成功，还是带领一支队伍去追求成功，都需要高度的责任感与担当，需要平衡风险与收获，投入与产出，如果没有主人担当，不可能成功。

创业心态就是结果导向。

结果导向就是始终盯着结果，一切为了结果，以达成结果为工作的唯一目标。

结果导向就是不达目的誓不罢休，只要有5%的希望就要将之变成100%的现实。

结果导向就是敢于担责，在道德之上，只关注能不能达成结果，有没有更好的路径和方式可以达成结果，而不是拘泥于过程正确和个人免责。

结果导向就是不找理由不找借口，只论功劳不论苦劳。

创业心态就是终极思维。

终极思维就是不忘初心，永远关注能否达成终极目标，永远确保达成终极目标。

终极思维就是时刻牢记终极目标，不被过程带着走，不因过程中的困难就放弃。

终极思维就是盯着对实现终极目标有价值的事儿做，随时复盘，随时关注目前的所作所为是否在引导我们向实现终极目标而去。如果不是，敢于马上主动调整，而不是拘泥于上级的指示或者当期的 KPI 达标。

终极思维就是永远留有余力，再有把握的事情也不"倾其所有"孤注一掷，永远给自己留下可以东山再起的最低限度的干粮。创业路上，要永远给企业留下在一分钱收入都没有的情况下可以支撑公司最小规模运作的十八个月的资金。

一个领导者，如果没有终极思维，很容易被过程带着走，很难取得真正的成功。

我曾经提出一把手必须有三个好的习惯：向前看、向后看和 B 计划。这就是终极思维。

向前看，就是要有预见性。要不断地向前看，思考未来会发生什么事情，凡事如果有足够的提前量，再大的坎儿也不是坎儿。

有人说预见性是天生的，我不同意，在我看来，预见性是一种工作习惯，是可以训练的。闭上眼睛想一想一个星期之后公司会遇到什么问题，任何人都能够想清楚。那一个月后呢？两个月后呢？慢慢就可以预见六个月、八个月以后的事情了。

向后看，就是及时复盘。通过复盘，审视自己是否在正确的航线上，如果不是，就马上调整。通过复盘，不断总结经验教训和规律，提高自己的能力。能力越强，在意外发生时的应对能力就越强，一条沟，对于成年人根本不是事儿，一迈脚就可以过去，但对于一个儿童就是一个迈不过去的坎儿，这就是能力对于结果的影响。

B 计划，就是永远提防变化，永远留有余力，永远有备份方案。对任何人任何事都信任但不绝对信任，认为任何事情没有"落袋为安"之前都存在变数，认为任何只要不是由自己可以单独决定的事情都存在变数，任何时候任何事情都要有 B 计划、C 计划甚至 D 计划，唯有如此，才可能成功。

社会很复杂，只有那些有终极思维的人才有可能成功。

▲ 第四节　企业家的"三有"修炼

"三有"即有态度、有能力、有素质，在拉卡拉五行文化之中，这是选领导的人才标准，在这里，之所以也列为企业家自我修炼的内容，是将其作为企业家自我修养的必要条件。有此"三有"未必能成为成功的企业家，无此"三有"一定不可能成为成功的企业家。

如何修炼"三有"？窍门很简单，就是努力践行拉卡拉五行文化。即便不是拉卡拉人，如果能够践行五行文化，就是一个有态度、有能力、有素质的人，不管做任何工作，一定会成功，人生一定会美满。

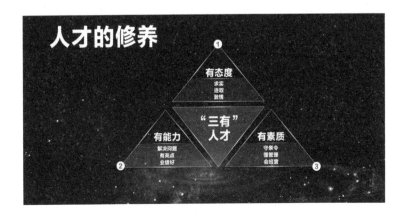

我们据此"三有"标准做了一个人才模型，把态度、能力、素质进一步细化成清晰可衡量的指标，并给每个指标设定了权重，形成一个人才模型。这个模型是一把多维尺子，用它来量人，符合的就可以提拔为领导，不符合的就不能提拔。

一、态度决定参与权

在五行文化中，我定义的"有态度"，即求实、进取、激情。

态度决定参与权，没有求实、进取、激情的态度，坚决不能用。一个没有态度的人，能力再强，也不是企业可以借助的能力，用之，迟早会出问题，越晚出问题，对企业的危害越大。这是一个真理，请千万要相信，所有不相信的人，都已经付出了巨大的代价，缴纳了巨额学费。

什么是有态度？

还记得第一次把中国足球带进世界杯的那位传奇教练米卢吗？他给中国足球上的第一堂课就是"态度决定一切"。

所谓态度，书上的定义是个体对特定对象（人、观念、情感或者事件等）所持有的稳定的心理倾向。这种心理倾向蕴含着个体的主观评价以及由此产生的行为倾向性。

我所理解的态度是一种理念、一种心态、一种价值观，是决定人的决策和行为的因素。态度可以分为积极的态度和消极的态度。积极的态度，乐观自信，只要有一点希望就会做出100%的努力；消极的态度，悲观失望，前怕狼后怕虎，患得患失，自己不努力还不断散布悲观失望情绪影响他人。

态度不对的人，不可能成功。

态度很大程度上是先天的，后天很难改变。俗话说"三岁看老"，我非常相信这句话，尤其是经过五十多年的人生，阅历很丰富以后，我更相信这一点。好的东西是与生俱来的，比如责任心、领导力、豁达等等。

幼儿园时就有责任心的孩子长大以后基本上会是有责任心的，幼儿园时就自私的孩子长大以后大概率也会是自私的；那些在幼儿园、小学、中学就是班领导或者地下班领导的，踏入社会后基本上都是各种领域的佼佼者；从小就稀里糊涂没有责任心的人，长大了也是没有责任心、需要领导时时刻刻操心的问题员工。当然，不一定这么绝对，但是态度很难改变，这是不争的事实。

员工要有责任心，中层领导要有上进心，高层领导要有事业心，这是一个递进关系，即有责任心＋上进心，可以做中层领导，有责任心＋上进心＋事业心可以做高级领导。

1. 有积极态度就是求实

求实是拉卡拉五行文化核心价值观的第一条，核心是三点：刨根问底、结果导向、做十说九。

凡事都要刨根问底，求甚解，搞清楚，不要轻率下结论，更不能以讹传讹。只有求甚解，才能触达事实和真相，才能得出正确结论。

凡事都要以结果为导向，不讲理由不找借口，事事有回音，事事有结果。

说话要严谨，不要弄虚作假，不要虚张声势。

一个求实的人，是一个严谨的人，一个靠谱的人，不但会做好自己的事情，也会成为伙伴可以信赖的友军。

2. 有积极态度就是进取

进取是拉卡拉五行文化核心价值观中的第二条，核心是三点：主人心态、竭尽全力、日新月异。

主人心态就是把工作当作第一位，对待工作像对待自己的事一样，愿意负责，敢于负责，努力争取最好的结果以及最佳的性价比。

竭尽全力就是要竭尽自己的力量、竭尽自己的资源、竭尽全力去求援，用一种不达目的誓不罢休的精神对待工作。

日新月异就是把今天的高点作为明天的起点，凡事都要做到自己的最高水平，把工作当作品，主动拿出自己的最高水平，不待扬鞭自奋蹄。

3. 有积极态度就是有激情

有激情的人，把工作当作命根子，吃饭走路睡觉脑子里都是工作；没有激情的人，按部就班，当一天和尚撞一天钟。

现在这个社会其实选择很多，机会也很多，如果你不喜欢一份工作，你大可以不做，但是不能选择了做却不投入激情。

一个对工作没有激情的人是做不好工作的，也许一个员工可以对他的工作没有激情，但是领导必须有激情，如果你对你的工作没有激情，你不可以做我们的领导。

一个朋友跟我讲过一个例子。他收购了一个公司，业绩不好，找销售总监谈，这个销售总监觉得这个产品这也有毛病，那也有毛病，所以卖得不好。最后他用了很简单的一招儿把这事解决了——他把这位销售总监开了，把销售总监的手下也都开了，重新招了一个销售总监。他觉得自己的产品没问题，问题出在销售身上，所以重新招了一批人，结果卖得特别好。

一个认为打不赢的人，不可能打赢。

高管如果没有激情，一定要让他离开。因为他没有激情，会直接让自己的手下人都没有激情，属于严重负能量。

虽然有人说，当领导必须有一种把需要当爱好的精神，但是我还是认为，需要激情。没有激情的领导不要任命，即便他逼着自己把需要当作了爱好，但是爱好和激情还是很不一样的。

我最不喜欢那种动辄就让家里的事情影响工作的领导，如果你认为家里的事情更重要，可以为此牺牲工作，OK，你可以做那样的选择，但是我不放心把工作交给你。

能成大事的人很多都是工作狂，即便在休假之中也放不下工作，因为他们把工作当作命根子，只有这种人，才可能成功。

有积极态度是对我们领导的第一个要求，一个人能力再强本事再大，如果没有积极态度，也不是我们想要的领导。有人认为，如果下属态度不好，但能力够强业绩够好，也是可以用的。我的看法是不要用。所有的历史经验证明，没有积极态度的人早晚会出问题，今天确实能够出业绩，但是早晚会捅娄子，是整个部门里面的隐患，而且越晚捅娄子，出问题的可能性就越大，可能捅出的娄子就越大。

二、能力决定话语权

在五行文化中，我定义的有能力即解决问题、有亮点、业绩好。有能力的人可以委以重任，没有能力的人坚决不能使用。

能力也是可以一叶知秋的。有能力是一种习惯，一个人如果在一件事情上没有能力，在其他事情上也不会有能力；一个人如果加入公司三个月没有显示出能力，三年也不会显示出能力。这一点，千万不要自欺欺人，有的管理者习惯宽容，喜欢给下属机会，一件事情没有做好很容易原谅下属，并给予新的事情让其去做，其结果往往是新的事情也被搞砸。所以，我主张领导应该有点小苛刻，至少在用人上，要严守"三有"标准，通过下属做的每一件事情去判断下属在"三有"标准上的吻合度和得分，然后量才使用，不符合"三有"标准一定不要用，至少不要重用，否则后果很严重。

什么是有能力？

有能力的标准有很多，但我认为最关键就是三条：解决问题、有亮点、业绩好。如果这三条都是 NO，其他方面再强也不是有能力。

能力是一个结果，不是一个过程，不要相信各种理由和借口，甚至都不要看过程，直接看结果即可，即能解决问题就是有能力，不能解决问题就是没能力；有亮点就是有能力，没有亮点就是没有能力；业绩好就是有能力，业绩不好就是没能力，就是这么简单。

做不到这三点而又振振有词讲理由的人，是不可救药的没能力。

1. 有能力的第一个标准是解决问题

能解决问题就是有能力，不能解决问题就是没有能力。

有的人特别能说，不断讲各种各样好的方案和前景，一般这都是没有能力的表现，因为有能力的人没有废话，而是直接拿结果说话。

每个人都有很多朋友，但当碰到困难时，一定会首先想到某些朋友，永远也不会想去找其他朋友，差别在哪里？就在于认为对方能不能解决问题，靠不靠谱，想找的，一定是那些能够解决问题的人。

有一个规律，曾经解决了问题的人也很可能解决下一个问题，历史上不能解决问题的人未来也解决不了问题。

因为解决问题不仅仅与能力有关，还与态度密切相关。有的人天生就认为自己是应该承担责任的人，遇到问题会竭尽全力去解决问题，不管问题多么复杂；有的人天生就是推卸责任的人，遇到问题首先考虑的不是解决问题，而是如何可以逃脱责任或者占到便宜，这样的人再简单的问题也可能解决不了。

解决问题是一种习惯，成功的都是不撞南墙不回头，撞了南墙也不回头，用头把南墙撞一条缝闯过去的人。

2. 有能力的第二个标准是有亮点

所谓有亮点，就是超出别人的预期，让别人有惊喜。

一个人如果有能力，一定会有超出领导预期的想法和结果。一个有才华的人，不管把他放在什么样的环境里，两三个月一定可以显示出其出众出彩之处。鹤立鸡群一定是一瞬间的事，如果鹤到了鸡群里面，三个月都没有做到鹤立鸡群，只能说明不是鹤；尖锐的锥子放在布袋子里面，一定会一下子就刺破布袋子，如果没刺破，说明锥子不够尖。

一个人，不管放到什么岗位上，如果三个月没有亮点，再给三年时间也不会有亮点，就是没有能力，至少能力不出众。

很多人喜欢讲老战士是一个组织的财富，但那些能力跟不上组织发展而又没有积极态度的老战士其实不是一个组织的财富，而是一个组织的毒瘤。他会把整个组织带向平庸，如果一时不留神将之放到一把手位置上，或者因为实在没有人了将之放在一把手位置上，后果很可能是灾难性的。对于一个组织而言，最可悲的就是把平庸的人放到一把手位置上，不管是大的一把手还是小的一把手，需要的都是"三有"；态度没有问题，甚至态度堪称典范的老战士才是组织的财富，即便能力弱些，只要安排他们担任与能力相匹配的职务，就是组织之中的"定海神针"。

没有亮点，某种意义上就是没能力。

如果按照解决问题、有亮点和业绩好三个维度扫描一下所有的部下，看看哪个有能力哪个没能力；然后对照历史上他们的工作，想象一下未来他们的工作，那些有能力的是不是你还可以期待他们未来有亮点？那些没有能力的，未来是不是也很让你担心？

3. 有能力的第三个标准是业绩好

业绩是非常重要的衡量能力的标准，而且是个硬杠杆，能力不是用嘴说的，而是用结果说的，业绩一塌糊涂，那是没有能力。

全国这么多的分公司，到底哪个分公司的分总是有能力的，哪个是没有能力的？标准其实很简单，就是看业绩。一个经济不发达的省在拉卡拉体系内的业绩排名竟然高于很多经济发达的省，只说明一个问题，就是该省份负责人有能力，排在他后面的那些发达省份的负责人没能力。不要说今年的 KPI 指标定得是合理还是不合理，全国都是执行的一个标准，如果不合理大家都不合理，如果合理大家都合理。

千万不要相信这个人 A 工作没做好，要求换 B 工作，因为 B 工作可以做好……这是典型的混淆视听，很多公司应该都存在这种现象。一个人不把心思用在工作上，一门心思巴结某个领导，不断要求换部门。所以在拉卡拉我特意设了两条很好玩的规定：一条是公司内部调动，不管级别，所有人都必须经董事长签字确认，目的就是对这种"混子"起到震慑作用；另一条是年薪40万以上的人必须要经过我面试，哪怕只有五分钟，目的是确保较高级别的人与我们的企业文化相契合。

本职工作业绩不好，原则上就是没有能力。

有能力的人是在任何一个岗位上都能体现出能力，就像魏璎珞刷马桶都能刷得和别人不一样。一个人有能力，在任何事情上都可以显现出来。如果在一件事情上显示的是没有能力，基本上就是没有能力，绝对不存在在某些事情上显示得没有能力而在另外一些事情上有能力的情况。因为能不能解决问题，首先是一种思维方式，如果认为解决问题是自己的使命，认为能不能解决问题代表着自己的荣誉，就会竭尽全力去解决问题。如果不这样认知，就会关注如何多一事不如少一事，遇到事情首先也会关注如何让自己逃避责任。

同样，过往的为人处世有没有出众出彩之处，有没有过超出旁人的预期，历史业绩如何，都是思维方式以及个人能力的结果，足以说明问题。

三、素质决定分红权

在五行文化中，我定义的有素质，即十二条令、管事四步法和管人四步法、经营三要素。

能够掌握十二条令，说明个人能力强，能够掌握管事四步法、管人四步法和经营三要素，说明领导能力强。

什么是有素质？

所谓素质，是指在人的先天生理的基础之上，经过后天的教育和社会环境的影响，由知识内化而形成的相对稳定的心理品质及其素养、修养和能力的总称。

素质决定分红权，代表着潜力和未来能够达到的高度。

在《创业36条军规》中，我明确提出，领导需要自己培养。我们固然可以借助空降兵来补充队伍的实力，但在本质上，我们要寄希望于自己培养领导，因为只有自己培养的领导，才更符合我们的企业文化，才对企业更有主人翁精神。

而自己培养领导的内容，就是培养态度和素质，核心是素质，在拉卡拉，具体而言就是是否掌握了五行文化：

按照十二条令去做的人，是靠谱的人，是有素质的人；

掌握了管事四步法的人，是会管事的人，是有素质的人；

掌握了管人四步法的人，是会管人的人，是有素质的人；

掌握了经营三要素的人，是会经营的人，是有素质的人。

素质决定未来的上升空间，有素质的人才能不断进步。这里我们用分红权来指代可以进入企业的合伙人层面，即企业的股东层面，有素质的人是企业需要的核心人才，可以进入企业高层，也必须进入企业的高层。

没有素质的人，即便有态度和有能力，也只能止步在中层领导，如果委之以重任，就相当于让一个将才去统领三军，后果很严重。

茨威格在《人类群星闪耀时》中写到滑铁卢的故事，拿破仑最后的失败在滑铁卢，滑铁卢的失败在于拿破仑的援军没到而对手的援军到了，拿破仑的援军没有到是因为拿破仑任命了格鲁希作为一路军的指挥官，而格鲁西是一个平庸的将才而非帅才，滑铁卢战斗打响之时距离战场近在咫尺的格鲁西仅仅因为没有收到拿破仑要他改变任务的命令而作壁上观……

长期的企业经营管理经验告诉我们，人，是管理中最核心的因素，人对了，事一定会对，成功只是时间早晚问题；人不对，事一定不会对，失败也只是时间早晚的问题。对于领导者而言，最重要的就是对人进行准确评估，区分出人才和非人才，以及人才的具体特点，用对人、用好人。

"三有"人才观，就是为人才评估和使用提供的一个标准，"三有"是将才的标准，"三好"是帅才的标准，"三有"之中，有态度是前提，态度决定参与权；有能力是基础，能力决定话语权；有素质是潜力，素质决定分红权。素质，是将才和帅才的分界线，有素质的将才就是帅才的苗子。

不是每个人都可以当企业家的，优秀的企业家都是特殊材料做成的，需要独特的素质和能力，都是凤毛麟角、万里挑一之选，这些素质大部分是天生的，但是也并非后天不可以培养的。如果有意识地按照"三有"和"三好"标准要求自己，吾日三省吾身，每做完一个事情都问自己一个问题，"此事如果重做一遍，我会怎样做，用三条说清楚"，每天晚上睡觉前都问自己一个问题，"今天的大事是哪一件，我的处置有哪些值得总结的经验、教训或者规律，我的处理符合'三好'和'三有'吗？"一定可以不断提升自我修养。

企业家必须把学习和提升自我修养当作自己的两个核心岗位责任，让自己成为企业发展的发动机而非阻碍。

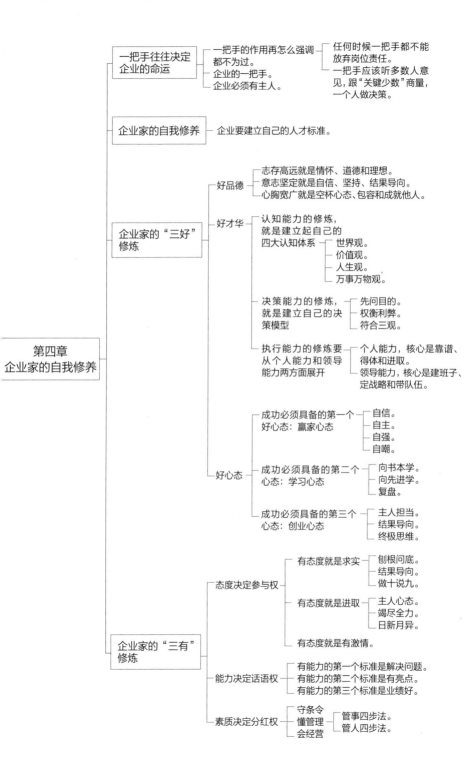

第四章
企业家的自我修养

一把手往往决定企业的命运
— 一把手的作用再怎么强调都不为过。
— 企业的一把手。
— 企业必须有主人。
  — 任何时候一把手都不能放弃岗位责任。
  — 一把手应该听多数人意见，跟"关键少数"商量，一个人做决策。

企业家的自我修养 — 企业要建立自己的人才标准。

企业家的"三好"修炼
— 好品德
  — 志存高远就是情怀、道德和理想。
  — 意志坚定就是自信、坚持、结果导向。
  — 心胸宽广就是空杯心态、包容和成就他人。
— 好才华
  — 认知能力的修炼，就是建立起自己的四大认知体系
    — 世界观。
    — 价值观。
    — 人生观。
    — 万事万物观。
  — 决策能力的修炼，就是建立自己的决策模型
    — 先问目的。
    — 权衡利弊。
    — 符合三观。
  — 执行能力的修炼要从个人能力和领导能力两方面展开
    — 个人能力，核心是靠谱、得体和进取。
    — 领导能力，核心是建班子、定战略和带队伍。
— 好心态
  — 成功必须具备的第一个好心态：赢家心态
    — 自信。
    — 自主。
    — 自强。
    — 自嘲。
  — 成功必须具备的第二个心态：学习心态
    — 向书本学。
    — 向先进学。
    — 复盘。
  — 成功必须具备的第三个心态：创业心态
    — 主人担当。
    — 结果导向。
    — 终极思维。

企业家的"三有"修炼
— 态度决定参与权
  — 有态度就是求实
    — 刨根问底。
    — 结果导向。
    — 做十说九。
  — 有态度就是进取
    — 主人心态。
    — 竭尽全力。
    — 日新月异。
  — 有态度就是有激情。
— 能力决定话语权
  — 有能力的第一个标准是解决问题。
  — 有能力的第二个标准是有亮点。
  — 有能力的第三个标准是业绩好。
— 素质决定分红权
  — 守条令
  — 懂管理
  — 会经营
    — 管事四步法。
    — 管人四步法。

第五章

企业家需要体系性地学习

　　所有人都知道，想当厨师先去上技校，想当医生先考医学院，甚至要学完硕士并且实习一两年以后才可以给病人看病，但是似乎每个创业者都以为自己天生懂创业，每个企业家都认为自己天生懂企业的经营和企业的管理，不需要专门去学习。

　　创业、企业的经营、企业的管理都是实践科学，实践科学的特点就是道理谁都知道，但知道和懂是两回事，懂和知道怎么做到是两回事，知道怎么做到和做得到是两回事。只有经过体系性地学习并且得到高人指点，才能成为高手。

　　看起来谁都会，但是不经过体系性地学习，其实算不上会。

　　围棋、象棋、德州扑克都是非常典型的例子。五分钟就可以学会规则，就可以下场游戏，但是如果没有体系性地学习，充其量只是知道怎么玩而已，根本无法取胜。

　　如何体系性地学习呢？首先要看是否师从名师，其次还要看各自的悟性，所谓"师傅领进门，修行在个人"，名师也不能保证每个学生都能成才，更别说庸师误人子弟了。

▲ 第一节　难者不会，会者不难

　　创业是比打工难一百倍的事情。当厨师，只要会做菜就可以了；当医生，只要会看病就可以了，但是要开餐馆或者开医院，需要的是懂经营、管理、工商、税务等十八般武艺。每一方面都要专业，都有自己的规律，不经过专门的学习，找不到名师指点，都无法掌握。

企业家应该把学习企业的经营和管理当作自己的岗位职责来对待，而且，如果是初创公司，还必须学习关于创业的科学知识。

创业和经营管理企业本质上是一回事，但因为是初创公司，所以比常规的企业经营和管理要多两个环节：做出第一个有人愿意花钱买的产品，建立公司的企业文化和管理体系。常规经营是在既有产品和企业文化、管理体系之上优化的过程，创业是一个无中生有的过程，原则上，创业比常规经营管理企业要难很多。但是如果掌握了本质和规律，创业也好，经营管理企业也罢，并不难。

我的创业经历，就是一个很好的诠释。

1991年，我从北京大学毕业，因为学校领导不同意给我留京指标，所以无法去找接收我的单位，只能以临时工身份进入一家民营企业。

虽然只是临时工，但是从工作第一天起，我从来没有把自己当作是临时工，甚至没有把自己当作打工人，而是把自己当作工作的主人，把工作当作是自己的事，所以迅速担任了部门的常务副职并主持工作。

创业其实是一种心态，有创业心态，即便是临时工，也是在创业；没有创业心态，即便是大股东或者一把手，也不是在创业。

我真正意义上开始持有股权的创业，是从1996年开始的。从那一年开始，我先后创办和联合创办了《北京青年报·电脑时代》周刊《南方日报电脑周刊》蓝色光标传播集团恒基伟业电子产品公司《商务通》拉卡拉集团、考拉基金、昆仑学堂等公司，其中绝大部分都在各自的细分领域做到了数一数二。

这些创业，很多是重合并行的，而且越到后面，创业的过程越是顺利。很多人奇怪，大多数人创办一个企业尚且忙得没日没夜甚至因压力太大得了抑郁症，为什么我可以同时创办这么多企业而且似乎每个企业都做得不错呢？

原因很简单，我掌握了科学的创业方法以及科学的经营和管理方法，尤其是这两年创办昆仑学堂，完全按照我总结的科学创业理论，按部就班，感觉很轻松、很顺利地就发展起来了。

▲ 第二节　学习最重要的是选对老师

有两种创业者比较可惜：一种是不知道创业需要学习，完全是自己摸着石头过河，踩了一个又一个坑，弄得自己遍体鳞伤；一种是知道创业需要学习，但是没有遇到名师，或者遇到师父就拜，遇到概念就追，最终只能是"邯郸学步"。

学习，最重要的是要选对老师。

对的老师有两个标准：一是自己真正懂，二是懂得因材施教。自己不懂，当然教给学生的都是错的；自己懂，但是不会教人，不懂得因材施教，也会误人子弟。

学习创业也一样，最重要的是选对老师，如果能够遇到大师追随学习，更是人生一大幸事。大师是很少的，古往今来，中国文化大师也只有孔子、朱熹、王阳明等寥寥几人而已，因为大师不仅仅自己要融会贯通自成体系，还必须善于因材施教。如果教人还必须自己亲自实践过，且多次成功实践过，这样的大师，原本就少之又少。

如何选择创业老师？

选择创业老师，至少要看以下几个方面：

第一，看其是否亲自创业成功过。

就教人创业而言，这是基础门槛。没有创业成功过的人讲得怎么会有说服力呢？尤其是实践科学，自己没有成功完成过，如何教人？没有创业过的人讲创业，完全是猜测和胡扯。一个没有吃过糖的人，怎么可能给学生描述清楚糖是什么滋味？一个从来没有登临山顶的人，怎么可能教给别人如何登临山顶？

第二，看其是否作为一把手创业成功过。

一支队伍，一把手是起决定性作用的，是无可替代的。一艘船航行到目的地，船上的每一个人都可以说自己航行到了目的地，但只有船长才是真正知道如何驾船航行到目的地的人。只有船长总结的规律才是真正的规律，无论是水手、轮机长，还是乘客，总结出的航行规律，最多只是盲人摸象的感受而已。

创业更是如此，一把手的作用是企业其他所有人都无可比拟的，不管是总监还是副总裁，甚至班子成员，与一把手所担当的职责以及所起的作用相比都有天壤之别。

第三，看其是否成功过不止一次。

一次成功，带有很大的偶然性，有太多曾经成功创业的人再次创业时失败的案例，只有成功过不止一次的创业者，才是真正掌握了创业规律的人。

第四，看其是否善于体系性总结。

并不是每一个成功过的人都是善于总结规律的人，盲人摸象的故事告诉我们，其中的每一个人都认为自己掌握了全局，但其实都是局部而已。很多人不善于总结，善于总结的人中很多人因为认知的局限，也存在站的高度不够，思考得不够全面不够深刻等问题，而学习任何一门学科，最重要的都是体系性地学习，避免一知半解。

第五，看其是否善于传道授业解惑。

很多人自己懂但是不善表达，自己会但是不知道怎么教会别人。佛学上，释迦牟尼并不是简单地宣讲自己的认知，而是用八万四千法门教化众生，对将军说的法、对屠夫说的法和对农夫说的法完全不同。同样，不同的弟子问孔子同样的问题，孔子给出的回答也截然不同，好的老师一定要因材施教，而不是填鸭式的灌输。

以上五个方面，是判断好老师的标准。

人生最大的悲哀是，泰山在眼前却有眼不识泰山，遇到真神却不知真神在哪里。自古道不轻传，医不叩门，如果遇到了好老师，一定要以"程门立雪"的诚心来求拜。相传禅宗二祖慧可为拜达摩为师在雪中自断一条胳膊以明志，只有有诚心和毅力才能赢得好老师的认可。

可如果没有遇到这样的好老师，我的建议是，找好老师的书来看，同时，对于其他老师所讲的当作故事听，当作经验体会听，而不是当作科学体系来学习。

纵观中国目前的创业培训，各种形形色色的商学院，基本上可以分为三派：

闭门造车式的学院派。由从来没有管理过企业、更没有创业过的教授，拿着国外翻译过来的、国外教授多年前写的教材，在照本宣科。讲市场营销的教授从来没有卖过东西，讲管理的教授从来没有管理过超过五个人，讲战略的教授从来没有办过企业，这样的老师又怎会教出好的学生呢？

盲人摸象式的分享派。能够有大把时间到处讲课的人，大多不是能够自己创业的企业家，拿着自己曾经的经历讲课挣钱，并没有能力整理出体系性的知识体系，只是把自己从某个角度理解的问题拿出来分享，往往为了课堂效果还加入了很多道听途说的"材料"。

故弄玄虚式的鸡汤派。这类人喜欢故弄玄虚，把简单问题复杂化，辅之以生僻拗口的概念，为了商业目的把自己神化，把自己的课程神化，甚至宣传有的课程要听几遍甚至十几遍才能领悟其精髓。

真正的大师，是能够把复杂问题简单化的人，而非把简单问题复杂化的人。凡是把简单问题复杂化的人，要么是自己没懂，要么是为了商业目的故弄玄虚。

▲ 第三节　学习需要信解行证

少林长拳，是少林七十二绝技中最不起眼的入门拳法，但是如果学到家，一样可以做到江湖无敌。真才实学，学会一家即足以行走江湖，行侠仗义；花拳绣腿，追随百家照样不堪一击。正确的学习方法，是选择一个好老师，笃定地学，信解行证。

学习的第一步是信

学习，就要相信，不相信就不要学。

当然，在开始学习之前，要认真选择跟谁学，绝对不可以随随便便选择一个师父，然后师父姑妄言之，自己姑妄听之地学。

正确的学习态度是，先认真、严格选择跟谁学，一旦选择了之后就坚决相信，以一股"先僵化地学，再固化地学，最后优化"的精神来学习。

佛学上讲，应该认真选择和考察上师，用三年甚至更长的时间观察上师的言行举止，选择信任的上师。一旦选择了，就要毫不犹豫地接受上师传授的一切，唯有如此，才能真正学到佛法。

这是非常正确的，也是非常重要的。

学习上，最差的学习方法就是有选择地学，只选择自己喜欢的或者自己认为适合自己的来学习。既然跟老师学习，就说明老师水平高，自己水平低，用低水平判断高水平传授的东西然后选择性学习，放弃的一定是自己不懂的精华，能够学到的一定是与自己"臭味相投"的糟粕。就像让一个三岁小孩子有选择性地和大学教授学习，小孩子选择的一定是自己能够听得懂的童谣而非高等数学公式，是同样的道理。一旦选择了老师，就必须全盘相信老师传授的知识。学校课堂上，老师教勾股定理、求根公式，学生当然应该坚信。自然科学，学习时似乎没有人会思考信不信的问题，为什么学习社会科学时大家就认为自己可以按照自己的判断选择信或不信呢？

也可以理解，社会科学理论缺乏自然科学理论的权威性，尤其是创业这件事，说难也难，说简单也简单，简单到所有的人都认为自己懂，而实际上是不懂的。绝大多数创业不成功，都是因为创业者不懂创业的规律，一而再，再而三地犯低级错误所致。作为一个多次创业成功的过来人，我建议所有的创业者，一定要相信创业是一门科学，一定要选择一个好老师，全盘相信，笃定地学。

学习的第二步是解

学习时必须要全盘学习、全面理解，越是自己不明白、不理解的地方，越要学习，越是自己不理解的地方，越要搞懂和掌握。

理解的要学习，不理解的更要学习，在学习中加深理解；懂的要接受，不懂的更要接受，在接受中搞懂和加深理解。

学东西的时候总有听得懂的和听不懂的，总有自己同意的和不同意的，这个时候最正确的做法是什么？是把所有不懂的搞懂，把不同意的搞明白，这才能真正学到东西。

最差的学习方式是强调自己有特色，只学习适合自己的。实际上，当说出这句话的时候，已经学不到东西了。既然老师强你弱，既然老师懂得多你懂得少，怎么可以用自己的标准来判断老师教的哪个是对的哪个是错的？如果让一个小学生去评判一个大学教授讲的东西哪个是对的哪个是错的，小学生一定认为他听得懂的是对的，而恰恰他听不懂的是最需要学习的。

学校学习，把不会做的题和做错的题搞懂才能提高成绩。学习任何知识都一样，重点是学习自己不懂的，把自己不理解的搞明白，把自己不喜欢以及和自己固有习气不一致的理解和学会，这才是学习的真正目标，才能进步。

学习的第三步是行

学会了就要应用，只有将所学知识加以应用，才是知行合一。所谓知行合一的含义就是，懂了并且遵照去做才是真正的懂，不遵照去做的懂不是真的懂。

学习的目的是运用学到的东西解决实践中的问题，学会了公式，就要应用公式去解题；学会了如何设计正确而高明的商业模式，就要调整自己的商业模式；学会了如何管人，就要遵照管人四步法去管人，这才是正确的学习姿势。

学习的第四步是证

证，即证果，验证老师所言真实不虚，应用学到的东西，去解决自己遇到的问题。应用在昆仑学堂体系性学到的知识，建立起自己的四大认知体系，创业成功并活成自己想要的样子，这是来昆仑学堂学习的最终目的。

▲ 第四节　昆仑学堂体系型创业课程

2019 年，我联合我北大的师兄、曾经在世界五百强企业多年担任全球核心管理者的朱海先生一起创办昆仑堂体系型创业课程，是因为我们有一个梦想：用体系性的课程，帮助从零到一的创业者建立起自己的四大认知体系，掌握科学的方法论和工具，少走弯路，提高创业成功率。

我们认为，创业是一门科学，企业经营是一门科学，企业管理是一门科学，而创业、企业经营管理和修身是三位一体的科学体系。

针对这三方面，我们花了三年时间，研发了十八门专业课程，直接有效地给出理论、方法论和工具，让创业者和企业管理者拿来可用，用了立竿见影，让他们在创业路上，任何时候都能做到心中有数、胸有成竹。

我在2018年就萌生了创办昆仑学堂的想法，因为一直有很多创业者通过各种关系找我请教和咨询，我也看到太多的创业者因为对创业这门科学不了解，犯一些低级错误而导致失败，一直也很想帮助他们；另外，我一直深受中国传统文化影响，认为大丈夫"穷则独善其身，达则兼济天下"，应该把立德、立功、立言作为自己的追求，既然选择了做企业，也有了一点点成就，就应该把自己的经验和教训总结出来分享给后来者，让后来者少走弯路。我认为这就是创业者的布施。

多年以来，体系性思考几乎成了我的本能。几乎任何事情我都要从个体、个体在体系中的位置、相关个体之间的关系三个维度搞清楚本质和规律。过去十年，围绕着创业、经营管理以及创业者自我修养，我把自己总结出来的体系写成了三本书，2012年出版的《创业36条军规》是体系性讲创业的，2017年出版的《有效管理的5大兵法》是体系性讲经营管理的，2020年出版的《精进有道》是体系性讲修身的。后来，我又对《创业36条军规》和《有效管理的5大兵法》进行了修订，确保三本书的水平都是到目前为止我最新的认知水平。

昆仑学堂的课程体系是基于这三本书的理论体系，但又超越这三本书，因为过去三年，我和朱海花了大量时间，在此三本书的基础上又结合朱海三十多年跨国企业管理及投资孵化国内独角兽企业的经验和教训，专门开发了十八门专业课程。不谦虚地说，我认为这十八门课程是我们两个相互取长补短的独创，是结合了理论和实践的理论，是中西结合、兼容大企业和小企业的体系性的理论、方法论和工具。

但是最终下决心开始创办昆仑学堂之前，我还是反复问自己三个问题：

·能否拿出并且愿意拿出大量的时间来再次创业？

·投入到一个自己无法获胜的战场是愚蠢的，现在的创业培训非常多，不做则已，要做就必须要做到细分领域的数一数二，昆仑学堂有做到数一数二的机会吗？

·做好了再次开始一个十年以上的长征的准备了吗？

这三个问题也是我认为所有人开始创业之前必须反复问自己的。

我深知，按照我的三观，如果创办昆仑学堂，我一定要做到细分行业的数一数二，那样的话，十八门专业课中至少有一半以上我会亲自开发课件，亲自教学，其他的课我也要全程现场听课，以便保证全部三十六门课的体系性和教学质量。如果再开发昆仑学堂 App，更是巨大的工作量，作为一个要把六分之一时间留给户外、社会活动比较多的人，这真的是一个巨大的挑战，我做好准备了吗？

当然，在 2019 年 7 月，我正式决定创办昆仑学堂，原计划第一期只招生 32 人，结果一再扩招，最后招生了 44 人。2019 年 10 月，昆仑学堂第一期正式开学；2020 年 10 月，第二期开学，报名人数更多，录取率更低，大约 15 个报名人中才录取 1 人，最终又扩招到 44 人；2021 年 1 月，昆仑学堂 App 正式全网上线；2021 年 10 月，第三期开学，从数百名报名者中最终录取 44 人。

昆仑学堂认为，创业是人生的一部分，创业是一种生活方式，所以创业、企业经营管理与修身密不可分、相辅相成。创业者修身不好，创业一定创不好；创业创好了，修身一定也不会差，这就是我们看到很多特别成功的企业家在谈人生、哲学问题时都很通透的原因。

围绕这三重修炼，昆仑学堂专门研发了十八门专业课：

修身两门：创始人的自我修养、有效影响力。

创业四门：科学创业观、创业阶段论、商业的本质、商业模式设计。

经营管理十二门：五行文化管公司、管理会计、战略与业务规划、合规经营、创新与增长、股东管理与人才激励、科学投融资、品牌管理、产品管理、产品研发管理、供应链管理和市场营销。

昆仑学堂另有十八门辅修课，邀请的都是有过多次创业成功经历的创始人分享经验和教训，分享课的内容大多数与专业课要么是殊途同归，要么是英雄所见略同，各自表述。学员可以一边听讲，一边用专业课的体系去分析，并且感受这些成功企业家的言传身教。

昆仑学堂的私董会，不是一般意义上的拍砖私董会或者是务虚会，而是花大量时间分析企业的财务数据、商业模式，手把手教大家如何应用专业课教授的体系来解决公司的具体问题。

所有的课程有一个共同的目的，希望引导大家建立起自己的四大认知体系，脱胎换骨。

我最欣慰的是，几乎所有学员都告诉我，通过一年的学习，感觉自己发生了本质性的变化，建立起了自己的认知体系，感觉对一切问题都能做到心中有数、胸有成竹了。

▲ 第五节　体系性地学习才能建立起自己的认知体系

人和人的根本差距在于认知差距，人的所有言行都是建立在自己的认知体系上的，所以，认知体系不在一个层次的人没有办法沟通，也不需要沟通，这就是所谓的"宁与同好争高下，不与傻子论短长"。马斯克也说过同样的话，意思是岁数大了他也明白了，如果有人跟他说 2+2=10，他一定不与对方争论。

人生最重要的事，就是建立自己的认知体系，有没有自己的认知体系，是人和动物的差别；认知体系上的差距，是人和人之间最大的差距。

创业者，必须建立自己的关于世界、关于是非、关于人生，以及关于创业的四大认知体系，有了自己的认知体系，才能对任何事情都能做到心中有数、胸有成竹。

不要认为创业与三观无关，人生所有的事情，归根结底都是三观的事情，创业方向的选择、企业文化的确立，甚至招人、用人，归根结底无一不是创始人的三观决定的。很多人之所以在选择面前无所适从，或者屡屡做出错误的选择，都是没有想清楚自己的三观，或者三观有问题所致。

一个拥有了四大认知体系的人，是一个不惑的人，一个智慧的人，一个通透的人，一个对于任何事情，都有自己的看法，并且知道如何处理的人；反之，就是一个混沌的人，一个糊涂的人，一个没有能力的人。

有强大认知体系的人是无敌的。有的人为什么对任何问题都能够解答，并不是这些问题的答案他早就知道，而是因为他有自己的四大认知体系，对于任何问题，知道怎么分析，怎么找出方法，怎么解决问题。

凡事唯有简单才可行。

如果有人告诉你，成功有五十个法则，估计很少有人有耐心读完，即便读完，也没有人能够记住这五十条法则，如果记都记不住，怎么可能遵照执行呢？

我相信大道至简，拉卡拉十二条令中有一条要求：任何事都用三条去总结。凡事不能用三条说清楚，就说明没有想清楚，如果能够站到更高的高度或者能够研究得更深更透彻，一定可以用三条说清楚。

我们应该将复杂问题简单化，简单问题通俗化。凡是把事情搞得复杂而又复杂的，要么是水平不够，要么是居心不良。为了自己的光环或者商业目的，不惜把受众搞蒙的做法，令人不齿。

体系性思考才能接近真相。

我们生存的这个世界，是一个万事万物都相互依托、相互影响、相互转换并且你中有我、我中有你的体系，大体系中有中体系，中体系中有小体系，每个体系也都是相互依托、相互影响、不断变换的，没有常一不变的独立存在。

最高深的物理学的原理和最高深的哲学原理基本是一致的，随着人类对世界的认知，科学家对世界的理解和释迦牟尼对世界的理解似乎越来越一致了。

我认为，研究一个事物的本质和规律要从三个维度看：

第一个维度是个体。个体是什么？个体的本质是什么？规律是什么？

第二个维度是体系。个体正处于哪个体系之中，以及处于什么位置。同一个体可以存在于不同的体系之中，例如一个人，在家庭体系中是父亲，在工作的单位体系中是总裁，在大学同学的体系中是曾经的班长，等等。在不同的体系之中，同一个个体的角色、责任以及要遵循的原则都是不一样的。

第三个维度是关系。体系之中和该个体相关的其他个体有哪些，它们之间是什么关系？

从个体、体系和关系三个维度认知一个个体，找出其本质和规律，才是完整的认知。

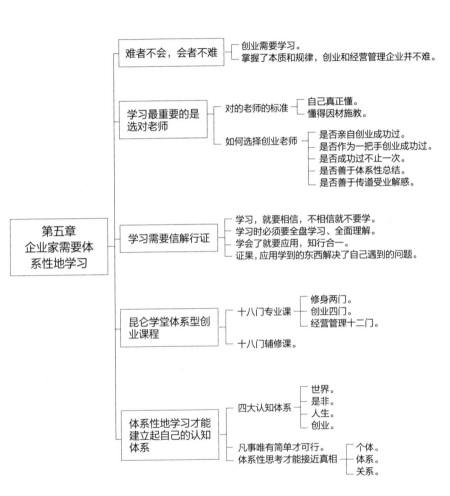

第五章
企业家需要体系性地学习

- 难者不会，会者不难
  - 创业需要学习。
  - 掌握了本质和规律，创业和经营管理企业并不难。

- 学习最重要的是选对老师
  - 对的老师的标准
    - 自己真正懂。
    - 懂得因材施教。
  - 如何选择创业老师
    - 是否亲自创业成功过。
    - 是否作为一把手创业成功过。
    - 是否成功过不止一次。
    - 是否善于体系性总结。
    - 是否善于传道受业解惑。

- 学习需要信解行证
  - 学习，就要相信，不相信就不要学。
  - 学习时必须要全盘学习、全面理解。
  - 学会了就要应用，知行合一。
  - 证果，应用学到的东西解决了自己遇到的问题。

- 昆仑学堂体系型创业课程
  - 十八门专业课
    - 修身两门。
    - 创业四门。
    - 经营管理十二门。
  - 十八门辅修课。

- 体系性地学习才能建立起自己的认知体系
  - 四大认知体系
    - 世界。
    - 是非。
    - 人生。
    - 创业。
  - 凡事唯有简单才可行。
    体系性思考才能接近真相
    - 个体。
    - 体系。
    - 关系。

第六章

昆仑学堂的方法：五行文化管公司

经营和管理千头万绪，一把手应该如何思考和行动呢？

标准答案是用企业文化管公司。

关于文化，余秋雨的定义是：文化是一种养成习惯的精神价值和生活方式，最终成果是集体人格。例如东方文化与西方文化有很大的差别，一看就知道哪种是中国人的做事方法，哪种是西方人的。

关于企业文化，我的定义是：企业文化是一种对使命、愿景、价值观的共同认同和践行。我喜欢用内容来定义概念，我认为企业文化就是使命、愿景、价值观，企业员工都认同并且按照这些内容去做，这就是企业的文化。

企业文化，是高度抽象的理念和方法论，是企业全体成员要共同遵守的基本理念和方法论；企业文化是让 80% 的人在 80% 的情况下达到 80 分的唯一方法。

经营和管理公司，有效的方法有很多种。用企业文化管公司，是最有效，也是最终极的方法。不管有意识还是无意识，所有的公司实际上都是围绕着企业文化在经营和管理的。

因为使命、愿景和价值观过于抽象，在实践中很难落地，所以在拉卡拉，我首创了五行文化。在使命、愿景和价值观之外，又设计了企业文化的四个模块，分别是：经营三要素、管事四步法、管人四步法和十二条令。这五项总称之为"五行文化"。通过经营三要素、管事四步法和管人四步法，帮助使命和愿景落地，通过十二条令，帮助价值观落地。

▲ 第一节　企业经营和管理的目的

战场上，打胜仗靠的不是某个人而是一支队伍，拥有一支铁军才能打胜仗。拥有铁军，是打胜仗以及持续打胜仗的唯一路径。

铁军，固然需要兵强马壮，军事技术过硬，但更重要的是，要有信仰，志同道合，没有信仰的军队是"有奶就是娘"的雇佣军，不可能成为铁军。这就是"第二次东征"中，黄埔学生军以区区三千人，打得军阀陈炯明和林虎的十万兵马落荒而逃的原因；也是北伐时期，叶挺的独立团面对数倍于己的军阀连战连捷的根本原因；更是工农红军以及中国人民解放军战斗力无敌的根本原因。

企业经营和管理的目的，就是打造一支招之能来、来之能战、战之能胜的铁军。

▲ 第二节　最好的经营管理是用企业文化

很多企业，企业文化是企业文化，经营管理是经营管理，二者是脱节的，这是非常错误的；好的企业，一定是企业的经营管理和企业文化高度合一的。

因为，企业文化的核心是使命、愿景、价值观，企业经营管理的核心也是基于价值观，去实现愿景和使命，二者是高度合一的。

以铁军为例，铁军要具备两个条件：爱打仗和会打仗。爱打仗，取决于队伍有共同的使命、愿景；会打仗，取决于价值观和战术原则。

铁军的特征是精兵强将、志同道合以及令行禁止。这些特征，唯有靠文化才能锻造出来，唯有使命、愿景和价值观，才能让一支队伍"兵是精兵，将是强将"，队伍中的人志同道合、令行禁止。

打造一支铁军要从四个方面入手：

· 建立共同的愿景、使命、价值观。

· 建立共同的基本纪律，做到令行禁止。

· 践行共同的方法论和战术原则。

· 建立组织结构及指挥体系。

前三个方面，就是文化要解决的问题。

企业文化的核心是共同的使命、愿景、价值观，这是队伍凝聚力的基础，一支具有相同使命、愿景和价值观的部队是最有战斗力的。

最好的企业经营管理，是围绕企业文化进行的。如果企业全员上上下下都时刻牢记使命和愿景，按照价值观思考和行动，企业就是一个志同道合、令行禁止的企业，队伍就是一支招之能来、来之能战、战之能胜的铁军。

企业文化是企业战斗力的源泉和倍增器。公司治理，下等公司靠亲友义气，中等公司靠制度，上等公司靠企业文化。

▲ 第三节　五行文化是简单、有效的企业文化

使命、愿景和价值观是企业文化的核心，也是企业经营管理的核心，如果所有的人都按照使命、愿景和价值观工作，就是最好的经营管理。

如果公司的每个员工对公司的使命、愿景、价值观都理解到位，公司不需要任何规章制度和业务流程都可以运作得非常好。设想一下，如果公司的创始人接客服电话，需要操作手册吗？需要规章制度吗？当然不需要，创始人天然就会最耐心、最负责，一定会把客户的问题妥善解决，为什么？因为创始人是按照企业的使命、愿景和价值观在工作。

关键是如何让每个人对公司的使命、愿景、价值观都理解到位呢？一般的做法是把使命、愿景、价值观挂在墙上，同时制定各种各样的规章制度、业务流程，经常宣讲和考核。

问题是，使命、愿景、价值观太过于抽象，仿佛在天上，看得见摸不着；而规章制度和业务流程又太过于具体，仿佛在地底下，员工很难把两者联系起来，往往是各说各话。

一、什么是五行文化

所以，在拉卡拉，我提出了五行文化。在企业文化的核心使命、愿景和价值观之外，增加了经营三要素、管事四步法、管人四步法和十二条令四个模块，一共五个模块，借用中国传统文化的五行概念，命名为五行文化。旨在说明，五个模块相生相克，共同作用，是我们经营和管理公司的全部理论和方法论。

五行文化：

使命、愿景、价值观（金）。

经营三要素（木）。

管事四步法（水）。

管人四步法（火）。

十二条令（土）。

五行文化中，使命、愿景、价值观（金）是核心，经营三要素（木）、管事方法论（水）、管人方法论（火）是使命和愿景的落地工具，十二条令（土）是价值观的落地工具。

五行文化，是一种广义的企业文化，是我在创办拉卡拉过程中，逐步总结形成的，是拉卡拉多年以来一直在使用并且行之有效的。

2017年，我据此写成了一本书，出版之后很受欢迎，非常多的人通过各种途径告诉我，他们在自己的企业应用了五行文化之后，都显现出了经营管理效果，打造出了自己的铁军。

五行文化中每个模块都不是凭空造出来的，因为人类已经存在几千年了，在社会科学领域，如果想创造一种前人没有想到过的东西几乎是不可能的。正确的做法应该是一切从实际需要出发，选择那些对我们工作最简单、最有效的内容来优化或者直接应用。

五行文化，选择的是企业经营管理上最基本、最必要、最有效的一些原理和原则，凝练出来让大家学习和践行，以期达到直接有效的目的。

五行文化涵盖了企业经营和管理的方方面面，原则上，只要深入践行五行文化，企业经营和管理上的所有问题都可以解决。

五行文化，源于拉卡拉，但不只适用于拉卡拉。五行文化适用于绝大多数企业，除了使命、愿景和价值观之外，其它四个模块是所有企业都可以使用的，"求实、进取、创新、协同、分享"五大价值观也是大多数企业应该采纳的。

二、为什么五行文化更有效

五行文化是一种广义的企业文化，相比于狭义的企业文化，其创新在于，在传统企业文化"使命、愿景和价值观"以及经营管理的规章制度、业务流程之间，增加了四个模块：

增加了经营三要素，作为企业的经营方法论，是使命和愿景的落地工具，践行经营三要素，就是在为实现企业的使命和愿景而努力。

增加了管事四步法和管人四步法，这是企业的管理方法论，也是企业使命和愿景的落地工具，遵照执行，可以更好地为实现企业的使命和愿景服务。

增加十二条令，作为纪律，是企业价值观的落地工具，按照十二条令去做，就是在践行"求实、进取、创新、协同、分享"的核心价值观。

佛教为什么能传承这么多年，被全世界这么多的人信奉？是因为佛教声称找到了度人解脱的佛法，并且告诉大家只要践行佛法，人人皆可成佛。但佛法非常高深，只有释迦牟尼懂，后来有些活佛也懂，怎么样才能让广大的信徒都学明白和践行呢？于是有了佛经，佛经是释迦牟尼对佛法的讲解，并给出的修炼方法，例如《金刚经》《心经》《四十二章经》等，信徒们可以通过研习佛经来体会、领悟佛法。

对于更多的人而言，读不懂佛经或者不识字怎么办呢？于是佛教设计了戒律，比如"五戒""八戒""十戒""不杀生、不偷盗、不邪淫、不妄语、不饮酒"等，只要照着做，就是在践行佛法的路上。修行就是考验你能不能做到一世，如果做到了，也就在接近佛法的路上了。

由此可见，佛法、佛经、戒律是一个有机整体。对佛法而言，佛经是佛法的落地方法，戒律是佛经的落地工具；对信徒而言，戒律是修行佛法的入门，佛经是研习佛法的路径。

实践证明，这种"法、经、律"三位一体的文化最有效。

企业经营和管理的最高境界是用五行文化管公司。

用佛学体系来说，五行文化中，使命、愿景和价值观是企业的"法"，经营三要素、管事四步法和管人四步法是企业的"经"，十二条令是企业的"律"；"法"是核心和目标，"经"和"律"都是为实现"法"服务的。

使命、愿景、价值观是我们企业文化的核心，是我们企业所有成员共同信奉并努力的方向，是我们志同道合中相同的"志"，是我们信奉的"佛法"。我们所做的一切，就是为了践行这个使命、愿景、价值观。

为了让企业文化三要素这个"佛法"落地，我们还需要一些"佛经"来讲解"佛法"，并给出践行"佛法"的方法。

五行文化中有三本"佛经"：

经营三要素，是经营方法论，是"高级版本的佛经"，给高级领导用的，教如何经营公司的。

管事四步法和管人四步法，是管理方法论，是"基础版本的佛经"，给中层领导用的，教如何管人和管事的。

同样，我们给出了"戒律"，即"拉卡拉十二条令"，对于指令、行动、沟通和汇报做出了十二条规定。不要问为什么，照着做就是了。这是给全体员工的，做了就是在践行企业的使命、愿景、价值观。与清规戒律是所有信徒不论高低贵贱都要遵守的一样，"十二条令"是所有员工、中层领导、高级领导都必须要遵守的，级别越高越应该严格遵守。

五行文化管公司，就是建立起类似佛法、佛经和戒律三位一体的体系，层层落地，然后天天讲，以身作则，融入业务，将之作为终极尺子来衡量一切、管理一切。

管理是一个方法问题，有方法就能达成管理目标，没有方法，天天讲也没有用。如果天天讲佛法，但是没有佛经，没有戒律，对于很多人来说，讲多少遍也是没有效果的。

好的管理者必须能够设计出管理工具，然后坚决宣贯，不但要提出"佛法"，还要给出"佛经"以及"戒律"，以身作则并融入业务，才能锻造出一支主人心态、结果导向、志同道合的队伍。

对于公司每个员工而言，做到"戒律"（十二条令）是最基础的，否则就不可以留在公司；若还能掌握基础版本的"佛经"（管理方法论）即可胜任中层领导；若再掌握了高级版本的"佛经"（经营方法论），那就是证悟了"佛法"之人，可以担任我们的领军人物。

三、如何践行五行文化

关于如何践行五行文化，我总结了四条：提出来、天天讲、以身作则、融入业务。

1. 提出来

要践行，首先要提出来，而且要鲜明地、简单地提出来。

建立企业文化是创业的三个维度之一，企业创办之初，创始人就要亲自把企业文化提出来，确立企业的使命、愿景和价值观。

提出企业文化时，可以借鉴其他企业的文化，也可以根据第一性原理分析和推理，明确三个问题：

使命，即为什么要建立企业，要解决什么社会问题，使命是企业一辈子要做的事情；

愿景，即企业十年要达成的目标；

价值观，即对企业而言，什么是对的，什么是错的。

另外一种提出来的方法，就是直接使用五行文化。

五行文化之中，除了使命、愿景之外，其他所有环节，原则上所有公司都可以直接采用。学先进，最好的方法是"先僵化、再固化、最后优化"，与其花大力气对先进做一些"狗尾续貂"或者"换汤不换药"的优化，不如直接采用拿来主义，既然先进在使用并且证明有效，自己为何不直接使用呢？

其次，要用简单明了的语言表述，甚至口语化表述。

任何时候，表述都是非常重要的，一个好的表述才能让人记住，例如"三大纪律八项注意""拉卡拉共生系统五个统一"等等，只有先被记住才可能被执行。现在很多人提出很多"成功的三十个做法"，"关于××的五十个规定"，别说记忆了，看完一遍都需要很多时间，根本不可能记住也就意味着根本不具备可执行性。

我身边的例子是雷军。很多年前，有一次我和雷军聊天，他问我商务通的某某营销是怎么做的，为什么这么做。我跟他讲了之后他告诉我，他为了研究产品在零售卖场怎样能够卖得好，曾经在日本的软件零售店蹲了一整天，总结出好的产品包装的一二三，有效店面陈列的一二三……

我发现所有成功人士最突出的一个共性特点，都是非常热衷于琢磨、非常善于复盘、非常善于归纳总结的。

企业文化也是一样，既然提出来是想让所有人都践行，就必须注意表述方式，用大众化的语言，简洁明了地提出来，这是宣贯企业文化的第一步。

2. 天天讲

企业文化，不但要提出来，还要天天讲；不但一把手要天天讲，各级领导也要天天讲，一有机会就讲、反复讲。

践行企业文化，不是每年搞一次培训就够了，必须要天天讲、反复讲。很多企业都会把企业文化的要点写出来贴在墙上，印在员工的胸卡上，这都是非常正确的做法，就是让企业的所有成员记住企业文化，认同企业文化，践行企业文化。

宣讲企业文化，绝对不是浪费时间，每讲一次，即便听众只是加深了一点点理解，队伍的战斗力也会增强一分。

中国共产党有生活会，国民党在北伐时也有生活会，蓝色光标董事长赵文权十年如一日坚持写《每周一讲》，我在公众号写文章，都是类似的用意，就是要反复讲文化、宣贯文化。

3. 以身作则

原则上，宣贯企业文化，必须自上而下，身体力行。要求下面的人做，你自己不做，任何规矩都立不起来。只有你亲自践行以身作则，才能把企业文化宣贯下去。

以身作则，不是说服别人的主要方法，而是唯一方法。我原则上同意，但是有保留意见，上级确实应尽可能以身作则，但下级绝对不可以以上级没有以身作则作为自己不去践行的理由。也并不是所有的事情上级都应该以身作则的，例如我们不应该要求一个将军以身作则和士兵一起每天训练作息条令、负重长跑、单兵技能等等，因为那不是将军应该做的事情。将军的使命是指挥战斗，而士兵也无权以将军没有以身作则参与操练作为自己不好好操练的理由。

所以，在以身作则上，我的看法是原则问题必须以身作则，非原则问题不强求以身作则，个别问题不需要以身作则。核心是每个人都要履行好自己的职责，下级是否尽职与上级是否以身作则有一定的关联，但也不是绝对的。不管任何问题、任何情况下，下级都不能以上级没有以身作则作为自己不履行职责的理由。

4. 融入业务

如果想践行企业文化，必须把企业文化跟企业的业务紧密地结合起来。如果企业文化是企业文化，业务是业务，企业文化只是贴在墙上的口号，业务上该怎么干还是怎么干，那么企业文化永远也无法贯彻下去，业务也无法做好。

企业文化必须融入业务，所谓融入业务，不仅仅是我们要遵照企业文化的要求去开展业务工作，而且当我们批评或者表扬人与事时都必须以企业文化为依据。

在拉卡拉，不论是考评还是复盘，或者日常管理，我要求时时刻刻都以五行文化作为尺子，作为终极的评判准则。

以复盘为例。"及时复盘"是五行文化中管事四步法的一个环节，所以我们要求重大节点必须复盘，挫折失败必须复盘，成功也必须复盘。复盘的时候，必须找到业务上的原因，以及文化上的依据，必须搞清楚，成功或者失败是因为我们做对了五行文化中的哪些要素，或者做错了五行文化中的哪些要素。

现在拉卡拉体系之内，五行文化里的很多词是我们平时开会的时候经常会听到的，不仅是从我嘴里说出来，也会从参会的每个人嘴里说出来：这个事我们推演得不够，我们再推演一遍，或者这个事我们要复盘。拉卡拉人已经把文化里的各个要素当成了终极的思维方式、思维习惯。

用文化管公司，要提出来、天天讲、以身作则和融入业务。用五行文化管公司，就是要求全员做到十二条令，按照经营三要素来经营公司，按照管事四步法来管事，按照管人四步法来管人，坚守价值观，实现使命和愿景。

四、五行文化在拉卡拉的实践

拉卡拉的业务横跨多个子领域，领导来自五湖四海，我们的办公场地也是遍及全国，靠什么把大家捏合成一支招之能来、来之能战、战之能胜的铁军呢?

靠的就是五行文化。我做事的习惯是简化、简化再简化,因为我认为只有简单才可能被执行。所以,我一直在简化公司的管理,想提炼出最简单的方法告诉领导者们应该如何管公司,最终的简化版本就是五行文化。

实践证明,五行文化非常简单、非常有效,拉卡拉的各级管理者不论原来来自哪个公司,在体会到五行文化的"甜头"之后,都成了五行文化的践行者。

五行文化也许不是世界上最先进的文化,但一定是有效的企业文化,如果能够固化下来,至少可以解决80%以上的管理问题。

现在是大家自觉地在使用五行文化管理公司,我们开设了昆仑班、青城班、星火班等培训计划,都是为了宣贯五行文化。

原则上,拉卡拉可以剔除所有规章制度,只要深刻践行拉卡拉五行文化即可正常运转、健康发展。所有的规章制度以及流程,不过是践行五行文化的执行细则而已。

施拉普纳说,不知道怎么踢球时,把球往球门里踢。企业文化让我们在不知道该怎么做时按照企业文化的要求去做。如果企业文化中也没有对应的要求,那就按照企业文化的精神去做。实际上,越是企业文化中没有涉及的要求,越应该按照企业文化的精神去做。

在拉卡拉,我要求各级领导对五行文化要天天讲,要以身作则,并且要有意识地把它融入业务。我要求各级领导要让自己成为一个相信五行文化、践行五行文化的领导,让每个人的辖区、让每个人的部属都成为一个相信五行文化、践行五行文化的辖区和部属。这样我们所有人就会用一个频道在讲话，用同一种语言在沟通，这是有效的并且效率最高的管理方法。

如果想加入拉卡拉，必须认同拉卡拉的使命、愿景和价值观，必须遵守十二条令；如果你还能掌握管事四步法和管人四步法，恭喜你，你可以成为 T100，即中层以上管理领导——这意味着我们认为你已经具备了指挥一个部门、一个小的子公司打仗的能力，用军队的话来讲你已经具备一个营长、团长的能力了；如果还可以掌握经营三要素，恭喜你，你可以独当一面了，可以担当一个方面军指挥员的职责，因为你已经掌握了定战略、建班子和带队伍，有能力组建起一支战斗部队，并且能够带领部队去打胜仗了。

五行文化说复杂也复杂，说不复杂也不复杂，说不复杂是因为一页纸就可以描述清楚，说复杂是因为要完全做到是一件非常难的事，包括我本人都不能随时随地完全做到。但是一旦做到，你就是一个靠谱的人，一个充满了力量的人。

五、五行文化在昆仑学堂的实践

虽然在北京大学我学习的是经济管理，但是高校的教材跟实践运用一直严重滞后并且大都是理论，读大学时可以说并没有学到接地气的东西。参加工作后我几乎立刻担任了部门负责人，如何管理一个部门？虽然我的悟性很强，但是没有参照系也无法发挥。刚好我一个同学去了联想的管理部，参与起草《联想集团管理大纲》，我找她要到了一本，如获至宝。"接口""KPI"以及一些鲜活的管理名词，都是从那里第一次所见，并且照猫画虎地拟定了自己部门的规章制度。那本管理大纲，被我研习了很多遍，并且圈圈点点标注，后来在 2004 年底，我创办拉卡拉找联想投资融资时，再一次见到柳传志柳总时我送给了他。

另外一本对我影响至深的小册子是当时联想内部的一本柳传志讲话集《从海图上看我们的过去和未来》。在那个文集中我读到很多篇柳总的讲话，看到联想虽然还很弱小，但是已经在以宏碁作为对标对象，开始展望未来等一系列思想，让我从中感悟到做企业必须有明确的使命和愿景，志存高远——当然，从柳总的讲话中我也悟出了很多管理原则，包括建班子、定战略、带队伍等等，并产生强烈共鸣。

因此，最终我提出的拉卡拉企业文化，有非常多联想文化的影子，例如核心价值观中的"求实""进取"就直接取自联想文化。虽然很多人认为现在是互联网时代，传统的很多东西过时了，甚至有人宣传互联网思维取代一切，但我并不这样看。我认为并不存在所谓的互联网思维，阳光下面没有新鲜事，所有的新思维若不符合规律就是噱头，"求实""进取"对传统企业有效，对新经济企业人员也是必需。至于拉卡拉方法论中的"复盘"更是联想文化的内容，"经营三要素"就是柳总的"管理三要素"。

创办昆仑学堂以后，五行文化管公司成为昆仑学堂的十八门专业课之一，几乎所有的同学学习了之后都非常认同五行文化，并且纷纷在自己的企业推广，说效果非常之好。

五行文化不是唯一有效的企业文化，但一定是最简单、最有效的企业文化之一。

青海瑞湖生物资源开发有限公司践行五行文化

茶什多科技（昆明）有限公司导入管理方法论及"三有"人才观

一扇门控股有限公司导入十二条令

六、如何导入五行文化

在企业导入五行文化，可以分五步走：

第一步：梳理使命、愿景、价值观（五行文化第一模块）

这是五行文化的内核，五行文化其他四个模块都是这个内核的落地工具。

召开高层领导会议，如果企业还没有明确的使命、愿景、价值观，则：

·每个人写下你认为的公司使命、愿景、价值观，要求：使命、愿景用一两句话描述，价值观定义五个，并且把每个价值观分解成三条继续描述，每一条不超过一句话，最好四个字。

·写出来之后，一把手组织大家讨论，每个人都可以充分表达意见，畅所欲言。

·会后，一把手自己根据大家的讨论，确定企业的使命、愿景、价值观。

·再次组织会议，征求大家意见，以及一把手拍板确定企业的使命、愿景、价值观。

如果企业已有明确的使命、愿景、价值观，则：

·每个人写下对每个价值观的三条分解描述，每一条不超过一句话，最好四个字。
·分析彼此之间描述的差异，明确准确的认知。

结论：使命、愿景应该用一两句话描述，价值观五个，每个用三条分解，每条分解不超过一句话，最好四个字。
并确保高层领导对于上述理解一致。

第二步：针对一把手和高层领导导入经营三要素（五行文化第二模块）

这是经营方法论，是高层领导者必须掌握的经营技能。

导入时，先对企业的领导班子做一次扫描，审核每一个直接对自己汇报的一把手是否都是胜任的，每个一把手的班子成员是否都是胜任的。

然后复盘企业的战略是否正确和可以优化。

第三步：针对中层以上领导导入管事四步法（五行文化第三模块）

管事四步法，是中层领导必须遵循的管事方法论。

导入的方式很简单，要求所有中层以上领导，僵化地按照"先问目的、再做推演、亲手打样、及时复盘"来管理事情，每一个步骤都不能少。

管事四步法和管人四步法都是我独创的，也许这两个方法论不是唯一正确的方法，但确实是简单、有效的方法，已经被很多企业应用验证过。

第四步：针对中层以上领导导入管人四步法（五行文化第四模块）

管人四步法，是中层领导必须遵循的管人方法论。

导入方法就是要求所有的中层领导都按照"设目标、控进度、抓考评、理规范"来管人，每一个步骤都不能少。

第五步，针对全员推广十二条令（五行文化第五模块）

十二条令对"令行通报"四个方面做了十二条规定，相当于军队中的"三大纪律八项注意"，也相当于军队中的单兵作战原则，其目的是让每个员工都变成一个"靠谱"的人，有工作能力的人。

导入方法，可以按照四步 21 天导入法来实施。

七、十二条令的四步 21 天导入法

为企业导入十二条令时，可以分为四个步骤：死记硬背、加深理解、养成习惯、列入考评。

其中养成习惯，要开展一个 21 天行动计划，因为俗话说，21 天养成一个习惯。

第一步：死记硬背

又分为三步：讲清楚、背下来、闭卷考试。

讲清楚。一把手亲自讲解十二条令，也可以请昆仑学堂的专业讲师帮助宣讲，讲解清楚，讲明白，让大家尽可能理解。十二条令其实是关于指令、行动、汇报和沟通各三条条令。

所有人员，把十二条令背下来。

闭卷考试。考试通不过的，扣当月绩效，并参加补考，三次补考通不过的，解聘。

第二步：加深理解

全员分为四个小组，用小品、情景剧、相声等方式演绎和宣传每一条十二条令，深入理解每一条条令的要求以及如何做到，指令、行动、汇报、沟通四个模块，每个小组负责一个模块三条条令。

表演完之后，全员点评表述是否准确和到位，并且评选出前五个表演最深刻的条令，予以奖励和表彰。

对于所有的表演，录成视频，供大家不断学习。

第三步：养成习惯

十二条令复盘表

十二条令	目标结果（↑代表做到↓代表未做到）	过程再现（具体事项）	得失分析（主观原因/客观原因）	规律总结
指令	确认指令			
	及时报告			
	亲撰周报			

（续表）

十二条令	目标结果 （↑代表做到 ↓代表未做到）	过程再现 （具体事项）	得失分析 （主观原因/客观 原因）	规律总结
行动	说到做到			
	保持准时			
	解决问题			
沟通	日清邮件			
	会议纪录			
	写备忘录			
汇报	三条总结			
	一页报告			
	统计分析			

连续 21 天，全员每天进行一次自我复盘，对照十二条令复盘表，复盘自己当天做到了哪些条令，违背了哪些条令，并注明列出具体事项。

通过 21 天的复盘，养成践行十二条令的工作和生活习惯。

第四步：列入考评

修改每个岗位的考评表，企业文化考评占 50% 的分数，其中十二条令可以占到企业文化中的 40%，即整体的 20%。

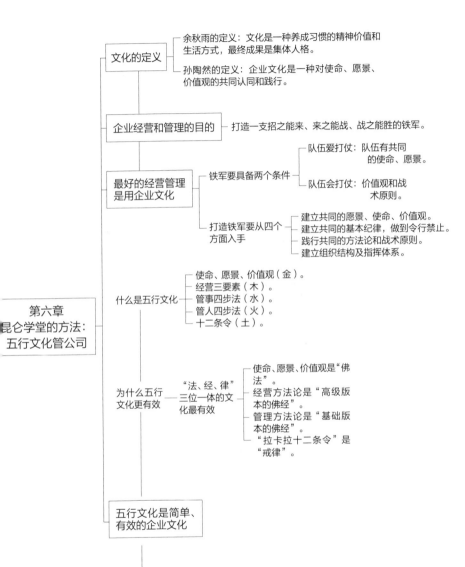

第六章
昆仑学堂的方法：
五行文化管公司

文化的定义
- 余秋雨的定义：文化是一种养成习惯的精神价值和生活方式，最终成果是集体人格。
- 孙陶然的定义：企业文化是一种对使命、愿景、价值观的共同认同和践行。

企业经营和管理的目的
- 打造一支招之能来、来之能战、战之能胜的铁军。

最好的经营管理是用企业文化
- 铁军要具备两个条件
  - 队伍爱打仗：队伍有共同的使命、愿景。
  - 队伍会打仗：价值观和战术原则。
- 打造铁军要从四个方面入手
  - 建立共同的愿景、使命、价值观。
  - 建立共同的基本纪律，做到令行禁止。
  - 践行共同的方法论和战术原则。
  - 建立组织结构及指挥体系。

什么是五行文化
- 使命、愿景、价值观（金）。
- 经营三要素（木）。
- 管事四步法（水）。
- 管人四步法（火）。
- 十二条令（土）。

为什么五行文化更有效
- "法、经、律"三位一体的文化最有效
  - 使命、愿景、价值观是"佛法"。
  - 经营方法论是"高级版本的佛经"。
  - 管理方法论是"基础版本的佛经"。
  - "拉卡拉十二条令"是"戒律"。

五行文化是简单、有效的企业文化

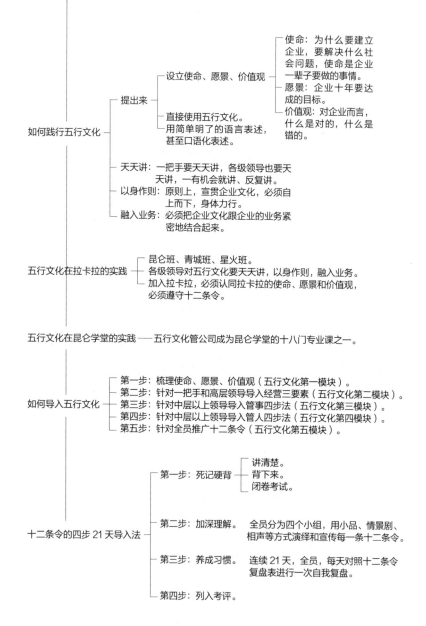

如何践行五行文化

提出来
- 设立使命、愿景、价值观
  - 使命：为什么要建立企业，要解决什么社会问题，使命是企业一辈子要做的事情。
  - 愿景：企业十年要达成的目标。
  - 价值观：对企业而言，什么是对的，什么是错的。
- 直接使用五行文化。用简单明了的语言表述，甚至口语化表述。

天天讲：一把手要天天讲，各级领导也要天天讲，一有机会就讲、反复讲。
以身作则：原则上，宣贯企业文化，必须自上而下，身体力行。
融入业务：必须把企业文化跟企业的业务紧密地结合起来。

五行文化在拉卡拉的实践
- 昆仑班、青城班、星火班。
- 各级领导对五行文化要天天讲，以身作则，融入业务。
- 加入拉卡拉，必须认同拉卡拉的使命、愿景和价值观，必须遵守十二条令。

五行文化在昆仑学堂的实践 —— 五行文化管公司成为昆仑学堂的十八门专业课之一。

如何导入五行文化
- 第一步：梳理使命、愿景、价值观（五行文化第一模块）。
- 第二步：针对一把手和高层领导导入经营三要素（五行文化第二模块）。
- 第三步：针对中层以上领导导入管事四步法（五行文化第三模块）。
- 第四步：针对中层以上领导导入管人四步法（五行文化第四模块）。
- 第五步：针对全员推广十二条令（五行文化第五模块）。

十二条令的四步 21 天导入法
- 第一步：死记硬背。
  - 讲清楚。
  - 背下来。
  - 闭卷考试。
- 第二步：加深理解。 全员分为四个小组，用小品、情景剧、相声等方式演绎和宣传每一条十二条令。
- 第三步：养成习惯。 连续 21 天，全员，每天对照十二条令复盘表进行一次自我复盘。
- 第四步：列入考评。

第七章

五行文化第一模块（金）：
使命、愿景、价值观

本书名为《有效管理的5大兵法》，5大兵法指的是五行文化的五个模块，每一个模块都是企业经营和管理的有效工具，组合使用，即是用五行文化管公司。

五行文化的第一模块是使命、愿景、价值观。

▲ 第一节 使命、愿景和价值观是企业文化的核心

使命、愿景、价值观是企业文化的核心。

使命是企业一辈子要做的事，愿景是企业十年要做的事情，价值观是企业的是非标准和"游戏规则"。

设定企业的使命、愿景和价值观，建立企业的文化，是创业的三个维度之一，是创业不可或缺的一部分，只能创始人亲自来做。

创业之初，创始人可以在夜深人静之时，一个人静下心来，站在自己的世界观、价值观以及人生观高度，思考企业要致力于解决什么社会问题，定位是什么，要向哪里去，要坚守哪些价值观，然后把它们写下来，这就是本企业的企业文化。

建立企业文化，只能创始人亲自做，当然可以和团队讨论，也应该和团队讨论，但是七嘴八舌是讨论不出结果的，讨论的过程只能作为验证和导入创始人思路的过程。

一、使命，是一辈子要做的事

使命，即肩负的重大责任，一辈子要做的事情，是一个组织

建立的初衷以及追求的终极目标。某种意义上，企业的使命就是解决某些社会问题。拉卡拉为解决企业的支付问题而生，这就是拉卡拉的初始使命。对于一个组织而言，使命是其之所以存在的理由，古今中外几乎所有伟大的公司，都是源于创始人要解决的一个强烈的社会问题：马斯克要改变汽车的未来、要让人类移民火星，扎克伯格要改变人类的沟通和生活方式。

我认为，世界上一切事情归根结底都是三观的事情，即我们如何看待世界？如何看待是非？准备如何度过此生？三观直接和间接决定了我们所有的选择和行为。

我曾对我的大女儿说，人生就是两件事——想清楚和坚持住：想清楚自己想过一种什么样的人生，然后坚持去追求这种人生。

越早想清楚自己的三观，成功的概率越大，因为在别人还懵懵懂懂不知方向时，你已经在向着心中的方向一步步靠近了；越早想清楚三观，就可以越早走在正确的路线上。一个坚持在正确路线上向前走的人，和一个无头苍蝇一样"东一榔头西一棒子"的人相比，显然前者更容易接近目的地。

创始人的三观，很大程度会映射到企业文化之中，影响甚至决定企业的使命、愿景和价值观。

企业，是通过解决社会问题获取利润的组织，是践行组织使命的组织，创始人必须一开始就明确企业的使命，这是企业存在的原因，也是企业要奔向的方向。

二、愿景，是十年要做的事

愿景，是践行使命路上阶段性的里程碑，是企业较长时期要努力达成的目标。

年度计划，是企业当年要做的事情；战略规划，是企业三年五年要做的事情；愿景，是企业十年要做的事情。

企业的经营和管理就是要构建一个长长的楼梯，把现在要做的事、三年要做的事、十年要做的事、一辈子要做的事连接起来。

三、价值观，是最高是非标准

价值观，即一个组织认为什么是对的什么是错的，什么是该做的什么是不该做的，组织倡导什么反对什么……价值观是企业的最高是非标准，是每一个成员思考和行为的根本准则。

英雄和枭雄的区别就在于，英雄是坚持价值观的，而且是正向价值观，所以有所为有所不为；枭雄是无所谓价值观的，他们只在意自己和利益，所以为达目的不择手段。

不同的企业文化造就不同的企业，价值观是企业文化的核心，价值观不同，会造就不同风格的企业，有的凶悍，有的温和，有的关注用户体验，有的对竞争对手不择手段……

志同道合，既要目标一致又要达成目标的原则和方法一致，使命、愿景是"志"，价值观是"道"，志同道合才能铸造一支铁军。

企业的价值观是否正确，决定企业能走多远。物以类聚，人以群分，不是一家人不进一家门，所有的企业，不管正义还是邪恶，都是由志同道合之士组成的，只不过正义企业志在正义，信奉走正道；邪恶企业志在邪恶，信奉走邪道而已。

价值观应该是用人的"一票否决权"。招人时，第一个问题应该是看对方是否从根本上认同企业的价值观，当年黄埔军校校门上挂着一副对联，"升官发财请往他处，贪生畏死勿入斯门"，开宗明义，提出了黄埔的价值观。

几十年前，商场上有一个词叫"IBM 人"，因为 IBM 公司的人不但思维方式一样，连穿着打扮都一样，每个人都是穿西装打领带拎着公文包文质彬彬，甚至说话腔调都一样，这就是强大的企业文化锻造出来的人。

我的一个朋友，在一个单位工作多年，后来离职加入了另外一个互联网企业，干了半年之后坚决辞职了。因为她实在没有办法接受那个企业的文化。她说老板让她干的那些事，在之前的单位是绝对不可以干的，她觉得干完之后晚上真的睡不着觉。但是那个企业的文化就是那样，就是一直这么干过来的，所以她要么按照那个企业的文化去做，要么只能辞职。她无法改变那个企业的文化，所以她选择辞职了……绝大多数人的价值观是不可能改变的，价值观不符的人一定不可以用，否则迟早出问题，越晚出问题危害越大。

▲ 第二节　拉卡拉集团的使命、愿景、价值观

拉卡拉集团的使命：为经营者创造价值，与创造者分享成果。

为经营者创造价值，是拉卡拉的根本使命，消灭价值的事情利润再丰厚也不应该做。另外，企业的使命应该是与员工共享成果，按劳分配、论功行赏。

拉卡拉集团的愿景：持续成长、数一数二、受人尊重。

这三条，也是我定义的卓越企业的标准，任何一个企业，都应该以成为卓越企业为自己的发展目标。

拉卡拉集团的价值观：求实、进取、创新、协同、分享。

这五个价值观，用一句话来概括，就是走正道，有所为有所不为，绝不会为了成功不择手段；相反，为了坚持价值观可以接受失败。

坚持走正道是拉卡拉能够走到今天的根本，我们能在这样一个充满诱惑的、监管严格的市场上活下来，并且一步步发展壮大，依靠很多东西，例如创新、战略、幸运等等，但是归根结底一点，靠的是走正道。因为走正道，所以我们没有产生过系统性的风险；因为走正道，所以我们越走越扎实，发展速度越来越快。因为我们每一步的进步，都是源于一个坚实的台阶。

虽然行业不同、企业不同，但是我认为这五个价值观应该是每一家企业都不可或缺的。传统企业需要求实、进取，互联网企业同样需要；互联网企业需要创新、协同，传统企业同样需要，在价值观上不要刻意标新立异，每个企业都应该坚守普世价值。

▲ 第三节 核心价值观：求实

求实不是一个新词，也不是一个新理念，很多组织都强调求实，但什么是求实呢？在拉卡拉，我们定义求实有三个标准：刨根问底、结果导向、做十说九。

我们对每一个价值观都进行了三个维度的细化，并且对每个维度也尽可能详细描述，目的是让大家尽可能理解一致，只有理解一致，才能一致遵行。

一、求实，就是刨根问底

求实就是凡事要刨根问底，求甚解，彻底搞清楚。用自己的思考来分析每一条信息，用逻辑和常识判断每一个论点，不放过任何一个疑点，不轻信人言。

走马观花、一知半解就下结论，把表象当本质，把局部当整体，人云亦云，听风就是雨，等等，都是不求实的表现。

求实就是凡事都要问五层为什么。对于任何事情，首先是要一层层地问为什么，把答案作为问题进行追问，对于每一个答案，要用自己的认知体系去分析，要用逻辑和常识去判断，直至答案符合所有逻辑和常识才罢休。

求实，就是我们自己所说的每一个观点每一句话，都应该有事实有依据，都应该经得起推敲。

不求甚解的几种典型特征：

第一，轻信人言。

生活中很多人说话喜欢夸张，习惯性地添油加醋。例如在介绍自己的朋友时，把"海归"说成"著名海归"，把"参与"了某个著名的事件说成"领导"了，把公司职员说成老板，等等。这种夸张的表述方式实质上会损害自己的信用，当别人对你的描述信以为真却又发现言过其实时，也会在你的头上"贴"一个"忽悠"和"不靠谱"的标签，所以，为人应该"求实"。

当年我们创造了商务通营销奇迹，其后十多年间，江湖上不断有人跟我谈起他的某个朋友是商务通奇迹的创造者，而提到的名字有的我知道，当时只是某个低级别的领导，有的甚至我都没有听说过。我相信对方确实曾经在商务通公司工作过，只是级别低到了我都不知道的级别而已……

如果不求甚解就轻信别人的说法很容易被带进沟里，所以对于别人说过的话，不能不假思索地相信，必须用逻辑和常识过滤一遍再决定相信还是不相信。尤其要注意的是，对于别人说的那些形容词，要"挤除水分再相信"，因为量变会引起质变，很多时候定量上的不准确会导致定性上的绝大偏差。例如一个人把销量增长 8% 说成"销量增幅很大"，如果不求甚解，轻信了"销量增幅很大"并据此做出下一步的决策和动作，后果不堪设想……

这方面避免被带到坑里的最好办法就是，对别人的话如果准备相信，先问自己一个问题"说这个话的人是不是一个严谨、靠谱的人"，如果不是，默认应该是不相信对方说的话的。轻信不靠谱的人的话，后果有可能很严重。

第二，以讹传讹。

信息的传播是碎片式的，所以我们接收到的信息必然不是系统的，很多时候因为信息传播中的衰减甚至是环境的局限我们只是接收到了局部的信息。信息传播中非常普遍的现象是，每一次传播信息都会衰减，丢失掉部分信息同时又会被不求甚解的人自行发挥补充一些信息进来，很快信息会变得完全失真。英阿马岛战争中，英军行军中侦知阿军空袭，指挥官命令"向后传，敌机空袭，注意隐蔽"。结果不久，后面的队伍开始欢呼雀跃，原来命令在向后传的过程中逐渐演变成了"加尔铁里死了"，加尔铁里是当时的阿根廷总统，敌方首脑死了，队伍当然会欢呼雀跃。

如果简单地把局部当全部并作为自己的见解进行发布，甚至在发布时还对信息进行主观"修剪"，最终的信息就会完全"不着调"，害人害己。

任何时候，我们都应该求甚解，这个世界是有常识和逻辑的，我坚信不合逻辑必有问题，超越常识就是骗局，对于接收到的信息，要用常识和逻辑自己先判断，决定相信之前要求甚解、搞清楚搞明白，不要人云亦云、以讹传讹。

第三，草率下结论。

有的人天生思维不严谨，总是觉得差不多就行了，不做深入研究就下结论，甚至没有把情况搞清楚就做出判断。下结论一定要慎重，因为一旦下了结论，很可能就会被自己和别人当作是确定无误的事实，并在此基础上往下走，一旦结论是错的，结果必然是差之毫厘，谬以千里。

求实，就是对于任何人说的信息，都不应该不假思索地相信，而是用自己的常识和逻辑做一个判断，符合逻辑和常识的接受，不符合逻辑和常识的不相信。

求实，就是先判断传播信息的人是否靠谱，再判断信息是否靠谱。

求实，就是不管什么人什么信息，都要自己先用逻辑和常识做一个判断，因为即便是最靠谱的人，也可能轻信了别人而传播不靠谱的信息。

第四，不懂装懂。

这是最可恨的一种不求甚解，自己不懂，但是为了掩饰自己的不懂而胡诌八扯，甚至为了掩饰一个谎言而不断制造其他谎言，让原本很清晰的信息变得混乱和复杂，给自己人制造麻烦。这种人就是队伍之中的"搅屎棍"，他们的存在不是在帮助队伍解决问题，而是不断地把问题变复杂，危害巨大。

第五，偷换概念。

这是非常常见的一种不求甚解，用局部概念代替全局，用有前提条件代替无前提条件，都是偷换概念，很多时候，其结论甚至是完全相反的。有一次我问下属——一个公司的负责人，说我看到某公司有一个产品很好，我认为他们应该研究和学习。对方告诉我，这个功能我们也有，而且只是我们产品中众多功能中的一个而已。我于是建议，这个服务很有需求，我们也应该提供该服务。对方说，没问题。又过了一个多月，我发现我们的产品中还是没有该服务，又去问，对方这才告诉我，这个功能我们随时可以开发出来，只要花一大笔预算去采购数据，再增加一批编制，几个月就可以开发出来了。我震怒非常，这是典型的偷换概念式的不求甚解，我问的是："这个服务很好，我们有没有？"对方的回答传递了两个信息，"一是我们有，二是这个服务很容易，而且微不足道"，而实际情况是，"我们只是理论上可以有，但现在没有，如果想要有，需要做很多工作，需要投入资金和时间，甚至为了开发这个功能很可能会影响其他研发的进度……"这就是典型的偷换概念！把"没有前提"偷换成了"有前提"，把"真正已经有"偷换成了"理论上可以有"。实际上，任何事情"理论上可以有"和"真的可以使用"完全是两件事。

第六，当信息二传手。

放弃自己的思考，把下级的结论直接当作自己的结论，危害特别大，别人会误以为意见是你提出来的，基于对你的信任而信任该信息，而实际上意见是你的下级提出来的。

相信每个管理者都会遇到这种情况，问副总裁一个问题，他直接把部门经理叫来回答你，问部门经理一个问题，他直接把员工叫过来和你对话。遇到这种情况，我一般的回答是，"如果这样，要你何用？我希望听到的是你的水平的意见而非你下级水平的意见，如果每次你都让下属来和我对话，那以后取消你的层级好了"。

1. 不求甚解必然会连累信任自己的人

我们每个人都有"信用"，同样一句话，不同的人说出来有不同的被信任效果。一个小孩子说，没有人相信；一个公知说，大家都相信，这就是所谓的"背书效应"。

人都是有判断力的，会提防自己不熟悉的、"不靠谱"的人，对他们的观点默认为不相信，但是人天然地会对自己信任的、觉得"靠谱"的人的观点默认为相信。

不求甚解的最大危害在于，一旦一个信用很好的人不求甚解地接收了一个信息，并且转发出去，信息源的不靠谱就被"屏蔽了"，成了这个信用很好的人的观点，误导那些信任他、认为他靠谱的人不求甚解。不求甚解，会把相信你的人带到沟里，最终相信你的人会变得不再相信你，害人害己。不求甚解 + 不求甚解=N 倍危险。一个不求甚解的人，会诱导同事、上级、下级、朋友不求甚解，这也是我们在队伍之中必须坚决打击不求甚解，倡导求实的原因。

2. 刨根问底就是要问五层为什么

有人说，重要的事情刨根问底，不重要的事情不用刨根问底。问题是，如果不刨根问底，如何正确判断什么事情是重要的，什么事情是不重要的呢？

所以，我认为任何事情都必须刨根问底，尤其是管理者，不能用那种笼统的泛泛的语言去描述问题，更不能不搞清楚情况就做决策。

实践中，我认为有一种方法对于刨根问底非常有效，就是不管什么事情都问五层为什么。就像永远有十万个为什么的小孩子一样，把前一个问题的答案作为下一个问题，层层问下去，凡是答案不符合常识和逻辑的都停下来，深入搞清楚真实地符合所有常识和逻辑的答案。

世界上最冤的失败不是没有发现问题，也不是没有提出问题，而是提出了问题也有了答案，并据此做了决策，而实际上，答案是错的，我们基于错误的信息做了决策，导致失败。

有一次我们在三亚一个酒店开会，会场很热，于是我问会务负责人为什么这么热，他告诉我因为大厅的空调太少了。

也许这是他经过调查得出的答案，也许是他想当然的答案。如果我相信了这个答案，我的问题似乎"有答案了"，但也就无解了，"大厅空调少，天气炎热，所以只能忍着了"，这是最差的结果。问问题的人收到了一个不求甚解的回复，然后不求甚解地相信了这个回复，于是工作停止，问题没有解决。

如果你是一个刨根问底的人，即便下属不刨根问底，结果也会完全不同，在你的五层发问之下，下属想不刨根问底都不行。

那天的情况是，我问了几个为什么："会场有几台空调？""以前别人在这里开会时也是这个温度吗？""为什么只装了这么少的空调呢？""他们设计的时候没有考虑到会场会很热吗？"果然这几个问题问下来，终于搞清楚会场太热的原因是：门窗没关好＋空调没有开到最大功率，并不是空调太少了。于是关好门窗，加大空调的功率，问题解决了。

像小孩一样，把答案当作问题，层层问下去，保证不超过五层，真正的答案一定能问出来。例如，最近销量下滑，问销售部经理为什么，销售部经理告诉你原因是竞争对手在打价格战，如果你接受了这个答案，就会据此做出一些部署，但是如果这个回答是错误的，你的部署不但解决不了问题，还会让自己雪上加霜。

正确的做法是多问几层为什么，例如问一下是哪个竞争对手在打价格战？是怎么打的价格战？价格降了多少？对我们的影响有多大？对其他同行的影响也是一样的吗？几层问题问下去，真实的答案必然水落石出。

刨根问底和不刨根问底有天壤之别，如果不刨根问底，对话往往在第一层级就结束了：上级发问，下属不求甚解地回答，上级不求甚解地相信，然后据此做出决策，错上加错。

这就是我们强调必须刨根问底的原因，只有刨根问底才能找到真正的原因，只有找到真正的原因，才有可能解决问题，基于错误的原因，不可能解决问题。

二、求实，就是结果导向

求实就是结果导向，评判我们工作的唯一标准就是结果，没有结果和没做是一样的。

凡是不以结婚为目的的谈恋爱就是耍流氓，同样，凡是不以结果为目的的工作就是不求实。

每一次努力，虽然不能确保一定可以成功，但是必须向着终极目标的达成有所前进，才是求实。例如探路，唯一有意义的事是找到正确的路，每一次尝试，都必须回答一个问题：此路通还是不通？这种结果导向才是求实，抛开这个结果空谈自己付出了多少艰辛或者构建了多少设想，都是没有意义的。

不求实是最大的不负责任，影响的不仅是自己，还会影响所有相关的人。团队工作是相辅相成的一个链条，一个环节不求实，整个链条都会有踏空的危险。

所以，在拉卡拉只讲功劳不讲苦劳，一切拿结果说话，我们强调，没有结果等于没做。

我们的付薪原则也是如此，为结果而非过程付薪，创造者分享而非奋斗者分享，严格地按劳分配、论功行赏。一切按照军功论，军功 = 防区 × 战绩，承担的任务越大军功越大，战绩越好军功越大。

负责任既是一种态度，也是一种能力，如果没有负责任的能力却硬要"扛猪肉"负责任，就会害人害己。

1.追求终极目标而非过程性目标

当一天和尚撞一天钟，早上九点钟打卡上班，晚上六点钟打卡下班，这不是求实；上级让做什么就做什么，也不是求实。

求实，是要清楚自己工作的终极目标是什么，甚至要清楚上级的终极目标是什么，然后围绕这个终极目标来努力，想尽一切办法去实现这个终极目标。如果发现目前的工作无助于终极目标的实现，或者目前的计划无法实现终极目标，如果自己有决策权就立刻调整，如果没有决策权就立刻和有决策权的上级汇报、提醒，这才是求实。

只知低头拉车不知抬头看路是伪求实，已经知道上级指标设定有问题，依然拿指标说事甚至不惜通过"技巧"达成指标，也是伪求实。

这就是有人反对唯 KPI 论的原因，几个定量的关键考核指标，很容易误导认知境界不高的人唯指标论，也很容易让"聪明人"唯指标论。这确实是 KPI 的缺陷，但是解决办法并不是取消KPI，而是设立全面综合而科学的指标，当然也没有必要搞成十几项指标的平衡计分卡。我一贯的理论是，凡事唯有简单才可能被记忆，唯有被记忆才可能被执行。

在拉卡拉我们采取的是 KTC 考核法，既考核三个定量指标，即三个KPI，也考核三个定性指标，即三个 Top Task（重要任务），还考核文化（Culture，五行文化中的使命、愿景、价值观、经营三要素、管事四步法、管人四步法、十二条令）。3K3T（三个KPI，三个 Top Task）只占考核分数的 50%，文化占 50%，三位一体的考核可以既发挥 KPI 的指挥棒作用，又有效地抵消短视以及为了 KPI 而 KPI 的弊端，这是真求实。

越高级别的领导，越要时刻盯着终极目标，确保自己的打法是奔着实现终极目标去的，确保自己发挥出最大的力量，这才是真求实。

终极目标是最本质的目标，除此之外任何考核指标都只是实现终极目标的手段，如果这些指标不足以实现终极目标就必须进行调整。

文字是不精确的，任何事情只要用文字描述就一定会不精确，因为永远不可能描述完整，当我们用三个形容词形容一个事情时就意味着我们省略了另外十个形容词，而每个形容词大家理解起来也是各有差别。指标就是这样，不管设定几个指标，一定还有更多的指标没有被设定，例如拉卡拉的指标体系是3K3T——三个定量的指标以及三个定性的指标，定量指标和定性指标都只设定了三个而已，如果只是围绕设定的指标来做事，一定会出现偏差。

我们必须既重视指标又不唯指标论，时刻盯着终极目标而非过程目标，才是真求实，尤其是简单、机械地执行上级的只言片语的"指示"，而不关注这些只言片语的"指示"的前提条件以及背后的真实含义，是最大的不求实。

2. 不要把请示当作工作的终点

我很反感那种遇到任何问题都请示上级应该怎么办，遇到一点点困难就向上级求援的下属。

我更反感那种遇到了解决不了的困难停滞在原地既不求援也不汇报的下属，或者请示汇报了如果上级一直不回复就把问题抛在一边的下属。

两相比较，后者的危害更大。

任何一个组织存在的意义都是达成终极目标，公司里每一个岗位存在的唯一理由都是解决问题，每一个岗位都是为解决具体问题而存在的，解决问题，是每个岗位的责任，而非上级的责任。

人可以分为两类，一类是"结果导向"的人，一类是"过程导向"的人。这两种人的思维方式以及心态、行为截然相反，所以有结果和没结果都是一种习惯，结果导向的人永远能解决问题，过程导向的人大概率解决不了问题。

结果导向的人，遇到问题首先想的是寻找办法解决问题，自己解决不了就调动资源甚至求援，因为他们的信念是，解决问题是自己的岗位责任，解决问题是第一位的，没有解决问题就相当于没做，他们在意的是问题解决没解决，而不是自己有没有责任。

过程导向的人，遇到问题首先想的是怎么让自己没有责任，心思往往都花在如何把事情推给别人，或者如何大事化小小事化了，再或者就花在怎么做才能够让自己免责上。

结果导向的人，任何问题都会直截了当地回答你结果；过程导向的人，问他任何问题，他都会给你讲前因后果，讲过程之中的"奇闻趣事"，甚至讲他是如何思考如何分析的……就是不告诉结果，因为没有结果。

结果导向是求实，过程导向是不求实。和求实的人合作，非常轻松，甚至当甩手掌柜都安心；和不求实的人合作会很累，需要不断提醒对方，时刻紧张，生怕一眼没有盯住就可能出现问题。

3. 如何请示

工作中，有些事情需要请示很正常，关键是如何请示。

有人以为提交完请示，自己的工作就结束了，剩下的事是上级的，上级什么时候批复指示，自己什么时候再继续，如果上级没有批复自己也就万事大吉了……这样的人还不在少数，他们认为这样做是尊重上级。

这种做法是错误的，因为根本没有搞清楚工作是谁的工作，事情到底是谁的事情。你负责的工作，是你的工作而不是上级的工作，达成工作目标拿回结果是你的岗位职责，也是你存在的意义。如果该工作超出了你的职权范围，需要请示，但必须清楚，请示只是一个手段而不是目的，请示不是工作的终点，请示之后没有获得指示不是你达不成结果的理由。

请示时应该给上级出选择题而非问答题，提出几个解决方案并给出选择的建议请上级选择，而不是请示"应该怎么办？"

请示应该是把自己能做的都做完了之后再请示，而非自己什么都不做就请示，想请上级来指导至少要先把资料整理清楚再开口。

领导也是人，领导也有自己的工作，请示的时间和方式要有所选择，应该根据重要及紧急程度，选择请示的时间和方式。

如果不紧急，在下班时间或者节假日去请示就是不合适的；如果重要且紧急，在深更半夜请示也是可以的。

原则上，重要但不紧急的事情，应该邮件请示或者预约当面汇报；不重要也不紧急的事情，应该邮件请示；不重要但紧急的事情，微信、短信或者电话请示都可以；重要且紧急的事情，电话或当面请示。

请示之后要跟进。请示只是手段不是目的，所以请示提交之后自己要跟进回复，提醒领导在自己期望的时间之内给出回复，并且应该分次提醒，不要等到最后一天再去提醒。就如同我们请客，对重要客人一定是在发出邀请到请客当天之间进行两到三次确认才稳妥，没有人会傻傻地发出邀请之后就去睡大觉，寄希望于客人自己记得来赴约。请示，也是同样的道理。

如果领导有秘书，应该是跟进秘书而非骚扰领导。

请示之后就静静等待，如果上级没有指示就一直等待，这是非常错误的工作态度和方法，从本质上把工作关系本末倒置了。请记住，你的工作是你的工作，而非上级的工作，自己的工作必须自己做，达成目标是你的工作职责，上级的职责是你的帮手，帮助你控方向、抓协同以及做后备的。一旦到了上级亲自上手之时，你存在的意义就没有了。

请示只是工作中必需的一个环节，不是工作的终点。任何时候，不管任何原因，如果让自己的工作停滞下来，都是最大的错误。

4. 不要成为上级愚蠢的殉葬品

工作中，每个人都会遇到认为上级的做法是错误的情况，这时候应该怎么办？

有人认为，我只是执行者，让我做什么我就做什么，上级指示的对错与我无关；有人认为，我需要向上级反映我的意见，至于上级听不听不是我能决定的，反映了我就没有责任了；也有人认为，我必须向上级反映，如果上级不听，我就向上级的上级反映，甚至不惜抗命以达成正确的结果。

显然，第三种做法是正确的。

一个组织就像是一支行军的队列，上级是走在最前面带路的人，如果路带错了，跟着走只会一起掉到沟里，成为上级愚蠢的殉葬品，发现路错了当然应该高声示警，越级反映，甚至"将在外，君命有所不受"以达成结果。这是标准的"结果导向"。

实际上，很多好莱坞大片的主题都是如此，在人类遇到危机时，不起眼的小人物奋起抗命，依照普世价值、基本逻辑和常识行动，最终挽救了结局。

电视剧《亮剑》中李云龙没有遵从上级撤退突围的命令，而是根据战场情况从正面突出重围并击毙日军高级将领，也是同样的道理。虽然上级以战场抗命处分了李云龙，但是与胜利相比，处分是相当值的，并且从长远来看，上级终究是欣赏和认可李云龙的。

在我们的组织中，我鼓励这样的行为，如果一个组织的成员都成了只会对上级决策"唯命是从"的人，这个组织是没有活力的，是很危险的。

这件事上，最难的情况是，如何区分是"上级错了"还是"你自己错了"。原则上，上级是水平更高的人，尤其是上级掌握的信息和站的高度是下级不具备的，所以，有人主张"上级的指示，理解的要执行，不理解的更要执行，在执行中加深理解"。因为如果在战场上，指挥官下达命令，每个士兵都自己判断一下指挥官是对还是错，哪怕是先问几个为什么都是非常恐怖的，这样的队伍必然打败仗。

我的建议是,原则上,对于上级的指示要深入理解,坚决执行。如果对上级的指示有疑虑,应该默认上级正确,并且相信90%的情况下是自己理解不到位而不是上级错了,上级错了的可能性只有10%。

而且,要区分你认为上级是战略上错了还是战术上错了。如果是战术上错了,是大战术错了还是小战术错了。如果是小战术错了,本质上上级要求的是结果而非以何种方式达成结果,这时候你可以尝试按照自己认为正确的小战术去达成上级要求的结果;如果你认为上级大战术错了,即上级的战术无法达成上级的目标,这时候要非常慎重,因为一定有太多你不了解的信息,而且做好本职工作才是执行层员工的本分。

如果你认为上级的战略错了,说实话,这种可能性不大,因为战略是一个职务行为,只有站在足够的高度,才能够制定和理解相应的战略。夏虫不可语冰,井蛙不可语海,站在半山腰的人不要试图和站在山顶上的人争论远方的风景。

上级是比你级别高的人,因此他一定比你更了解方向,一般情况下不要轻易质疑上级对方向的把握。但有一种情况不在此列,就是上级在态度上和能力上不胜任时,这时候上级的错误往往就是方向性错误。

上级的方向性错误是最可怕的,必然达不成目标,必然将团队带向沟里,这时候团队之中的有识之士以结果为导向的思维和行动尤为有价值,尤为重要。

那么问题来了,如何判断上级在态度上和能力上不胜任呢?很简单,靠逻辑和常识,相信逻辑和常识。凡事不合逻辑必有问题,超越常识就是骗局。

战术性错误是方法问题，是没有把事儿做对。

譬如，前方出现了危险，上级没有看到，被你看到了，或者是你认为现在的做法达不成结果而你有更好的方法。毫无疑问，这个时候，你必须大声讲出来，告知上级。如果上级不理会不接受，你要反复讲……

管理上，指挥序列上，我认同逐级指挥，我的上级的上级不是我的上级，但信息传递的序列不是如此，组织内应该最大限度地保证信息沟通的通畅。

拉卡拉五行文化中的十二条令有一条"亲撰周报"，明确要求每周一中午十二点每个人必须亲自撰写一份周报，发送给自己的上级，抄送给上级的上级，就是给大家提供一个跨级信息传递沟通的机制。

实际上，日常工作中很难遇到上级战略性的错误，99% 以上都是战术性的错误，所以如果你认为上级的安排是有问题的，一定要第一时间提出来，如果上级不理睬而你又认为非常重要，一定要反映到上级的上级甚至最高层，这是一个"天壤之别"的时刻。如果上级真错了，你力挽狂澜了，不但团队达成了结果，你也同时脱颖而出了；如果上级真错了，你意识到了但没做努力改变，团队达不成结果，上级失败的同时，你也成了上级愚蠢的殉葬品。

三、求实，就是做十说九

求实就是做十说九——做到十分，但是只说九分。

做十说九是一种风格，显然这与当下所谓的互联网思维在某些方面不符，因为互联网思维有时在一定程度上讲究的是"吹牛"和"吹大牛"。但是我还是推崇做十说九，说话要留有余地，确保求实。

做十说九有助于改善树立求实的文化。试想一下，如果一个公司老板每天都在夸大其词，把业务数据几倍十几倍地放大，如何要求员工在工作之中实事求是？势必带着整个公司形成浮夸、不求甚解的文化。

在拉卡拉，强调要"能干会说"。这是因为企业经营是一个和人打交道的事情，如果不会说，就没有办法让别人了解和接受，就无法实现经营结果；同样，作为一个领导者，会说才能组织起团队和带领团队前行，但是，说的时候必须求实，如果夸夸其谈，还不如不会说。

一个刨根问底、结果导向、做十说九的人，所有的人都会非常信任他，愿意与他交往和合作，事业一定会发展得很大。企业也是如此。一旦被贴上不靠谱的标签，不论个人还是企业，路都会越走越窄。

▲ 第四节　核心价值观：进取

拉卡拉核心价值观的第二条：进取。

在拉卡拉，我们要求领导要"三有"，即有态度、有能力、有素质，其中有态度，我们强调三点：求实、进取、激情，进取是领导不可或缺的工作态度。

所谓进取，就是永不满足，不待扬鞭自奋蹄，永远把今天的高点当作明天的起点；所谓进取，就是不做则已，做就要做到最好；所谓进取，就是生当作人杰，死亦为鬼雄。

俗话说，取法其上，得乎其中，只有志存高远，才可能有大成就。喜欢过小日子可以作为个人的人生选择，但就不要来拉卡拉了，因为我们希望拉卡拉的领导是进取的，员工也是进取的。

在拉卡拉，我们用三个维度定义进取：主人心态，竭尽全力，日新月异。

一、进取，就是主人心态

最大的进取就是主人心态，即把自己当作工作的主人，把企业的事情当作自己的事情来做。为什么三个和尚没水喝？根子是没有人有主人心态，或者有主人心态的人没能主导局面。

我看过太多的企业，因为缺乏有主人心态的人，导致该决策的时候不决策，该拼搏的时候不拼搏，该有人承担责任的时候没有人出来承担责任，企业就像一辆无人驾驶的汽车一样，人浮于事、铺张浪费，甚至没有方向。

企业必须要有主人。没有主人的企业如同一个没有完全行为能力的孩子，是无法在激烈的市场竞争中生存的，更别提发展了。

经营企业是高难度的事情，在能力之前，需要的是高度的主人心态。很多时候，企业需要用超常规的做法来获取超常规的资源，这时候尤其需要决策者冒着不被理解，甚至被找后账的风险做决策。如果决策者没有主人心态，就会追求自己免责，用过程正确来作为决策的标准，不可能做出冒风险的决策。

20世纪最伟大的经济学家之一弗里德曼曾有过一个经典阐述：花自己的钱，办自己的事，既讲节约，又讲效果；花自己的钱，办别人的事，只讲节约，不讲效果；花别人的钱，办自己的事，只讲效果，不讲节约；花别人的钱，办别人的事，既不讲效果，也不讲节约。虽然是大白话，但是道理非常深刻，这就是产权不明的企业做不好的根本原因，这是人性的问题。只有在做我们自己的事的时候，我们才能承担最高责任，因为我们不会担心别人高兴不高兴同意不同意；只有在做我们自己的事的时候，我们才敢于承担最高责任，因为我们知道除了我们自己没有人会替我们承担这个责任。

那些能够克服人性劣根性、超脱弗里德曼描述的这些原则的人，是伟大的人，但我们不能把希望寄托在小概率的人性变异上，至少，我们应该用制度来制约人性中的劣根性。例如通过私有产权、责权利一致等机制，让工作的事和每个人的利益密切相关、等同于自己的事。

负责任的最高标准就是主人心态，把公事当作私事来做。一个组织，如果没有有主人心态的成员，一定是一个死气沉沉的组织，不但不会进取，反而会日薄西山、气息奄奄。

进取，是一种最高层的责任心。俗话说，种瓜得瓜，种豆得豆，责任也一样，担第几层责任得第几层造化。

我认为，责任分五层：第一层责任履行职责，第二层责任解决问题，第三层责任防区延伸，第四层责任关注结果，第五层责任关注目的。

以和尚敲钟为例。

第一层责任履行职责。当一天和尚撞一天钟，朝九晚五，到点儿就敲钟，过点儿就下班，至于钟声响亮不响亮甚至响不响，都不关心。简单履行职责，只能担任操作类的普通员工。

第二层责任解决问题。敲钟过程中，发现钟不响了，能够自己想办法或者找上级求助把钟修好，继续当一天和尚撞一天钟。能够解决问题，在企业中可以担任基层经理或者非核心部门的负责人。

第三层责任防区延伸。敲钟过程中，发现旁边的钟不响，能够提醒对方，甚至帮助对方解决问题，带动大家一起履行职责。企业中，能够担负这第三层职责的，可以胜任部门负责人，甚至分管一两个部门。

第四层责任关注结果。知道上级让自己敲钟是为了通知大家集合，所以一边敲钟一边关注是不是每个人都听见钟声出来了，如果没有，主动想办法改进。企业中，能够负担这第四层责任的，已经接近独当一面的领军人物的水平了。

第五层责任关注目的。知道上级让自己敲钟是为了通知大家集合吃饭，所以，不但关注是不是每个人都听见钟声出来了，还关注他们是否都按时去饭堂吃饭了，如果没有，能主动研究如何改进以达成目的，并能推动上级采纳。企业中，能够担负这第五层责任的，是顶级人才，绝对的领军人物，可遇而不可求。这种人物成功几乎是必然的，差别只是早一点成功还是晚一点成功，在 A 上成功还是在 B 上成功而已。

以我多年的经验，责任心是成功的前提，没有责任心不可能成功，有责任心的人能否成功还要看其担负的是第几层责任心，原则上，如果没有第四层以上责任心，不可能成为成功的领军人物。

人对了，事儿才能对；人不对，事儿不可能对。人不对，总要出问题的，不是在此时就是在彼时，不是在此事就是在彼事。所以，选对人是成功的前提，而选对人的核心，要看其能担第几层责任。

求实，是一种禀性。江山易改，本性难移，一个不求实的人几乎不可能变成一个求实的人，反之亦然。所以求实是用人的一票否决权，不求实的人，坚决不能用。

很多年前曾有人批评某跨国公司只用人不培养人，当时还引起了很大争议，但现在我认为站在企业的角度看这是完全正确的。企业不是学校而是用人单位，当然应该选拔人而不是培养人，而且从禀性难移角度看，人才不是培养出来的。

温室里长不出参天大树，人才只能从大风大浪中涌现，而不可能在温室里被培养出来。如果一定要说企业对人的培养，最好的方式是在赛马中识马，在赛马中培养马。首先从赛马中发现人才，如果发现了人才，不是给他一个培养计划，而是让他担当更重的职责，让他在履职过程中自我成长。

在求实和责任心上，三岁看老是有道理的。一个人如果从小就喜欢冒险、喜欢挑战，对任何事情都充满好奇，长大后大概率也是这样的人；幼儿园里的孩子王，二十年后大概率不是平庸之辈；而那些唯唯诺诺，每天背着手听课，老师说什么做什么的孩子，长大后大概率是"普通兵"。

在生活中有责任心、有眼力见儿的人，在工作中也一定如此，那些生活中不愿意承担责任的人，工作中大概率也不愿意承担责任。

二、进取，就是竭尽全力

竭尽全力就是一切皆有可能。

竭尽全力就是给点儿阳光就灿烂，只要有 5% 的希望就要变成 100% 的现实。

要做到竭尽全力，首先对竭尽全力要有正确的理解。

世界上很多的问题都是源于对问题本身的理解错误，因为理解错了，所以做错了，所以没能解决问题。

真正的竭尽全力，有三个维度，全部做到才是真正的竭尽全力：竭尽自己的力量，竭尽自己的资源，竭尽全力去求援。

很多人理解的竭尽全力就是竭尽自己的力量，这是不对的，如果只是竭尽自己的力量，相当于只竭尽了三分之一的力量。

德国有一个故事。一个父亲对儿子说，你竭尽全力把院子里那块大石头搬起来，儿子使尽浑身的力量都不成功，也试了用杠杆等各种办法还是没有成功，只好告诉父亲自己竭尽全力了但是做不到。父亲告诉他，你并没有竭尽全力，因为我一直站在你边上，你并没有向我求援，而我搬起这块石头易如反掌。

1. 竭尽全力首先要竭尽自己的力量

一般而言，做自己的事情都会用上自己的全部力量，在道德和法律底线之上"不择手段"，但是，做工作，很多人就不会用尽自己的全部力量了。

曾经有一个部下，有一次和我喝酒喝激动了，告诉我此前他只用了三分之二的力在工作，以后一定用全力……我很快就让他离开了。我最不喜欢听的话就是"一定会尽力"，因为这句话有个隐含的含义，似乎竭尽全力是额外的承诺，难道尽全力做到最好不是工作的本分吗？

现在很多刚刚参加工作的年轻人，到点上班，到点下班，多一点工作都不愿意做，我非常不理解：年轻人唯一有的就是时间和力气，如果连时间和力气都不舍得比别人多用一点，如何与别人竞争呢？

2. 竭尽全力必须竭尽自己的资源

有些人把工作和自己分得很清楚，哪些是自己的资源，哪些是公司的事情，从来不动用自己的资源为工作服务。有些人则不然，会调动自己的全部资源为工作服务，一切以把工作做好为最高目标。显然，后者是组织所喜欢的，也只有后者能够把工作做得越来越好。

工作上是否竭尽自己的资源是一个态度问题。我相信，所有的人在做自己的事情时一定会调动自己的全部资源。如果孩子要上学，每个家长都会把七大姑八大姨大学中学小学同学一起动员起来找关系想办法，甚至八竿子打不着的关系也会转弯抹角去联络，为什么做工作时就完全不同呢？

世界上没有免费的午餐，付出才有回报，只有那些竭尽自己的全部力量并且动员起自己的全部资源为工作的人，才更可能成功，才配得上成功。

3. 竭尽全力包括竭尽全力地求援

很多人不屑于求援，甚至羞于求援，认为只有靠自己的力量完成任务才是本事，这是错误的，靠自己的力量完成任务固然是优秀，借助求援完成任务也是优秀。

求援不丢人，没有完成任务才丢人。

完成任务是最高目标，也是唯一有意义的目标，没有完成任务相当于没做，不仅仅是自己的业绩等于零，甚至有可能拖累整个集体任务失败。

军队从来不以求援为耻，因为军队从来以打胜仗为第一追求，从来追求的都是以多胜少，集中优势兵力歼灭敌人，而不是追求单打独斗获胜。所有的军队，遇到敌情的第一件事都是向上级汇报敌情，遇到可能打不赢时的第一件事都是向上级、向友军求援。

最让上级恼火的事情是下属自己不行也不求援导致的失败，尤其是下属没有求援的事儿，往往对上级而言只是举手之劳而已。

电影《南征北战》里有个著名桥段："看在党国的分儿上，拉兄弟一把吧。"为了工作能够把私人交情搭上去求援，才是真正的竭尽全力。

在拉卡拉，我定义上级有三大任务：控方向、抓协同、做后备。帮助下级把握方向、帮助下级协调资源、在下级解决不了问题时亲自上，本身就是上级的岗位职责。每个岗位的工作都是自己的，解决问题首先是自己的岗位职责，但是遇到竭尽全力也解决不了的问题，竭尽全力求援也是自己的岗位职责。

只有正确地理解竭尽全力，才能真正做到竭尽全力。

三、进取，就是日新月异

日新月异就是每一天都进步一点点。

日新月异就是永远盯着终极目标，不会被路上的花花草草所诱惑，不会追求过程正确，把实现终极目标作为唯一追求。

所有的参天大树都是从一棵小树苗成长起来的，所有的伟大事业都是从一个很小的开始一步步开拓出来的，前提是有正确的战略及强大的执行力，不断进步。

1. 今天的高点就是明天的起点

在一个急剧变化的行业里，想小富即安无异于自杀，必须不断地前进，永远要把今天的高点作为明天的起点。

有些人定目标喜欢留有余地，甚至把下一期的目标定得比上一期的峰值还低，定一个弯腰在地上捡苹果型的目标是没有意义而且是有害的，踮起脚、跳起来才能够得着的目标才能推动我们不断前进。

永远不能停留在已经取得的成绩上，原地踏步就是倒退。

2. 不待扬鞭自奋蹄

所有的成功者都是自觉的"革命者"，都是不待扬鞭自奋蹄的人。

在拉卡拉，我提出了一个目标四边形，对于每个组织甚至每个人而言，都要努力实现四个指标：两个正向指标，一个是做到细分领域的数一数二，一个是要完成年度 KTC（KPI、Top Task、Culture）；两个反向指标，一个是防止跑冒滴漏和贪污腐败，一个是防止系统性风险。

这四个目标构成的四边形，就是每个人的舞台，在舞台之内，每个人都可以尽情发挥，也必须尽情发挥。

所以，在拉卡拉我们每一年制定指标都非常简单，从来不需要讨价还价，每个人对照"两正两反"的目标四边形，以及求实、进取的价值观，做四个维度的比较，结论自然而然就有了：

第一是自己跟自己比。今年比去年增长了多少？明年应该比今年增长多少？人总是要进步的，至少要达到自己上一年的增长率，不应该"王小二过年，一年不如一年"吧？

第二是跟兄弟单位比。A 集团的增长率是 120%，B 集团怎么好意思只增长 20% 呢？

第三是跟同行比。同行今年实现了多少的增长率，明年预计会增长多少。我们如果比同行低，就是我们有问题。

第四是跟自己的中长期目标比。按照"两正两反"的目标四边形，我们的根本目标是在细分领域做到数一数二，现在的目标设定符合这个根本目标吗？多久才能实现这个根本目标？三年达到是奇迹，六年达到是卓越，九年达到是优秀。

施拉普纳说，不知道球怎么踢时，把球往球门里踢。在不知道明年的目标如何设定时就按照"两正两反"的目标四边形，以及求实、进取的价值观去思考。

进取的人都是自己出题自己答题，从来没有人给我规定拉卡拉要做成什么样子，都是我自己给自己定的目标，自己给自己压的担子。

如果我们日新月异不断进取，自然会有丰厚的回报，因为我们的核心价值观文化中还有一条分享，公司的发展成果由创造者一起分享。

▲ 第五节　核心价值观：创新

所谓创新，就是从无到有，从零到一。

只有创新才能创业，创新是创业的唯一方法，也是小公司发展的唯一路径。只有创新，才能找到企业生存的市场空间。

很多人把创新理解得很狭义，似乎只有全新创造出来的东西才是创新。在我看来，创新不仅仅是从无到有，还包括从有到优，不仅仅包括技术和产品，企业的方方面面皆可创新，皆需要不断创新。

只有全面、正确地理解创新，才能够真正不断创新。五行文化中，我把创新定义为三个维度：抓住需求，打破常规，聪明地工作。

一、抓住需求是创新的基础

没有需求的创新等于无效创新，除非是基础研究，否则必须先有需求再研发，而不是研发了再找用途。

只有抓住需求的创新才是真正的创新，没有需求的创新都是伪创新，脱离了需求去搞创新就是"耍流氓"。

技术不等于需求，更不等于商业价值。有人甚至说90%的技术创新是没有商业价值的，此话虽然有失偏颇，但确实很多技术创业者忽略了这一点。尤其是我们以前的一些科研院所文化，往往为了获奖、为了经费而标新立异做课题，完全不考虑市场需求，所以科研成果得奖之日便是入库束之高阁之时。即便偶尔有几个科研成果推向了市场，也往往因为没有需求或者有需求但是没有能力进行商业化运营而无法收获商业价值。

前些年有人鼓吹说不用创新直接复制别人的成功经验就好了，发现美国创新的商业模式直接拷贝过来而且越快越好，我坚决反对，且不说不理会国情的复制是否能够成功，抄袭本身就是可耻的。

创业的本质就是做买卖，做出一个有人愿意花钱买的产品，找到一个可复制的销售方法。

产品是创业的基础，没有产品，企业就没有东西可卖；企业没有东西可卖，就不会有收入；企业没有收入，再多的投资也会坐吃山空。做出有人愿意买的产品的唯一办法是抓住需求，找到一个未被满足的需求将之满足，或者找到一个已经被满足了的需求给出更好的满足方法。

如果创新没有抓住需求，就如在沙漠上种地，在戈壁滩上打井一样，注定所有的努力都会徒劳无功。

1. 需求是一个方向，刚需是一个点

用户的需求是一个方向，而刚需是一个点，让我们成功的是

刚需，而不是需求。

绝大多数的创业失败，都不是因为没有找到需求，而是因为没有找到刚需，找到了方向没有找到方位。只有精确对准用户的需求点，产品才能成功。如果只是笼统地对准了需求点的周边，产品不会成功。

用户的需求分为真需求和伪需求，用户会为真需求付钱，但是不会为伪需求付钱，如果抓住的是用户的伪需求，和没有抓住需求是一样的。

真需求又分为硬需求和软需求。某些用户在某种情况下非用不可的需求是硬需求，也称刚需；用户觉得可有可无，有了更好没有也问题不大的需求是软需求，也称非刚需。

刚需可以分为大众刚需和小众刚需。每个人都需要的刚需是大众刚需，部分人需要的刚需是小众刚需。

需求根据使用频次又可以分为高频和低频。

创业的首选应该是大众、高频、刚需。如果抓住了大众、高频、刚需想不成功都难，这就是所谓的"风口"；次选是小众、高频、刚需，可以成就一家持续成长、数一数二、受人尊重的卓越企业；最次也要选择小众、低频、刚需，可以"开一家门口有人排队的小店"。如果选择的是非刚需，创业成功的难度很大。

很多创业者容易把自己的需求当作用户的需求，实际上，创业者因为身在其中以及投入了巨大的心血和热情的缘故，对自己的产品所做的判断必然带有相当大的感情成分，甚至是我执。即便自己确实是产品的目标用户，也已经不是通常的消费者了，这一点要非常清醒，不要自己把自己误导了。

在昆仑学堂，我提出了一个"企业诊断四步法"，判断企业的发展前景。先看收入、利润和用户规模，曲线如果不理想，再看产品和销售，产品问题主要看是否抓住了刚需。

实际工作中，很少有企业完全抓不住需求，往往是在用户的刚需周边打转转，这是最常见的情况。只是抓住了需求没有抓住刚需的企业，典型表现是总有一种事倍功半、力不从心的感觉，销售难度很大，增长速度很慢很慢；如果找准了刚需，就会有一种豁然开朗、前途一片光明的感觉，销售很容易，增长速度很快。

创业者必须关注自己是否抓住了刚需，这是成败的分界线。刚需和需求之间的差异往往并不显著，基本上只是细微的差异，但是，创业的结果往往会差之毫厘，谬以千里。

拉卡拉创业初期，我们抓的是大家水电煤气缴费要到银行排队这个需求。我们的解决方案是在便利店安装自助终端，让用户可以在家或者单位附近的便利店自助刷卡完成水电煤气等各种缴费。

这个需求方向是对的，但是不够刚需，而且低频。所以最初的一年业务走得很累，大家很努力，但是交易量增长缓慢，总有一种拳头打在棉花上的感觉。

第二年，我们推出了"还信用卡"服务。同样的便利店、同样的自助终端、同样的用户自助刷卡，缴水电煤气费是需求，还信用卡是刚需。因为找到了"还信用卡"这样一个当时的大众、低频、刚需，拉卡拉踏上了发展的快车道，收获了第一桶金，也奠定了发展的基础。

2. 用户体验的改善是真需求

凡是用户的需求，都是我们必须满足的。用户体验的改善，对任何产品而言，都是用户的真需求，甚至是刚需。

很多企业不重视用户体验，认为产品能用就行了，甚至认为价格战可以解决一切，这是非常错误的，尤其对于互联网企业，用户体验非常重要，差的用户体验几乎就是对产品的一票否决。用户体验不好的产品，几乎都自生自灭了，花再多的力气和资金推广都无济于事。

对用户体验的每一点改善都是巨大的创新，很多产品之所以成功，核心原因就是在用户体验上进行了一些很小但很关键的创新。

以 App 为例。好的设计，用户打开 App，自己想要做的事一目了然，不假思索直接点击就可以顺畅地完成自己想做的事；差的设计，打开 App，满满的文字和按钮，加上层出不穷的弹窗，以及各种让用户填写留下的信息……这些确实对厂商很重要，但只是厂商想要的，并非用户想要的，拙劣的设计相当于不断拿着大棒把上门的客户向外"赶"。

移动互联网产品，用户体验的差别就是成败的分界线。创业者不要一谈创新就把注意力放在做出世界领先、中国领先或者独一无二的技术上，不要一谈创新就认为是发明、专利，对于用户体验的改善，绝大多数情况下才是含金量最高的创新。

用户体验本身就是产品非常重要的一部分，世界上没有被满足的需求越来越少，大多数的需求都已经有产品在满足了，改善用户体验、提升产品品质，或者是降低用户的获得成本，都是创新的方向。苹果手机只有一个按钮（现在连按钮都没有了），而各种安卓手机都有两个甚至三个按钮，一个按钮和两个按钮相比，不是风格的差异，也不是一点点的差异，而是用户体验上的本质性差异。一个按钮，用户不用思考不用选择；两个按钮，用户就需要思考选择哪一个，经常会误操作……

二、打破常规是创新的核心方法

只有打破常规才能创新。

我认为，任何一个产品，如果两年之中没有任何改进，就是落后的；任何一个规则，如果两年之中没有任何优化，就是需要创新改进的。

常规就是用来打破的，所谓常规，就是前人成功的方法。后来者，想要求得生存空间甚至超越前人，照搬前人成功的方法怎么可能有机会？

常规一定是多年以前形成的，其形成之时很多现在的技术、商业模式还不存在，所以，现在做的每一件事情都必然或多或少违背常规，如果想一点都不打破常规，只能不创新。

当然，规则也不是一成不变的，也会与时俱进。但第一需要时间，第二一定会等到新生事物已成规模，监管部门对于新生事物的规律已经深入把握之后才会修改。这其中的时间差就是考校企业的领导者经营能力的地方，是成为创新的先锋，还是成为创新的"先烈"？如何做到既要突破一些监管规则创新，又不触犯监管底线被处罚甚至取缔，这是很高明的经营艺术。

打破常规只能在红线之内，不可以超越红线，否则就不是创新而是违规。企业的领导者必须坚守底线思维，第一防范住系统性风险，第二守住监管红线。

如果墨守成规，根本无法创新；如果莽撞创新，很可能失败。这方面大公司和小公司的做法应该有所差别，大公司宜求稳，可以慢一点；小公司求突破，要更激进一点。

在《创业36条军规》中我写过，一件事情如果有40%的把握你就要开始行动了，因为当一件事情有60%的把握时那些大企业就会出手了，有80%的把握时就是豪门的菜了，如果等到有100%的把握时只能是上帝的事了。

对于我们创业者来讲，只能是在别人觉得风险大、看不清楚时冲出去，做成了就站稳了脚跟撕开了成功的口子，做不成大不了爬起来从头再来。

"不敢越雷池一步"基本上只是懦夫的借口。实际上，很多时候"雷池"并不存在，是我们自己想象出来的，自己给自己设定的，然后告诉自己"不敢越雷池一步"。

固守常规是解决不了问题的，打破常规才能创新。

三、聪明地工作是创新的窍门

在实践中我发现，大多数人的工作方向、工作方式都有很多可以改进之处。有很多事情可以不做，有很多事情可以有另外的做法，如果加以改进，就可以更简单、更快速、更节省，这些改进，就是聪明工作。

工作是讲方向的，方向不对，越努力越错误。工作是讲方法的，方法得当，事半功倍；方法不得当，事倍功半。

方向对，方法对，就是正确工作。

在对的方向和对的方法之中，紧盯着终极目标，一切围绕终极目标、一切以达成终极目标为目的，即是聪明工作。

聪明地工作有三个要点：以终为始，分阶段实现目标，复杂问题简单化。

做对的事，是成功的必要条件；用对的方法把事做对，是成功的充分条件。

以终为始，是做对的事，分阶段实现目标以及复杂问题简单化是对的方法。

这个世界上最可恶的就是"一本正经地扯淡"，明明知道现在的做法不能达成终极目标，还是在"竭尽全力"地工作；明明知道按照制度流程去做并不能解决问题，还是在"中规中矩"按照制度和流程走程序……

聪明地工作，就是创新，也是成功的基础。很多时候我们的失败，是源于我们愚蠢地工作，一本正经地在错误的方向或者错误的方法上努力，是最愚蠢的工作。

1. 聪明地工作就是以终为始

所谓以终为始，就是倒推法，紧盯着终极目标倒推，选择那些能够达成终极目标的做法之中最佳的做法：简单、快速、高效的做法。

做到这一点，前提是"凡事先问目的"，做事情之前，先想清楚：此事最终要达成的结果是什么？这个结果是我们想要的吗？达成这个结果的可能性有多大？代价有多大？达成结果能够解决我们的主要问题吗？

问清楚目的，就知道该不该做，该做的就是对的事情，不该做的就是不对的事情。

问清楚目的，就知道该怎么做，同样是长假出游，度假、探险、旅游，目的不同，计划完全不同，问清楚目的才能用对的方法做对的事。

实践中我发现，我们正在做的大量工作是目的性不明确的。我们把大量时间花在了不必要的工作上，如果把目的问清楚，我们每个人正在做的事情应该有一半以上是可以不做的。想象一下，如果我们只需要做现在手头事情的一半，我们的工作和生活将是一种什么状况？

很多人在做很多看起来很正确的事情，例如别人都准备考托福（TOEFL）出国你也准备考托福，别人都在谈恋爱你也开始谈恋爱，别人都想换工作你也准备换工作……如果先问目的，搞清楚自己到底想要一种什么样的生活，这些事很可能是不应该做的。

还有很多事情，即便我们做成了，其实也不是我们真正想要的。例如对于一个年收入几十亿的公司而言，去开发一个可能带来几百万上千万年收入的产品是没有意义的，你需要的是能够带来年收入数亿甚至十亿规模的产品。

一旦选择了对的事情，就要专注，世界上没有随随便便的成功，竭尽全力拼死一搏尚不一定成功，三心二意怎么可能成功？

以终为始，时刻盯着最终要达成的目标，然后去选择能够实现最终目的的方法和手段，而不是拘泥于常规，或者是领导的建议之类的因素，专注在寻找能够达成终极目标的方法上。

工作的目的，是把工作做成，要选择一切最简单的、快速的、节省的能够把工作做成的方法。为了一些虚无缥缈的"雷池""流程""制度"把自己绕进死胡同、作茧自缚，导致工作做不成，是最愚蠢的工作。

2. 聪明地工作就是分阶段实现目标

理论上，任何一个目标都包括三个指标，即：有没有、好不好、贵不贵。所以，任何目标都可以也应该分阶段达成：先解决有没有的问题，再解决好不好的问题，最后解决贵不贵的问题。

如果能够一次性解决所有问题当然好，但是很多时候，这三个问题是不可能同时解决的，如果执着于同时解决所有问题，一定会"因噎废食"。因为贵了所以不要了，或者因为不够好所以放弃了，最终让"嗷嗷待哺"的我们一无所得，这是最愚蠢的工作方式。

聪明地工作就是分阶段解决问题，渐进式接近目标。

第一是功能有没有。这是一切的核心，也是解决没解决问题的分界线，所以应该是第一优先解决的问题。

第二是性能好不好。性能和功能密切相关，性能低到一定程度，功能就不存在了。例如一辆汽车可以跑，是解决了能不能作为代步工具功能的问题，但是如果性能低到最快时速只有每小时5公里，那汽车的功能也就不存在了。所以，性能是非常重要的指标，但是一定是在功能之后解决的，如果因为追求不到更好的性能放弃了功能，就是错误的思维方式了。试想一下，我们期望汽车的时速能够超过 200 公里，若达不成这个目标只能做到时速150 公里，我们为了解决从时速 150 公里到时速 200 公里的难题而迟迟不生产汽车，岂不是愚蠢？不要觉得可笑，现实工作中，有大量的人因为没有达到他们心目中的性能指标而止步不前，最终导致我们不具备这个功能。

第三是成本贵不贵。有了功能和性能，还要关注性价比。一部时速可以跑 200 公里的好汽车，若价格要数百万元也是没有意义的，因为只有很少的人能够买得起，也意味着使用起来性能价格比完全不划算。

实践中最常见的错误是因为不能一步到位而导致一步不动。如果理解"创新都是小步快跑"，就不可能因为不能一步到位而举步不前，反而更容易到达目的地。

进入一个电影院，如果是不按号就座的，如何保证有一个好座位？一定不是上来就去找最好的座位，那样的话可能等你确认哪个是最好的座位时最好的位置已经不在了，甚至最差的位置也已经不在了……最好的办法是进去之后先选一个自己够得着的最好的位置，然后再看自己够得着的更好位置是什么，如果有机会就跑到新的位置，如果跑过去的路上发现新的位置可能拿不到，要随时准备迅速退回自己原来的位置，或者就近确保拿到一个位置……如此循环，逐步接近"我们可以获得的最好位置"，而不是一根筋奔着"理论上的最好位置"去，最终没有了位置，这就是典型的聪明工作。既要追求绝对最佳，也要随时保证确保相对最佳。

创新应该是一个渐进式的改良过程，不要追求一步到位。世界上的事情，欲速则不达，不仅仅是因为时间问题，更是因为很多事情不可能一步到位。没有人有能力同时兼顾所有的方面，必须一步一步来，最好的方式是小步快跑。

这种工作方式，也有人称之为"精益创业"，在移动互联网产品的开发上体现得尤为明显：所有的 App 应用都是小步快跑的产物，先抓住一个最关键的功能，快速开发快速上线，然后一边关注用户的使用反馈一边改进一边继续完成产品的其他功能，每改进一点点就更新一个新版本，如此反复。事实证明，这种创新方式不仅仅效果非常好，而且也是用户非常接受的方式。

很多人不懂这些，习惯于一步走，其结果是什么也没拿到。在拉卡拉的昆仑班上我曾经给大家讲过一个关于吃饭的故事。我们都希望晚饭又好吃又不贵，但是没有人会因为没有找到更好的饭馆而没有晚饭吃，也很少有人会因为嫌价格贵而导致没有晚饭吃，但是在工作中确实经常有人会愚蠢到为了更好而导致没有，甚至为了便宜而导致没有。

我们总是期望，不但要有，还要好，还要便宜，这是最高目标。但是世上的事情往往不是鱼和熊掌可以兼得的，这时候就要聪明工作，正确的工作方法是，先解决有没有的问题，再解决好不好的问题，最后再解决贵不贵的问题。

不要为了效果去放弃结果，首先要有结果，然后才是性价比。没有结果，性价比再好，也是没有结果，也是零；有了结果，性价比也好，那是卓越；有了结果，性价比不好，也是有结果。

但是必须记住一点，要把握好尺度，如果量变导致了质变，就要改变决策，事物和性质是相互转变的。性能低到一定程度选择功能就没有意义了，价格贵到一定程度性能就没有意义了，甚至功能都没有意义了，如何把握尺度，是人的能力。

如何能够先确保解决"有没有"、再确保解决"好不好"以及"贵不贵"呢？我发明了一个"三次完工式工作法"，非常有效。三次完工，是每一次都完工，然后放一段时间，再修改第二次、第三次，而不是分三次完工。

三次完工式工作法，即第一次完工解决"有没有"，第二次完工解决"好不好"，第三次完工解决"贵不贵"的工作法。

以写作本书为例，分为两个步骤：第一步列提纲，第二步写作。

列提纲时，第一次完工：先不管"好不好""贵不贵"，先把完整的提纲列出来。

然后，放到一边，先去忙其他的事情，过一周或者更长时间，把提纲拿出来，重新修改一遍。

然后，再放到一边，先去忙其他的事情，过一周或者更长时间，再把提纲拿出来，重新修改一遍。

理论上，如此反复三次，提纲应该就很完善了，如果是重要的事情，还可以来第四遍、第五遍。

写作时，也是同样的做法。

这样做的好处是：

· 从第一遍开始就处于完工状态，解决了有没有的问题，如果紧急，马上可以交出一份 80 分的完稿。

· 间隔一段时间，再修改一遍做第二次完工，效果最好。虽然把完稿放到了一边去忙其他的工作了，但是大脑还会有意识、无意识地思考已经完成的稿件，这种思考是一种反复的推敲，再次拿出来修改时，会有很多灵感涌现。

·这种间隔式工作方法是并行式工作方法，且效率最高，永远可以同时处理多件事情，永远可以优先处理重要且紧急的事。

这也是我能够在世界旅行期间，在处理多个公司的公务之间，可以完成三本书的写作的原因。我的书，每一个字都是我自己写的。

3. 聪明地工作就是复杂问题简单化

愚蠢地工作是把简单问题复杂化，聪明地工作是把复杂问题简单化。

聪明地工作的核心是用更简单的方法或者性价比更高的方法达成目标。

目标是死的，达成目标的方法是活的，很多时候达成目标的方法都不是唯一的，有多种方法可以达成目标，关键是选择哪一种方法。方法得当，就可以达成目标，方法不得当，就达不成目标；而且方法是否得当，不但事关是否可以达成目标，也事关达成目标的效率和性价比。

自然科学有一个词叫解耦，即解除变量之间的耦合以便一个一个地解决问题。聪明地工作就是复杂问题简单化，尽可能把工作各个环节之间相互依赖、互为前提等关系解除掉，理论上，一个工作若有三个以上的前提条件，或者两个工作互为前提，都是不可能完成的任务。

这就是典型的聪明地工作。这样的故事很多，希望诸君认真体会其做法的妙处：

故事一：一个香皂厂，因为生产线偶尔会有没有装入香皂的空包装盒混入包装，厂长让一个博士负责解决，博士研究了很久，提出的方法是要花几十万采购一组设备进行检测；生产线上的拉长（生产管理中负责流水线生产的人）说不用，他的方法是买一台电风扇，对着生产线吹，因为空的包装盒比较轻，只要把风力调整合适，其就会被风直接吹下生产线。

故事二：开会迟到是每个领导人都非常厌恶的事情，但是很难杜绝。当年杨元庆发明了一种方法，谁开会迟到就扣谁的秘书的钱，结果所有的副总裁都不迟到了。一方面是秘书怕被罚款反复提醒反复催促，另一方面是这些"诸侯"们不在乎什么也不会不在乎自己的秘书被拖累受罚。

故事三：二战中，巴顿将军发现伞兵对跳伞很畏惧，因为经常会因为降落伞打不开摔死人，于是他到降落伞生产厂视察和解决。他根本没有听取汇报和研究降落伞为什么会质量不好，只是要求每天从生产线上随机抽出一包降落伞让工厂负责人背上去跳伞，于是再也没有发生因为降落伞质量问题而死人的事情了。

这些都是典型的聪明地工作。

打破常规，分阶段解决问题，复杂问题简单化，这样聪明地工作，可以让我们达成目标，可以让我们更好地达成目标；愚蠢地工作，让我们事倍功半，甚至劳而无功。

我个人特别推崇聪明地工作，我认为聪明地工作就是大创新，有很多问题是可以用聪明地工作来解决的。

四、企业的方方面面皆可创新，皆需要创新

关于创新，另外一个需要我们正确认知的，就是创新绝不仅仅是技术创新，也不仅仅是产品创新，企业的方方面面都可以创新，都需要创新；任何一个方面的创新，都会为我们打开一个新天地，为我们寻求到一个生存和发展空间。

商务通当年的成功，很多人认为是市场营销创新的成功，其实不然。我当年在恒基伟业公司进行了全方位的创新，从产权制度、公司管理制度、产品、价格、渠道到推广方式，都进行了创新，每一次创新都给我们带来了战斗力的提升。

企业的领导人一定要清楚：创新不一定非是一个惊天动地的新产品，创新无处不在，它可能就是现有业务中的一个新功能点，一套让用户使用更流畅的前端逻辑，也可能是对后端系统的优化改进。关键在于，创新源于对业务的优化，业务包括产品、运营、系统结构、前端产品展示等一系列的内容，任何优化带来的都是业务的增长，收入的增加。

拉卡拉的历史也是一部方方面面创新的历史，我们每一次进步都是源于我们的创新，每一次创新都会推动我们往前走一步。

▲ 第六节　核心价值观：协同

任何事情，只要有一个以上的人参与，就需要协同。

协同，核心是分工以及合作，组织的成员都明确知道彼此的

分工，并且明确知道彼此如何配合、合作。

协同是极高深的境界，非极高的情商及智商不可能做到。

首先，需要有协同之心。并非人人都有协同意识，并非人人都愿意协同，对于很多匹夫之勇的人而言，喜欢凡事都在自己控制之下。

其次，需要有协同的智慧。只有把别人能够做的事都调动别人去做，自己才能腾出手来做别人做不了的事，从而把事情做大。

最后，需要极高的情商。遇到没有协同意识的人，如何使之愿意协同，这是需要极高情商的事。

协同不是各人自扫门前雪，也不是呆板地按照制度和流程来做事。对于初创公司以及快速发展的公司而言，制度和流程永远都是滞后的，既然已经明确为制度，一定是以前制定的，一定未必预见到当今以及未来的情况，所以如果简单用制度和流程来决定做不做、怎么做，某种程度上就是"渎职"。

很多读者可能会困惑，一方面说要坚决按照制度和流程来管理，一方面又说呆板地按照制度和流程做是渎职，到底应该怎么办？

这其中的差别在于执行制度和流程时是奔着达成结果去的，还是完全不关注结果只是追求制度和流程上的免责。

如果是前者，执行者一定会主动帮助对方想方设法在不违背制度甚至是打些擦边球的前提下来解决问题，这是非常积极的正向的工作态度；如果是后者，执行者就会端起架子打起官腔，明明知道按照制度和流程办解决不了问题，依然在一本正经地拿着制度和流程说事。

我对后者是深恶痛绝的，应该说所有的管理者对于后者都是深恶痛绝的，这是典型的官僚主义。制度和流程如果不能帮助我们达成我们需要的终极结果，就不是一个好的制度和流程，至少在拉卡拉，我绝对不允许把制度和流程作为打败仗的理由，谁的制度和流程影响了我们战斗的胜利，我们一定会追究其责任。提醒一下，只有阻碍了我们终极结果达成的制度和流程是不对的，不是说任何影响我们做想做的事情的制度和流程都是有问题的。

制度和流程的制定者，必须本着帮助被管理者解决问题达成结果的原则去制定制度和流程，这才是协同。

世界上最强大的人，是善于使用别人力量的人。

我总结的领导者三大任务：控方向、抓协同以及做后备。能够把自己的工作变成只做这三件事的人就是领导人才。

本质上，抓协同和做后备都是协同的价值观，尤其是做后备。既要协同，又不能把希望寄托在友军甚至下属的态度和能力上，也不能寄托在友军和下属的运气上，应该是防区延伸的思维，确保任何情况下，命运掌握在自己手里；而且，还必须有一种"让别人去做"以及"成人之美"的心态，别人能够做的事情放手让别人去做，别人做不了的事情自己顶上。

后者更难，但这正是领导的价值。

拉卡拉五行文化对协同的定义有三个维度：向上思考，向下执行，防区延伸。

一、协同就是向上思考

各司其职是重要的，也是协同的基础，但是不能局限于各司其职，各司其职相当于只见局部不见整体，必然是片面的，而且每个阵地都只是局部阵地，如果全局败了，守住一个局部阵地是没有意义的。

所以一定要站在上级的高度思考自己的事情，以全局的眼光管理自己的阵地，当然我们不可能要求每个基层领导都有这个水平，但是高级领导一定要有这个水平，基层领导也要做到力争有这个水平。

一定要学会向上思考，站在上级的高度去俯瞰自己的任务和目标，才能确保自己在做对的事情。

站在山顶才能找到出路。

要找到走出大山的路径，在山脚下是不可能的，因为环顾四方都是森林甚至只是树干，什么也看不到；站到半山腰要好很多，森林掩映之中出路若隐若现；如果能站到山顶，出路一目了然，而且还可以从容地比对各种路径的远近难易。

一幅油画，如果站在近前看到的只是五颜六色的一些色块；如果往后退一米，看到的就是一幅精彩的图画；如果往后退五米，看到的将是整幅油画的意境与精彩。当然，如果站得过远，也是看不见真相的。

两个说法是一个道理，思维高度决定思维结果。如果我们能够站到上级甚至是更上级的高度思考，我们就会对自己的目标与任务有更准确、更深刻的认知，做对的事情并把事情做对。

每个人都有上级，总裁的上级是董事长，董事长的上级是代表股东利益的股东会，一定要学会向上思考，如果向上思考了，决策就更容易接近正确。

向上思考才是最深层的负责任。

二、协同就是向下执行，管一层看两层

直接向你汇报的人是 N（你）-1，所谓协同，就是不但要直接管理 N-1，还要了解 N-2（即 N-1 的 N-1 们，你下属的下属）的工作动态。

当然根据管理原则，不能也不应该直接给下属的下属下达指令，但是了解他们的工作动态是必需的，只有如此，才能够对下属是否能够达成目标做到心中有数。

管一层看两层的好处远不止于此，既可以让下属的下属感觉有奔头，因为上级的上级看得到自己的努力和成就；也可以让下属，以及下属的下属感受到无形的压力，因为上级和上上级都看得到自己的一举一动。

在拉卡拉，我们有一个"战术原则"：团长必须兼任主力营营长，营长必须兼任主力连连长，不允许有只管人不管事的领导。

坚决杜绝那些只管人不管事的管理者，不仅仅是为了精简编制，更重要的是要让所有的领导都接地气，把劲儿使到业务上。

一个副总裁，分管三个部门，如果只是管这三个部门的总经理，我认为大可不必，这三个人完全可以直接向这个副总裁的上级汇报，省去这一个副总裁岗位，成本更低，效率可能还更高。如果副总裁分管三个部门并兼任其中最重要部门的总经理，这种管理体制才是有效率的，并且会很大地促进上下级之间、部门之间的协同。

需要避免的是，上级对于自己兼任一把手的下属部门倾斜资源的现象。高明的领导者，应该能够做到对所有下属部门一碗水

端平，甚至是让自己兼任部门负责人的部门在资源上能够"孔融让梨"，在任务上能够"任劳任怨"。

在军队里，我们不鼓励最高指挥官亲临最前线指挥，因为最高指挥官必须远离阵亡的危险；但是做企业不存在物理意义上的阵亡，所以各层负责人都应该冲到战斗最激烈的第一线。如果本阶段研发最重要，一把手就应该是产品经理；如果本阶段销售最关键，一把手就应该是最强的销售员；如果本阶段管理最重要，一把手就应该亲自拟定管理的框架、制度以及流程。

1995 年，我的公司和《北京青年报》合作创办了《北京青年报·电脑时代》周刊，我们既要办好内容也要经营好广告，否则不但赚不到钱还会产生巨大的亏损。刚开始创办时非常艰难，那时候 IT 企业并不多，大都是外国企业，而大家又都只在《计算机世界》《中国计算机报》等专业媒体上投放广告，没有人在大众媒体上投放广告。

办报的最初几个月，我们几乎可以用颗粒无收来形容，经过了大半年时间的努力才做起来。为了扩大影响力，我开设了一个栏目《与老板对话》。所有的采访都是我自己去采访的，报纸上所有的评论几乎都是我写的，同时第一年 80% 的广告订单是我亲自谈来的，第二年我才逐步把自己的客户移交给各个主力业务人员。

2019 年，我创办昆仑学堂体系型创业课，所有的课程都是我和朱海亲自研发的，昆仑学堂的 App，每一个频道、每一个页面、每一步交互、每一个按钮、每一个文字都是我一个一个和负责人一起抠出来的。

创业时，说"给我上"是不行的，必须是"跟我上"。一把手自己不懂的事情公司一定做不好，自己懂的事情才可能授权让别人负责，一把手必须亲自冲在每个阶段最重要的事情上，亲自操刀、亲自抠细节。

如果管理者只管对自己直接汇报的人，相当于把自己的命运交到下属的手中，由他们的执行情况来决定自己的目标能否达成，这是相当愚蠢的选择，必须向下执行，管一层看两层，自己来判断下属的状态，才是正确的选择。

三、协同就是防区延伸

军事上，最可怕的是防区出现"三不管"地带，那是致命的漏洞。所以所有优秀的指挥官都不会把自己的命运交到隔壁防区的友军手里，一定会时刻关注友军的动态，对不靠谱的友军甚至会直接部署自己的预备队随时准备在友军顶不住时自己上，以此来确保自己阵地的安全。

企业也一样，最可怕的是出现"三不管"地带。所以一个高明的管理者，永远会提防这种情况，确保其他部门没有完成指标也不会影响自己指标的完成，任何时候都不会把自己的命运交到其他部门手里。

协同，就是每个人不是只关注自己的防区，还要关注防区之间的交界处；协同，就是每个人都必须把自己的防区向东南西北上下左右各延伸一公里。

防区无死角的唯一窍门是每个人都把自己的防区向上下左右延伸一公里。

在拉卡拉，我们有一条"战术原则"：前后棒交接，出现问题前棒全责。

就像交通事故的处罚明确规定追尾是后车全责一个道理。工作交接，如果出现交接有遗漏或者继任者因为不熟悉情况没有做好，都是前任的责任，交接时前棒必须把后棒扶上马再送一程，这是规则，没有为什么。

站在全局高度，防区延伸是"相互补台"，是协同；站在自己角度，防区延伸是把命运掌握在自己手中，是对自己负责。

四、协同是现场最高级别领导的责任

在军队中，如果多支部队在一起，默认其中军衔最高的人就是最高指挥官，如果指挥官阵亡了，也是现场军衔最高的人自动接任指挥权。

企业也应该一样。在拉卡拉，我们就强调，任何事情，参与的人中职务最高的那个人自动担当最大的责任，包括协同以及对最终结果负责，知情人中职位最高的人也负有连带责任。

在拉卡拉，我非常强调，责任是"见者有份"。出现问题，所有在现场的以及应该知道情况的管理者都有责任，其中职位最高的人责任最大，不管是不是经办人的直接主管上级，在现场职位最高的人责任最大。

道理很简单，职位意味着责任以及水平，我们不能要求一个普通员工有极强的责任感以及极高的水平。在现场人员中职位最高的人理应发现问题、理应干预问题的解决，不管问题是不是属于你的直接辖区都是如此。

这是我们对责任的理解，也是我们对协同的理解。

▲ 第七节　核心价值观：分享

所谓分享，就是把自己的东西给予需要的人，在佛教中称之为"布施"，是修菩萨道六度之首，可见其可贵之处。

拉卡拉五行文化对分享的定义是三个维度：同事之间分享，企业与员工分享，企业与社会分享。

同事之间的分享，核心是认知的分享，通过分享让每个人都不断成长。企业与员工之间的分享，核心是财富的分享和员工职业生涯机会的分享，随着公司的成长，员工的收入更多，活得比他们的同辈人更有尊严、更幸福。企业与社会的分享，核心是回馈社会，以及促进行业的共同繁荣。

分享的本质是布施。

这个世界上有两种人：一种是太阳型人格的人，一种是黑洞型人格的人。太阳型人格的人是喜欢分享的人，像太阳一样把光芒和温暖洒向周边，距离越近越感受到温暖；黑洞型人格的人是汲取型的人，像黑洞一样把周边的光芒都吞噬到自己体内，距离越近越感到寒冷。人人都喜欢太阳型人格的人，不喜欢黑洞型的人。

拉卡拉的"战术原则"中有一条：温暖他人，成就自己。

就企业而言，我们提供的产品和服务一定应该是用户需要的、解决用户痛点的，用户选择了我们的产品和服务，我们的企业才能够获取收入和利润，我们的员工和股东才有收入。这是我们的价值观，我们期望建立一个正能量的、创造价值的商业模式，而非负能量的、消灭价值的商业模式。

世界上所有的事情，归根结底都是三观问题：我们如何看待是非，如何看待这个世界，如何看待自己的人生。分享是我自己的三观，也是拉卡拉五大价值观之一。分享，既是对别人的帮助，也是对自己的帮助，人的成功离不开外界的支持和帮助，只有与外界分享，才能得到外界更多的理解和支持以及帮助。

分享是布施，是结缘。这个世界上，一切都是因缘和合而生，与世界缘分很深的人，注定能够活成自己想活的样子；与世界交情很浅的人，注定寸步难行。

我们不是一个人生存在这个世界上，我们必然需要和人打交道，别人对你是好是坏？在你遇到困难时，别人是伸手帮助你还是袖手旁观？是追随你还是作壁上观？是接纳你为部下带着你前行，还是不接纳你？一切都取决于和你有没有缘分，有没有交情。

相遇是缘分，相识是缘分，相交是缘分，相知是缘分；雪中送炭是交情，拔刀相助是交情，滴水之恩是交情。

彼此有没有打过交道，打交道过程中有没有相互帮助？如果有，自然彼此有人情上的"亏欠"，要么是你帮助过我，我欠你一个人情，未来有机会我会帮助你，还你一个人情；要么是我帮助过你，你欠我一个人情……

虽然，助人的人并不期待回报，也不是想获得回报才助人，但是客观上，一次援手、一次帮助，一定会让双方之间产生感情……这就是"缘分"和"交情"。

俗话说人生"四大铁"：一起同过窗、一起下过乡、一起吃过苦、一起扛过枪。这都是缘分，很可能彼此之间会产生很深的"交情"。因为这些共同的经历都是非常难得的。对每个人而言，从小学到大学，一起同过窗的加起来最多不过两百人，一个宿舍睡四年的最多只有六个人，没有相当的缘分怎么可以？至于同窗之中曾经互相在物质上甚至思想上有人帮助，那更是难得又难得的缘分和交情。

分享、布施是与人结缘，与世界结缘，缘分是善因，自然会结出很多善果；交情是福报，有交情的人，自然会对你好，会帮助你。

所以，人生好不好，关键看你与这个世界缘分的深浅、交情的多少。最好的结缘，是分享，当你把自己的物质、感情、精神分享给别人时，你就和别人结下了善缘，虽然我们施恩不图报，但是善因一定会有善果。

老子说："天之道，损有余而补不足。"所以，分享也是人生的终极意义。我们来到这个世界，就开始了离去的倒计时，有的人是一百年，有的人是七十年，但是无一例外，我们都会离去，没有差别。差别只在于，我们离去时，有多少未尽的遗憾，有多少欣慰的回忆，我们在这个世界上留下了什么印记，多少人因我们的存在而改变人生。这一切，都源于分享。

我希望拉卡拉的大家庭是一个分享的家庭，同事之间要分享，企业和员工之间要分享，企业和社会之间要分享，这是我们的价值观，也是我们存在的重要意义之一。

一、同事之间分享

同事之间的分享，是每个员工进步的源泉，也是提升整体员工水平的重要方法。

我们强调每个人要爱学习、会学习，以学习为一种生活方式，不断向书本学、向先进学、向自己学，力争做到吃一堑长一智，吃一堑长三智，甚至别人吃一堑自己长三智。

我们也通过两个机制，让同事之间的分享成为常态，一个是复盘文化，一个是理规范文化。

复盘是一种习惯，每一次我随柳总出去参加活动，活动结束后柳总都会把大家留下来，用十几分钟半小时做个复盘，点评一下得失，把下一步要落实的事情布置一下。

我自己也一直有一个习惯，每一件事做完之后会下意识地在脑子里快速复盘一下；晚上躺在床上入睡之前，下意识地把今天的主要事情在脑子里过一遍，哪些地方做得好哪些地方做得不好，收获是什么，下一步要做什么。

复盘是最有效的学习方法，是让我们自己时时刻刻在进步的有效方法。复盘的过程，就是同事之间一个深刻的认知分享的过程。

理规范，是拉卡拉管人四步法中的第四步，要求把重复性的工作以及可能再次发生的重大业务整理出规范。

理规范就是写菜谱，让任何一个厨师都可以按照菜谱把菜做到 80 分。理规范的过程，以及规范本身，都是同事之间在进行认知分享。

同时，在拉卡拉，我们希望员工不要"藏私"，不要担心教会徒弟饿死师傅，我们的理念是绝对不能让老实人吃亏，绝对不会让创造价值的人吃亏。正如《亮剑》里面李云龙讲的，你教会了一个班的战士使用火炮，你就是班长；你教会了一个排，你就是排长。

把自己的东西分享给别人，自己并不会减少什么，所以，要做一个无私分享的人。如果周边的人都因你而强大起来，你只会更好，而且更自信，因为教会别人的过程也是自己变得更强的过程。

分享是增加不是减少，两个苹果分给别人一个自己就只剩一个，但是认知的分享，越分享自己的理解就越深刻，而且从对方那里也会得到回馈和分享，反过来加强自己的认知。

二、企业必须与员工分享

在拉卡拉，我们的理念是"创造者分享"而不是"奋斗者分享"，二者的差别是"创造者分享"更加强调结果，谁创造出来的价值谁参与分享，我们把成功分享给那些为企业创造价值的人。而"奋斗者分享"着眼点在过程，只要参与奋斗的都要分享，这是不对的，参与奋斗的都可以获得安慰性的红包，但是胜利果实只能与创造者分享。

我认为，公司就应该是一个"创造者分享"的平台，大家一起创造公司的业绩，并且分享发展成果。

这有两方面的意义：一方面是合理性，一方面是必要性。从合理性看，企业的业绩源于三个方面——企业家能力＋资本＋创造者的能力，成果理应由三方面分享；从必要性看，俗话说财散人聚、财聚人散，只有那些不吝分享的人，才能够聚拢起队伍打胜仗。

历史上，项羽是一个非常吝于封赏的人，传说封王封侯的大印刻好了他拿在手里依依不舍，都把玩磨平了还不舍得授予部下，结果导致失败。刘邦也舍不得，但是被张良一劝就能够从善如流，把韩信要求的"假齐王"封成真齐王，结果聚集起了天下豪杰得了天下。

不与员工分享胜利果实的企业是不道德的。

人的责任，首先是照顾好自己，其次是照顾好自己的家庭，再次是照顾好自己的组织，最后才能照顾社会。所以，企业首先是与自己的员工分享，照顾好自己的员工。

企业必须要照顾好自己的员工，因为企业几乎是员工一半的世界，我们有义务让我们的员工吃好穿暖，让他们过上比自己同龄人更好的生活，员工的这种自豪感，也会反馈到工作中。一个员工并不引以为豪的企业，不是卓越的企业。

但是分享不要为了分享而分享，我主张合理分享，即便我们创造了 100 份财富，但是如果某个职位的社会公允收入是 1，我们最多给予 2，而不应该给 3 或者 4。这是保持企业体系健康以及社会健康的根本，企业也需要留存下资本公积金以及实力应对未来的不确定性。

拉卡拉的薪酬原则是按照结果付薪，员工的工资、奖金与个人薪资等级、个人绩效、部门绩效、公司绩效挂钩，同时辅之以期权分享。

期权和股权是两级分享制，事业部合伙人和集团合伙人。只在某个事业部或者子公司、分公司发挥作用的合伙人称之为事业部合伙人，在集团层面发挥作用的合伙人称之为集团合伙人。每个事业部的期权和股权都会为两级合伙人留出额度，被授予期权的人达成约定的业绩即可获得相应的期权，但是期权都是事先确定总额，事后分配；股权，尤其是原始股权的投资机会，也会给事业部合伙人和集团合伙人按劳分配、论功行赏地留出额度，让大家自愿选择。

具体而言，分发之前会确定每一类期权的总额，但是不会确定授予哪些人，以及多少额度，会在看到企业成功的确定性时按劳分配、论功行赏。

创造者分享绝对不能搞大锅饭，面面俱到等于哪一面也没有到，平均分配等于没有分配，甚至不如没有分配。

激励，应该重点激励火车头，既然 20% 的人创造了 80% 的成果，就应该将 80% 的奖励给予 20% 的人。企业如果不能让员工感觉到舒心踏实以及引以为荣，是企业的失职。

做到这一点需要两个前提：一是要保持编制饥渴，人一定要少，冗员是一个组织里面最坏的事情，冗员是对组织成员最大的不公平，因为他们分享了那些勤勉成员的工作成果，冗员也是制约组织效率的根本；二是每个人都要高效率地工作，只有两个人干三个人的工作，才能每个人拿一个半人的收入，高收入的前提是饥渴编制和高效率。

除了计件工作这种可以极其量化的操作岗位之外，我打赌，企业任何一个部门如果立刻裁员 20% 绝对不会影响目前业务的进展，甚至效率会更高。

让自己的下属越来越多，越来越多的下属需要越来越多的管理者，越来越多的管理者需要更多的管理层级，这是官僚机构的本能，也是人性，必须坚决避免。

随着企业的发展，防范大企业病，是领导者必须要关注和找到办法达成的事。

企业与员工分享的前提是没有冗员。这方面，末位淘汰制度虽然有些残酷但非常有效，每年制度性要求把排在末位的5%~10%的人员淘汰掉，这会刺激组织所有的人发挥出最大的潜能。为什么羚羊跑得很快？因为跑得最慢的羚羊都已经被吃掉了，剩下的全是跑得快的，代代遗传，羚羊跑得越来越快。

一个指挥官，如果不能让自己的部队时刻处于紧张状态，部队的战斗力是有问题的。企业也一样，尤其是老企业，很多员工都已经在公司待了十年甚至十几年了，如果没有末位淘汰机制，队伍中"老油条"和"八旗子弟"会越来越多。

公司与员工分享的另一个前提是员工走正道。必须树立起让所有人走正道的风气，对于违纪员工一定要严办，让大家明白只要走歪门邪道一定会被严惩，只要规规矩矩走正道最后一定会在经济收入上、职业生涯发展上超出预期。

三、企业必须与社会分享

我定义，卓越企业有三个标准：持续成长、数一数二、受人尊重。

企业生存于社会，为社会服务，也必须要回馈社会，只有一个积极与社会分享的企业才会受人尊重，受自己的员工尊重，受同行尊重，受社会尊重。

企业与社会分享核心有两种方式：一种是基于产品，一种是基于产品之外。

企业创新出产品，满足社会未被满足的需求，本身就是与社会分享自己的价值。

产品之外，企业还应以多种方式与社会分享自己的价值，回馈社会，如慈善捐赠、做风险投资、做创业培训等等。

这几个方面，拉卡拉一直都在身体力行。

2017 年，我们向北京大学捐资 5000 万元设立拉卡拉教育基金，用于支持北京大学学生社团的发展以及支持北大光华管理学院思想力智库的建设。因为我坚信大学生不能在校园里死读书，更不应该从一入学就极其功利地为毕业分配找一个好工作而累积资本，大学生应该多参加社团活动，大学社团是拓展大学生见识、建立大学生人脉的核心途径；我也坚信，一个高水平的智库是国家所需民族所需。

2020 年，面对新冠疫情，我和俞敏洪、厉伟、陈生、赵文权等同学一起发起并捐资 1 亿元设立北京大学企业家俱乐部白衣天使守护基金，其中拉卡拉和蓝色光标捐资 2200 万元。

2021 年，拉卡拉向民革中央中山博爱基金会捐资 1 亿元，用于慈善事业。

此前我们还向郑洞国教育基金、海淀区教育、北大文化基金、东北师大附中等多组织进行了持续的捐资，未来，我们还会捐助更多的资金和项目。

早在 2015 年，拉卡拉就联合海淀区、中关村以及中科院等一起设立了 10 亿人民币规模的考拉基金，用于投资科技金融方面的创业公司，扶持这些方向上的创业，同时也为拉卡拉的共生系统添砖加瓦。

企业和企业家支持新兴企业创业，是最能发挥自己所长最恰当的回馈社会的方式之一。

创业培训方面，2019 年我发起创立了昆仑学堂体系型创业课程，我本人也一直在力所能及地参与北京大学创业训练营、联想之星、创业黑马等创业培训组织的授课。基本上他们每一期培训计划我都是讲第一课，创业、战略、管理、营销等我都讲过，据说我的课在他们各自学员评分中一直都是数一数二的。

此外，我认为企业与社会的分享很重要，就是龙头企业要为社会树立标杆企业的榜样，引领其他企业更好地履行社会责任以及提升道德底线。领先者有领先者的责任，不能把自己当作普通群众，必须建立起更高的道德底线。

一个社会需要有是非观念，一个是非不分、成王败寇的社会是没有希望的，只有先问是非再论成败，社会才有希望。龙头企业对社会的价值，是以身作则，告诉大家，先问是非再论成败也能成功，而且会持续成功。

▲ 第八节　核心价值观的总结

一、企业价值观的个性与共性

求实、进取、创新、协同、分享，拉卡拉这五个核心价值观用一句话来概括就是走正道。这不是挂在嘴上的高调也不是挂在墙上的口号，而是已经渗透到我们骨子里、血液里的思维方式和行为方式。拉卡拉发展历史上没有跌过大跟头不是幸运，而是我们践行走正道的核心价值观体系的必然结果。

虽然每个企业都不同，所处的行业也不同，但是我认为这五个价值观，应该是走正道的企业的共性价值观，缺一不可。

二、价值观的落地重在工具

语言天然是不准确的，所以佛法才讲"不立文字"，因为一旦我们用一个词来定义或者形容一个事物，就意味着舍弃了其他所有的描述，必然是不准确的。

对概念进行分解，缩小概念的外延，是加强理解一致性的重要方法。在拉卡拉，我们把五大价值观的每一个都分解为三个方面，每个方面又分解为三个维度，希望从九个维度界定一个价值观，以便大家的理解尽可能趋同。

五行文化的另一个发明创造，是我提出了"十二条令"，把五大核心价值观工具化为十二个行动，从指令、沟通、行动、汇报四个维度，各自给出了三条具体动作要求，每个人都听得懂。只要按照十二条令去做，就是在践行求实、进取、创新、协同、分享的价值观。

第七章 五行文化第一模块（金）：使命、愿景、价值观

- 使命、愿景和价值观是企业文化的核心
  - 使命，是一辈子要做的事，是一个组织建立的初衷以及追求的终极目标。
  - 愿景，是十年要做的事，是企业较长时期要努力达成的目标。
  - 价值观，是最高是非标准
    - 价值观是每一个成员思考和行为的根本准则。
    - 企业的价值观是否正确，决定企业能走多远。
    - 价值观应该是用人的"一票否决权"。

- 拉卡拉集团的使命、愿景、价值观
  - 拉卡拉集团的使命：为经营者创造价值，与创造者分享成果。
  - 拉卡拉集团的愿景：持续成长、数一数二、受人尊重。
  - 拉卡拉集团的价值观（走正道）
    - 求实
    - 进取
    - 创新
    - 协同
    - 分享

- 企业价值观的个性与共性
  - 求实、进取、创新、协同、分享，拉卡拉这五个核心价值观用一句话来概括就是走正道。

- 价值观的落地重在工具
  - 十二条令。

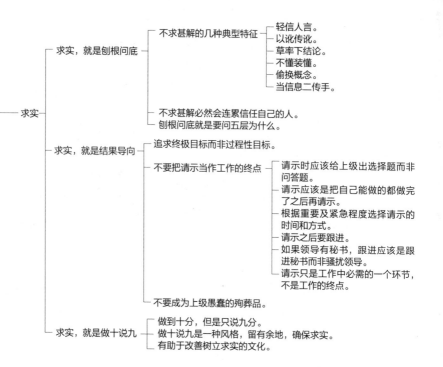

求实 ─┬─ 求实，就是刨根问底 ─┬─ 不求甚解的几种典型特征 ─┬─ 轻信人言。
       │   │   ├─ 以讹传讹。
       │   │   ├─ 草率下结论。
       │   │   ├─ 不懂装懂。
       │   │   ├─ 偷换概念。
       │   │   └─ 当信息二传手。
       │   ├─ 不求甚解必然会连累信任自己的人。
       │   └─ 刨根问底就是要问五层为什么。
       │
       ├─ 求实，就是结果导向 ─┬─ 追求终极目标而非过程性目标。
       │   ├─ 不要把请示当作工作的终点 ─┬─ 请示时应该给上级出选择题而非问答题。
       │   │   ├─ 请示应该是把自己能做的都做完了之后再请示。
       │   │   ├─ 根据重要及紧急程度选择请示的时间和方式。
       │   │   ├─ 请示之后要跟进。
       │   │   ├─ 如果领导有秘书，跟进应该是跟进秘书而非骚扰领导。
       │   │   └─ 请示只是工作中必需的一个环节，不是工作的终点。
       │   └─ 不要成为上级愚蠢的殉葬品。
       │
       └─ 求实，就是做十说九 ─┬─ 做到十分，但是只说九分。
                                ├─ 做十说九是一种风格，留有余地，确保求实。
                                └─ 有助于改善树立求实的文化。

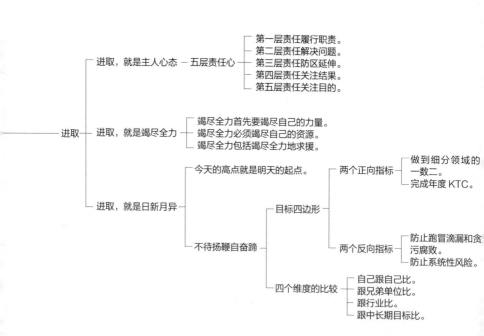

进取 ─┬─ 进取，就是主人心态 ─ 五层责任心 ─┬─ 第一层责任履行职责。
       │   ├─ 第二层责任解决问题。
       │   ├─ 第三层责任防区延伸。
       │   ├─ 第四层责任关注结果。
       │   └─ 第五层责任关注目的。
       │
       ├─ 进取，就是竭尽全力 ─┬─ 竭尽全力首先要竭尽自己的力量。
       │   ├─ 竭尽全力必须竭尽自己的资源。
       │   └─ 竭尽全力包括竭尽全力地求援。
       │
       └─ 进取，就是日新月异 ─┬─ 今天的高点就是明天的起点。
                                └─ 不待扬鞭自奋蹄 ─┬─ 目标四边形 ─┬─ 两个正向指标 ─┬─ 做到细分领域的一数二。
                                                    │   │   └─ 完成年度 KTC。
                                                    │   └─ 两个反向指标 ─┬─ 防止跑冒滴漏和贪污腐败。
                                                    │   └─ 防止系统性风险。
                                                    └─ 四个维度的比较 ─┬─ 自己跟自己比。
                                                                        ├─ 跟兄弟单位比。
                                                                        ├─ 跟行业比。
                                                                        └─ 跟中长期目标比。

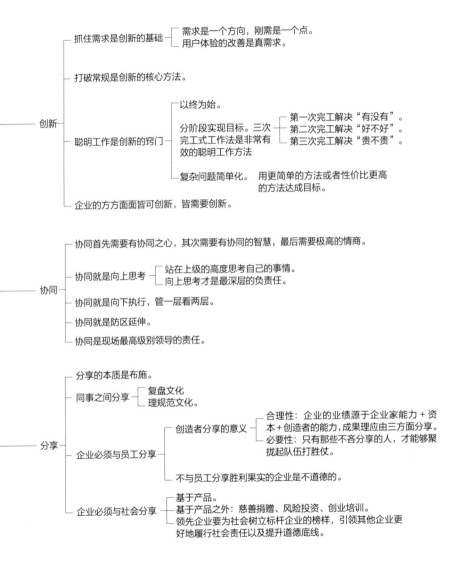

创新
├─ 抓住需求是创新的基础 ── 需求是一个方向，刚需是一个点。
│   用户体验的改善是真需求。
├─ 打破常规是创新的核心方法。
├─ 聪明工作是创新的窍门 ── 以终为始。
│   分阶段实现目标。三次 ── 第一次完工解决"有没有"。
│   完工式工作法是非常有 ── 第二次完工解决"好不好"。
│   效的聪明工作方法   ── 第三次完工解决"贵不贵"。
│   复杂问题简单化。 用更简单的方法或者性价比更高
│   的方法达成目标。
└─ 企业的方方面面皆可创新，皆需要创新。

协同
├─ 协同首先需要有协同之心，其次需要有协同的智慧，最后需要极高的情商。
├─ 协同就是向上思考 ── 站在上级的高度思考自己的事情。
│   向上思考才是最深层的负责任。
├─ 协同就是向下执行，管一层看两层。
├─ 协同就是防区延伸。
└─ 协同是现场最高级别领导的责任。

分享
├─ 分享的本质是布施。
├─ 同事之间分享 ── 复盘文化
│   理规范文化。
├─ 企业必须与员工分享 ── 创造者分享的意义 ── 合理性：企业的业绩源于企业家能力＋资
│   │   本＋创造者的能力，成果理应由三方面分享。
│   │   必要性：只有那些不吝分享的人，才能够聚
│   │   拢起队伍打胜仗。
│   └─ 不与员工分享胜利果实的企业是不道德的。
└─ 企业必须与社会分享 ── 基于产品。
                         基于产品之外：慈善捐赠、风险投资、创业培训。
                         领先企业要为社会树立标杆企业的榜样，引领其他企业更
                         好地履行社会责任以及提升道德底线。

第八章

五行文化第二模块（木）：经营三要素

五行文化第二模块，是给一把手和高级领导用的经营方法论，解决的是一把手和高级领导在经营公司时应该思考什么，如何思考，以及如何行动的问题。即经营三要素：建班子、定战略、带队伍。

▲ 第一节　什么是经营三要素

拉卡拉五行文化中的经营三要素就是柳传志先生三十多年前提出的管理三要素：建班子、定战略、带队伍。这是柳总的管理心法，我深以为然，我认为这九个字是企业领军人物应该做的事情以及应该遵循的原则的高度凝练、高度概括。

经营三要素之所以重要，是因为这是如何当企业一把手的"三条总结"，是对企业经营大彻大悟之后的理解，是企业经营和管理的核心。

没有人天生就会经营企业，都需要后天学习，但是教人经营和管理的书成千上万，观点不一而足，从何处入手学习呢？而且经营和管理千头万绪，如何形成简单有效的体系，熟练掌握应用呢？

我的体会是，学习经营管理，始于经营三要素，终于经营三要素。

最简单的管理方法，是经营三要素；最初级的管理方法，是经营三要素；最深刻的管理方法，也是经营三要素。

九个字，道尽经营真谛。

这九个字，小学生都认识，但一定不理解。

这九个字，我三十年前就知道，也以为自己理解了，但后来很长时间我的认知一直在理解和不理解之间循环往复螺旋式上升，直到十多年前，才彻底透彻地理解了。

我认为企业经营和管理的所有道理就在这九个字之中，作为领军人物，应该干什么、怎么干，尽在这九个字之中。

人生的很多事情都是如此，刚开始的懂，只是字面上的懂，并不是深刻的理解，只有在经历之后才可能体会得到。和一个十几岁的孩子谈人生的任何一个感受，不管是幸福还是磨难，或者爱情，他们都很难理解，或者说他们认为自己理解，但他们的理解和一个五六十岁的人的理解完全不是一个概念。这就是为什么总有人说"少年不懂李宗盛，听懂已不再少年"。

我记得聂卫平说过，他学棋几年以后开始认为自己是一流高手，对日本十连胜时感觉自己已经是超一流高手了，但是后来下得越多、懂得越多，越感觉自己在围棋上只是一个小学生……

初生牛犊不怕虎不是因为初生牛犊强大，而是因为初生牛犊不知道老虎的厉害，懂得越多越会感到自己的弱小和恐惧，继续学习懂得更多后又会进入到一个自信和无畏阶段，然后慢慢又会感到高处不胜寒……人的认知就是如此一个螺旋式上升过程，从不懂到懂再到不懂再到懂，每一次的懂都是更高的一个境界。

我自己有过同样的经历。1998 年，我主持商务通的经营时，我们一年卖出去的产品量等于整个行业此前十年销量总和的三倍，市场占有率超过 60%。我一度认为自己对营销已经洞悟了，自己是一个绝顶营销高手；但是后来随着我创办拉卡拉，以及投资了很多公司，我越来越感到自己对市场营销的认知只是冰山的一角，还有很多很多东西自己不懂；再以后，随着公司和业务的成功，到创办昆仑学堂时我对营销有了更深层次的认知和自信。

几乎所有的企业家都能把企业经营管理说得头头是道，但是只有真正掰开了揉碎了理解透彻了的人才明白，经营企业，就是建班子、定战略、带队伍。

▲ 第二节　经营三要素之一：建班子

在纯理论的逻辑之中，"定战略"似乎应该摆在"建班子"之前，因事设人不应该因人设事，应该先有战略目标，再找适合的人去负责。但做过企业的实战派都知道，企业的经营不是静态的，而是动态的，是一个过程，没有任何一个企业的成功是像公式一样一步一步推导出来的，所有的企业成功之时所做的事情都与出发时完全不同。

市场每时每刻在变，消费者每时每刻在变，没有人能制定出一个永远正确的战略，然后找一个职业经理人来执行。不论是长期战略还是中期战略，都必须根据市场、竞争、技术等因素的变化随时进行调整和重构。再完美的计划一旦开始执行就需要立刻调整，正如战场上有时往往是"枪声一响，预案作废"，因为我们永远无法决定敌人从哪个方向用何种方式反击，能做的只是根据敌人的反应兵来将挡、水来土掩而已。企业经营也是如此，要依靠一把手审时度势、随机应变。所以，选择一个胜任的一把手和班子，是经营的基础。

没有一个有战斗力的班子，定战略和带队伍就是一句空话。不论在什么情况下，班子的战斗力和团结永远都是企业发展的首要条件。

所有伟大企业的发端，都是源于创始人一个伟大的梦想；所有伟大的成功，都源于创始人背后有一个有战斗力的、团结的领导班子。

建班子是一个系统工程，不仅仅是高层要建班子，而是层层都要建班子；建班子是一个长期的过程，班子成员的成长必须先于企业的成长，随着企业的发展，班子必须不断进化、不断优化，以适应企业的发展，这是一个循环往复的过程。

如何在企业发展中保持班子的称职和战斗力，是一把手的重要工作。

一、什么是班子

全体人员，称队伍。队伍之中的最高负责人，称一把手，或者领军人物（N）。一把手是自己出题自己答题的人，是给一个组织制定方向并且引领组织实现终极目标的人。

直接向一把手汇报的人（N-1），称团队，团队是各自分工负责一个部门或领域的人，是一把手直接管理的一个层级。按照管理学原理，一个人直接的管理幅度应该不超过8个人，所以原则上团队成员以不超过8人为宜。但是现代信息技术的发展使得管理幅度的扩大成为可能，因此对于高水平的一把手团队成员可以超过8人，我听说最多的有18人之多。

班子，即团队之中，能够站在同样的高度和一把手对话，并且能够独当一面以上的人。

班子是和一把手一起思考组织最高层级问题的人，是辅助一把手承担最高领导职责的人，是在一把手领导下独立领导组织内一个以上方向工作的人。

从这个意义上说，团队成员不一定是班子成员，班子成员一定是团队成员，班子成员是团队中那些能够站在同样的高度与一把手一起工作的人。

同理，班子成员一般以 5 到 7 人为宜，太少很难发挥集体智慧，太多人多嘴杂很难发挥每个人的智慧。班子和团队的核心差别在于是否能够站在一把手的高度，与一把手进行思想对话和全局思考。

班子是协助一把手工作的人，对一把手负责，并且作为自己所分管领域的最高负责人，自己出题自己答题。

一般而言，企业的班子成员包括分管市场、技术、生产、财务等方面的负责人。班子应该是一个动态的概念，能上能下，不胜任了就应该让贤给胜任的人。

员工、团队、班子、一把手，职责不同，要求具备的能力和素质也不同，不能错位。如果把应该是员工的人任命为团队成员，或者把应该是团队成员的人任命为班子成员，相当于让一个战士当连长，让连长领导一个师，都会出大问题。试想，如果把一辆高速行驶的汽车交给一个小孩子驾驶，会怎么样？当然会出大事，不出事故是偶然，出事故是必然；反过来，如果把应该是班子成员的人当团队成员用，甚至当员工用，对方一定会离职。

二、为什么要班子领导

原则上，任何组织都应该靠班子领导，最小的班子是两个人，一个一把手，一个二把手。

没有合适的班子成员，或者组织规模很小，或者企业处于初创期，不适合班子领导时，不要搞形式主义。

班子领导的优势主要有以下三个：

1. 避免一把手的冲动和独断

人难免冲动，难免疏忽，如果是创业成功的企业，一把手的威信爆棚，下属对一把手有着近乎盲目的"崇拜"，这种情况下，定力再强的一把手都难免自我感觉良好，不自觉地陷入盲目自大、独断专行之中。班子领导，可以有效地制止一些一把手的冲动和独断。

2. 分工协作

班子领导，有人负责销售、有人负责研发、有人负责市场……班子成员所起的作用，不是一把手的助手，而是各自领域的最高负责人，自己出题自己答题，这是一种分工协作。

以 CTO 为例，表面上 CTO 向 CEO 汇报，是 CEO 的 N-1，但 CTO 作为班子成员，必须担当起公司技术方面最高负责人的职责，根据公司的整体发展战略，在技术领域规划公司下一步技术上应该做什么以及如何做。CEO 虽然是 CTO 的上级，但是要做的只是对 CTO 的规划和自己的战略判断。解决公司所有的技术问题，都是 CTO 的责任而非 CEO 的责任。

3.培养接班人

班子成员是一把手的"预备队"，因为班子成员与一把手一起工作，掌握公司全部信息、参与公司全部决策，和一把手一起思考所有一把手关注的问题，并深入观察一把手的思考方式和行为方式，分管一个以上的领域。如果一把手发生变故，班子成员是最顺畅的继任者，甚至有可能无缝对接。

三、一把手和班子的关系

一把手和班子之间应该如何合作呢？仁者见仁，智者见智，有人倾向于民主，认为应该凡事大家商量着来，发挥集体智慧；有人倾向于独裁，认为非霸道总裁不能成就大业。

我同意班子领导应该是一把手领导下的班子集体负责制。请注意，不是集体领导，而是一把手领导，集体负责。一把手要听大多数人意见，和少数人商量，一个人做决定。

集体负责不是集体领导，企业经营不能靠投票决策，正确的做法应该是班子献计献策，一把手做决策，然后班子按照分工各自执行，把一把手的决策落实到位，实现企业的经营目标。

班子成员的任务，是通过自己的努力执行，证明一把手的决策是正确的，而非相反。班子成员最差的表现是自以为是，遇到执行中的难点就质疑一把手的决策，甚至消极怠工去证明一把手的决策是错误的而自己更高明，这种班子成员是班子的"大祸害"，是企业的"大罪人"，必须清除。

我们必须认识到，一把手是职务行为，有些责任只有在一把手的位置上才会感受得到，有些责任只有一把手才能够担当起来，有些事情只能也必须一把手亲自去做，例如建班子、定战略以及带队伍。

任何一个企业，任何时候，都必须有一个人，而且只能有一个人，站在最高的高度，以自己承担责任之心，对全局进行系统性的、连贯性的思考，并做出决策和展开指挥，唯有如此，才能经营好一个企业。

首先，只能是一个人。因为没有任何人之间可以做到思路完全一致，而企业的经营需要一个一致的思路，不能三天打鱼两天晒网。

其次，必须站在最高的高度思考问题。俗话说屁股决定脑袋，只有站在最高高度思考，才能找到企业的长久发展之路。

再次，要以自己承担责任之心来思考。承担责任和不承担责任做决策时的压力是不一样的，思考角度也是不一样的，这就是医生往往很难给自己的亲人做手术的原因，因为关心则乱，如果需要自己承担后果，必然加倍慎重。这也是我对顾问不大感冒的原因，因为顾问只是顾得上才问问，并不承担后果，本人的利益也与后果没有直接关联，让我如何敢相信其责任心？

最后，思考必须是全局性的、连贯性的，必须考虑到所有的方面、所有的环节。

大公司的业务非常复杂，远非一个人能够想清楚和把握的，必须依靠一个班子来集体负责。公司越大，每个决策对于公司的影响就越大，对于市场的影响也越大，对于很多行业中的巨无霸公司而言，甚至会影响几百万、数千万消费者。这时候，一个人的智慧已经不足以决策，需要班子的集体智慧，来保证一把手决策时尽可能兼听则明。

班子领导可以有效避免个人决策的偏差。个人对信息的掌握、个人的知识面、个人的风格和情绪变化都会影响决策，如果是班子领导，班子成员的参与可以有效地降低一把手在上述方面对决策的影响。

班子成员要有大局观。不能本位主义，不能只盯着自己分管领域的目标，要和相关领域主动协调和配合，要主动把自己的防区向相关防区延伸一公里，要相互补台。因为全局达不成目标，局部再优秀也是失败。

班子成员，最重要的是两件事。一件是让自己尽可能超越自己的本位主义，站在一把手的高度和一把手讨论全局问题。最重要的是有全局视角，虽然有分管范围，但不能只盯着分管范围，如果只盯着自己的分管范围，就不是一个合格的班子成员。另一件是把自己作为自己分管领域的最高负责人，自己出题自己答题。

班子领导是一种理想状态，但是如果没有合适的班子成员，也不宜"凑数"，"凑数"的班子没有意义。公司小的时候不宜盲目追求班子领导，初创公司更需要的是创始人亲力亲为，需要的是决策效率和执行力。

一个好的一把手，必须有管理和领导自己的班子的意识，必须能够组建起自己的班子，并且管理好自己的班子，主动接受班子对自己的制约，靠班子领导企业。

一个有战斗力的班子，一把手和班子成员必须各司其职。就像一艘船，船长的职责是驾驶船行驶到目的地，不能天天视察锅炉房或者训练水手怎么划船，船长的任务是给船制定方向和航线，绕过航路上的冰山和暗礁，其他的事情，由班子成员来完成……

班子成员和一把手的关系，就像是三五个人在草原遇到了一群狼，最好的防御方式是有一个总指挥，然后大家背靠背每个人独当一面，都把自己的后背交给同伴去防守，自己有问题喊一声，发现有人要不行了也喊一声，并随时准备补位，大家齐心协力达成抵御群狼的目标。

我们强调班子领导，但企业经营绝对不能搞成投票制，不能遵从少数服从多数，只能由一把手一个人说了算。

一把手，任何时候，都不能以别人的建议代替自己的思考；一把手，任何时候，都不能以集体的选择作为自己的决策。

真理不单往往掌握在少数人手里，大多数情况下，真理往往掌握在一把手一个人手里。

四、班子成员需要什么素质

原则上，班子成员需要具备的素质和一把手需要具备的素质是一样的，如果欠缺，也只能是程度上的欠缺，不可以是科目上的欠缺。

一把手需要具备的素质，我们有非常明确的标准，即"三好人才"和"三有人才"。

"三有"即有态度、有能力、有素质。所谓有态度，指求实、进取、激情；所谓有能力，指解决问题、有亮点、业绩好；所谓有素质，指守条令、懂管理、会经营，即掌握拉卡拉十二条令、管事四步法、管人四步法和经营三要素；态度决定参与权，能力决定话语权，素质决定分红权。

"三有人才"是将才的标准，是一把手的入门素质。不具备"三有"肯定不是合格的一把手，但是具备了也不一定是合格的一把手，一把手和班子成员必须是"三好人才"，"三好人才"是帅才的标准，是一把手必须具备的素质。

"三好"即好品德、好才华、好心态。所谓好品德，指志存高远、意志坚定、心胸宽广；所谓好才华，指认知能力、决策能力、执行能力；所谓好心态，指赢家心态、学习心态、创业心态。

显然，具备"三有"可以成为一个很好的团队成员，但是要成为班子成员和一把手，需要具备"三好"，这是班子和团队之间的差别所在。

五、班子分工的原则

班子的核心是一把手。班子能否建立起来，建立起来之后能否健康运转，与一把手的素质有非常大的关系。

如何选择班子的其他成员？如果其他成员不符合标准怎么办？班子的成员如何发挥作用？对班子的成员应如何进行考核？这些都是一把手必须考虑的问题，也是一把手不可逃避的责任。好的一把手都会主动去组建自己的班子，主动放弃自己独断专行的权力。

理论上，一把手的工作方式有三种：指令式方式、指导式方式与保驾护航式方式。在班子成员的素质比较低或者能力不是很强、企业规模比较小的情况下，可以采用指令式的方式工作，由一把手说了算；企业发展到一定阶段，一把手应该像教练，只提出大方向，指导班子成员去设计路径和达成目标，指导式的方式会让新人成长起来；企业进入青年期以上阶段，一把手的工作方式必须变成保驾护航式，因为企业已经太大太复杂，必须将企业做成平台，搭建若干个小舞台，每个舞台都交给一个一把手及其班子，自己的工作转变为：控方向、抓协同和做后备，为他们保驾护航。

一般而言，班子分工的原则是：

·一把手管战略和人力资源。

·每个班子成员分工横纵结合，既分管垂直部门，也分管总部部门，以便班子成员既脚踏实地又有全局视野。

·一把手最好不要兼管垂直业务线，以免不公平地抢占公司资源。

六、如何建班子

有一定规模的企业一定要建班子，小企业不必刻意去建班子，建班子不是一次性的工作，而是一个长期工作循环的工作。

我总结了建班子的四个要点：定核心、选对人、塑文化、建机制。

第一是要定核心。

一把手是班子的核心，选对一把手，这是建班子工作的核心。虽然理想状态是上级选定班子所有成员，但实际情况是，在中国，如果不是由一把手自己选择的班子成员，工作起来很难协同，真正能够把不是自己选定的班子成员调动好、运用好的一把手太少了。所以，从实战角度，我倾向于只选一把手，让一把手自己去组班子，最多给班子派一人，剩下的一定让一把手自己选，没必要自己制造内耗，如果担心失控，可以用其他方法解决。

第二是要选对人。

选好班子的成员非常关键，在我的印象里至少有一半以上的企业出问题是因为内部出问题，股东之间的问题，班子之间的问题。如果班子成员之间出现问题，不但会产生很多的内耗，也会让下属不服气，而且如果班子成员的能力和品格有问题，带给公司的损失就更大了。

选择班子成员要非常慎重，一定要选德才兼备的"三好人才"，班子成员必须是高度符合企业文化的，既要有执行力也要有战略高度，不能站在公司高度思考问题和开展工作的人不能成为班子成员。

所谓不是一家人不进一家门，班子是一个密切配合、共同作战的集体，如果成员志不同道不合是没法共事的。班子成员宁缺毋滥，如果水平不够的人进入了班子，不仅发挥不出作用，还会有非常大的副作用，甚至干扰班子和一把手的决策。没有班子时，一把手必须靠自己领导企业，同时一步一步选择合适的班子成员，建班子。

第三是要塑文化。

班子文化，是在企业文化之下的班子成员之间相处的方式和工作机制。一把手是班子的核心，如何与班子成员配合？如何发挥班子成员的积极性和工作能力？如何避免一言堂？如何避免对一把手的过分依赖？都需要建立一个工作机制。

班子的文化核心是沟通机制和决策机制，一把手要关注，并且推动建立起班子成员之间的工作感情，以及坦诚沟通的文化。

班子成员之间，有话要当面说，不允许当面不说背后乱说。班子内部必须所有的话都要摆在桌面上，坚决不允许宗派的出现，发现宗派，不惜经济利益，一定要把毒瘤砍掉。

有话要好好说，要求对事不对人，说话要以对方能够听得进去为目的而不是以自己说痛快了为目的。沟通要讲究方法，要有艺术，要以企业文化作为沟通的基础。沟通不清，按"方法论"来，这是我们思考问题和解决问题的方法；有重大分歧，按"核心价值观"定，这是我们最高的是非标准。把大原则定下来以后，再一步步定小原则，再谈具体问题，就好解决了。

一个企业的班子里面不可能什么事情意见都一致，在意见不一致的时候，一把手要敢于决策，班子成员也要有执行意识。

一把手对于班子成员有意见，一定要提出来，但要注意方式方法，最好是两个人关起门来谈，把话说出来并且放到桌面上说，这是一个班子团结和保持正气的关键。很多一把手习惯把对班子成员的意见憋在心里，或者是对其他班子成员说，这是非常错误的工作方法，不但解决不了问题，还会影响班子的团结。最好的方式就是有意见直接和当事人当面谈，指出来，这是解决问题的最好办法。

一把手要善于与班子成员沟通，不要搞成一言堂，要有意识地鼓励班子成员建立自我意识，一把手必须像呵护孩子的好奇心一样呵护自己班子成员的工作积极性。

首先树立班子成员的领导使命感和自豪感，要强化班子成员是自己分管领域的最高负责人这种概念，唯有责任才能让人建立使命感和自豪感。

其次要让每个班子成员都参与到决策中来，自己参与做出的决策执行起来才会更加投入，这是人之常情。我的经验是，决策会是验证一把手决策预案的会议而非讨论和寻找决策的会议，一把手任何情况下都不能用别人的思考代替自己的思考，不能用集体的意愿代替自己的决策。但是在形成决策时，一把手可以也应该有意识地引导班子成员一步步得出自己已经预设的决策，仿佛决策是他参与做出的样子，这是很重要的领导技巧，这样得出的决策会得到班子成员更积极的拥护和更坚决的执行。

最后要允许班子成员犯错误。提建议就可能犯错误，独立决策自己分管的领域也可能犯错误，这是正常的和必然的，一把手任何时候都不要因为班子成员的错误而指责他们。

一把手对班子成员用权要慎重，当和下属意见不一致时，如果自己对这个事也没把握，而下属却言之有理，就应该尊重下属的意见决策，事后再复盘。

但是也必须注意，不要把公司搞成投票表决式的集体领导，集体领导就是没人领导，承担责任的必须是一把手也只能是一把手。

第四是要建机制。

要建立班子成员能上能下的机制。班子成员不能一成不变，现代社会，变化如此之迅速，任何人都可能跟不上时代的节奏，班子成员一旦跟不上公司的发展，就必须进行调整，否则就会成为公司发展的障碍。

建立班子成员能上能下的机制非常重要，否则，一旦班子成员不再胜任，要么不能调整，要么一调整班子成员就只能离开公司，对公司和个人都是很大的损失。

如果有了能上能下机制，每一年开始之前，对班子成员都进行一轮评估，胜任的明年继续担任班子成员，不胜任的就离开班子，回归到自己的部门。让班子的调整变成每年的职务的常态，对每个人都是一种保护。

▲ 第三节　经营三要素之二：定战略

战略决定成败，为企业制定正确而高明的战略是一把手的核心岗位职责。能够做到这一点，一把手每天都不在公司也可以胜任；做不到这一点，一把手每天早出晚归也是瞎忙，一把手最忌讳的就是用战术上的勤奋掩盖战略上的懒惰。

一、什么是战略

战略，即长期坚持的作战方略，凡是不能一蹴而就的事情，就必须确定目标是什么，如何实现目标，资源怎么调配，怎么激励，这既是战略的四个要素，也是战略。

战略非常重要，有战略就是瞄着打，没有战略就是蒙着打。瞄着打才能成功，而且是最经济和最高效的成功之路；蒙着打，即便撞大运成功了也不可持续，要么走上守株待兔模式，要么不知道下一次的大运在哪里以及何时再来。

战略是需要资源保障的，企业的资源即人力、物力和财力，战略目标和打法必须与资源匹配，如果不匹配就要更改打法，如果更改了打法还达不成目标就要更改目标。

一个没有可行打法的目标是不可能实现的，一个资源不匹配的打法是不切实际的。战略有正确和错误之分，正确的战略大概率能够达成目标，只是时间早晚问题；错误的战略一定达不成目标。

很多企业容易犯的错误是把战略目标当作战略，例如成为第一，N 年 N 倍等等，目标是战略的一部分，但绝不是全部。

尤其需要提醒的是，初创公司不需要复杂的战略，甚至不需要战略，初创公司唯一的事情（也可以说唯一的战略）就是：做出一个有人愿意买的产品，找到一种可以源源不断把产品卖出去的方法，赚钱。这应该是所有初创公司共同的、唯一的战略。

1. 成功是瞄着打的结果

想击中目标就必须瞄着打，成功都是瞄着打的结果，目标很清楚，打法很清楚，执行到位，成功就是必然的；反之，即便成功也是偶然事件。想成功就必须制定出正确的战略并执行到位。定战略的目的是保证企业的目标正确，打法正确，并且有足够的资源保障和激励保证。

我的习惯是，在没有想清楚整体战略的情况下，不对任何具体项目做决策；在没有想清楚一个项目的整体思路的情况下，不会对项目的任何具体细节做决策，因为我不知道该如何决策。

战略就是选择，选择目标、选择打法、选择领军人物等等，所以也有人说定战略是一个确定我们不做什么的过程。我曾经提出公司有"四个不做"：没有合适领军人物的项目不做；没有下决心死磕的项目不做；不掌控主动权的项目不做；无法复制的项目不做。

定战略是一个瞄着打的过程，不要用战术上的勤奋掩盖战略上的懒惰，不能用战术上的困难去质疑战略上的决定。

战略决定成败，一个正确的战略，哪怕只执行到80分也会取得辉煌的胜利；一个错误的战略，注定要失败，执行得越完美败得就越惨。

无论是集团还是子公司，都需要有自己的战略，分公司也不例外。

2. 战略有对与错之分和平庸与高明之分

战略首先有对错之分，虽然不是所有正确的战略都能够成功，但错误的战略一定不可能成功。

抗日战争时期，中国采取的持久战战略就是正确的战略。当时的中国，不但物质上的国力远不如日本，对国民的组织和动员上也不如日本，如果采取速战、决战战略，很可能抗战就失败了，而中国采取了持久战战略，最终经过十四年，抗战取得了胜利。

其次，战略有高明和平庸之分，高明的战略"好风凭借力，送我上青云"，平庸的战略"惨胜如败"。

解放战争时期，共产党采取的不争一城一地得失，以消灭国军有生力量为战略目标，以及"即俘即补"，在战场上快速将俘虏的国军士兵教育成为解放军士兵的战略，都是高明的战略。辽沈战役，我军采取先打锦州、关门打狗的战略，也是高明的战略，最终将近百万国军精锐消灭在东北，并且将其中大部分转化为解放军战士，从而奠定了解放全国的局面。

正确的战略执行到80分即可能达成目标，错误的战略执行得再好也不可能达成目标，执行得越好失败得越惨。水平高的战略，运筹帷幄之中，决胜千里之外，不战而屈人之兵；水平低的战略需要士兵去拼刺刀苦战和力战，伤敌一千自损八百。

3. 为企业制定正确而高明的战略是一把手的首要岗位职责

一把手的岗位职责不是与基层战士一起出操、一个锅里吃饭式的同甘共苦，而应该是在中军帐里为企业制定正确而高明的战略。

定战略，是一把手自己的事儿，不能假手于人，也不可能假手于人。即便是班子成员，也只能献计献策。最终的战略，只能由一把手一个人经过全面、系统性地思考、分析、计算和取舍得出。

很多创业者喜欢谈团队精神，什么事情都希望靠团队力量，这是"书呆子"的做法。实际上，定战略不能靠团队，也不能靠咨询公司，只能是一把手一个人的事。当然，一把手也需要团队作为助手，甚至需要专业的咨询公司提供帮助，也需要召开战略务虚会，但本质上，必须是一把手一个人主导整个事情。

战略务虚会只有两种开法是对的：一种开法是还没有什么头绪的时候，叫班子成员一起来头脑风暴，相互启发思路，一把手在听大家讨论的时候理清自己的思路；第二种是当一把手有了一套思路，希望通过务虚会这种形式引导大家，让大家以为这个思路是他们一起讨论出来的。只有在这两种情况下，开战略务虚会才是对的。而那种希望通过开战略务虚会，让大家群策群力，集思广益形成战略的想法是不可能的。

战略，只能是一把手夜深人静时，一个人通盘、系统性地分析全局，权衡利弊之后，选择一套彼此适配的系统打法。

战略只能由一把手提出，因为战略必须是一个系统思路，靠七嘴八舌是不可能系统思考的；定战略必须站在山顶看大地，而企业中只有一把手是站在山顶上的人，其他人哪怕是班子成员都不可能站到山顶。

提出战略是一把手责无旁贷的责任，确定战略也是一把手责无旁贷的责任，定战略是一个艰难的拨云见日的过程，其间会有很多诱惑、很多质疑、很多取舍，一把手保持清醒的思路和坚定的信念对定战略至关重要。

二、定战略有方法

不论是惠普的战略十步法，还是联想的战略七步法，或者拉卡拉的战略四步法，都是有效的制定战略的方法，可以帮助战略规划的提出和完善，但这些只是方法，能够帮助你思考，但帮不了你形成战略的内容。

1. 联想的战略七步法

战略包括哪些内容？如何一步步制定出一个战略呢？联想的战略七步法是一个非常实用的定战略工具，按照其步骤一步步讨论得出结论，即可制定出战略。

第一步：设定愿景。

一个没有愿景的企业是没有前途的，一个没有愿景的人是不可能有成就的。愿景一旦确定，即便是困难无数，也要坚持不动摇。愿景必须是我们自己真正信的，不是写在墙上的口号，而是我们真的准备付出长时间甚至几代人的努力去达成的目标。

每次制定中长期战略，都要首先审视我们的愿景。战略目标必须与愿景相符。

第二步：设定战略目标。

中长期目标，是一个具体的可量化的指标，包括未来三到五年企业的营业额、利润、市场占有率、行业地位、投资回报等若干财务指标。

定目标要合理，是让大家去摘树上的桃子而不是攀天上的月亮，但是也不能让大家去捡地上的苹果。目标要设得让大家跳起来努努力够得着，而目标会逼着你朝着那个方向去走。

第三步：制定战略路线。

所谓战略路线，就是我们的打法。打法是定战略的关键之一，一个没有打法的目标是不可能实现的。瞄着打的核心是有打法，必须有清晰的打法，即实现这个战略目标的战略路径，否则目标就是一句空话。

第四步：确定领军人物。

战略路线是和人密切相关的，再好的打法如果没有合适的指挥官来实施也是没有意义的。所以我们在考虑战略路线的时候必须考虑是否有合适的领军人物，否则就要重新审视该路线是否应该采纳。

第五步：战术分解。

要对打法进行分解，划分出几个阶段，分阶段实现目标。大的打法下面又分为几种小的打法来保证大打法的实施，每个打法分为几个阶段，每个阶段要达成的里程碑是什么。这些都要先做推演，看是否可行，需要哪些资源前提。如果推演不出结果，就说明这条战略路线是错误的，就要返回上一层重新思考。

第六步：确定组织结构及预算。

战略的实施需要组织结构来保障，战略调整了，组织结构就必须调整。一个不合理的组织结构会导致组织运转低效，充满内耗，拿不出结果。

拟定预算不是总裁的事，更不是财务部门的事，而是所有部门的事，尤其是前台收入部门，必须参与进来，仔细测算，这样拟定的预算才是可行的。

第七步：考核激励和调整。

考核激励是定战略的重要组成部分，打了胜仗要激励，不管是物质的还是精神的，而激励对不对，是要靠考核来决定的。

最后，定战略不仅要考虑执行中的因素，还必须及时复盘，在动态中调整战术，避免刻舟求剑。

2.拉卡拉的战略四步法

拉卡拉定战略的四步法：目标、打法、资源、激励。

第一步：目标。

首先要明确战略目标，这是指引我们前进的方向。

企业的战略目标是由企业的使命和愿景决定的。使命，是企业一辈子奋斗的目标；愿景，是企业十年奋斗的目标；企业战略，一般是企业三年或者六年奋斗的目标。

目标不宜过于短期也不宜过于长期，现代社会变化越来越快，制定一个十年目标基本上不具备指导意义，以三年或者六年为期制定目标比较合适。

目标必须向上兼容，即短期目标要支持中期目标，中期目标要支持长期目标，长期目标要符合愿景，愿景要符合使命。实际工作中，一般先根据使命设定愿景，然后根据愿景设立中长期目标（企业战略），再设立年度经营计划。

设定战略目标时切忌好高骛远，选择一个没有机会达成的目标是愚蠢的。因为目标会决定打法，选择为一个不可能实现的目标而奋斗的结果，是失去了达成原本可能实现的目标的机会，而且会被不可能实现的目标弄得遍体鳞伤甚至气息奄奄。

谁都想做产业链的更高端，但先得看自己有没有竞争优势，如果没有独特的竞争力就进入一个市场，成功率是很低的，还不如降低心态，在产业链中选择一个自己有优势的环节，集中全部兵力成为该环节的领先者，再徐图发展。

战略目标一定要定得现实可执行，别老想着颠覆。一个市场别人领先了很多年，一个后来者凭什么颠覆人家？有何德能可以弯道超车？对于后来者，先在市场上立足活下来是第一步，然后才有机会谈颠覆。

长期目标的设定，要仰望星空，必须考虑情怀；越是近期的目标，越要脚踏实地，要盯着市场情况、竞争情况以及自身优势等因素。

第二步：打法。

目标设定后，最重要的是寻找打法，找不到可行打法的目标是不可能达成的。为了实现结果性目标，需要完成哪几个驱动性目标，需要从哪几个方面努力？每个方面需要分几个阶段？每个阶段需要做什么？这就是我们俗称的打法。

例如，战略目标：解放全中国。打法：政治、军事、经济、统一战线等多个维度展开工作，齐头并进。军事上，要打三个战役，第一个战役是辽沈战役，辽沈战役的打法，是围住沈阳和长春，先打下锦州，关门打狗；打下锦州的打法是必须守住塔山……

企业的经营与战争是同样道理，目标固然重要，打法更重要，找不到打法，就必须更改目标。

每个企业都希望取代微信、支付宝，做出微信和支付宝一样的产品并不难，难的是找不到可以取代它们的打法，所以，就不能把超越它们作为企业的战略目标。打法是有正确和错误，以及高水平和低水平之分的。错误的打法必然失败，正确的打法能否成功要取决于资源、执行能力，甚至运气等因素；正确而低水平的打法很可能失败，正确而高水平的打法大概率能够成功，没有正确、高水平的打法，实现战略目标就是一句口号。

第三步：资源。

目标有了、打法有了，还要看资源是否支持选定的打法。不是所有的打法都适应所有的人，要考虑自己的资源，资源不匹配的打法同样必败。

打法必须和资源相匹配，如果资源不支持打法，就要换一种打法；如果打法换了不支持原有目标，就要修改目标。

李云龙攻打平安县城，没有安排主攻方向。说东南西北四个方向都是主攻，是因为他手里有上万人的部队，如果没有这么多部队，当然不能使用这种打法，要么游击战，要么从一个方向集中兵力偷袭；另外，如果李云龙有飞机大炮，我相信他还有其他更好的打法来迅速拿下县城。

企业经营的资源，核心是三个：人、财、物，即人才、资金、产品和技术。其中人是第一位重要的资源。

人，核心是一把手，其次是关键人才。如果独立团选择四路进攻，就需要有四个合格的营长带领四个营从四面攻打，如果只有三个合格的营长，采取四面进攻的方式就会出问题，因为没有合格的营长的那个营大概率会打败仗，一路的失败很可能牵一发而动全身，导致其他三路也失败；如果人的资源不支持，就必须更换思路和进攻的打法，例如三路进攻；如果三路进攻打不下县城，就要研究有没有别的打法，如果实在找不到打法，就必须更改打下平安县城的这个目标。

因为人的资源不足导致失败在企业里非常常见，企业原来做得很好，C轮融资后开始全国市场扩张，最后乱套了甚至倒闭了。原因很简单，企业储备的领导很有限，企业只在一地经营时，领导是够的，当设立五六个分公司时，没有五六个合格的分公司总经理，于是有的分公司就出问题了，进而连带整个公司陷入困境。

资金是企业重要的资源，当年滴滴一个月烧15亿人民币补贴用户，一方面使得共享汽车订单量飞涨，另一方面也使得微信和支付宝扫码支付交易量飞涨，但绝不是每个企业都可以使用这样的方式扩张的，这样的打法是需要"钱"来支持的。如果能融到这么多的资金，并且烧光了之后还能融到，就可以采取这种打法。如果融不到这么多钱，或者不能保证持续融到资，就不能采取这样的打法。

产品和技术同样是企业的重要资源，如果没有相应的技术，就做不出相应的产品，没有产品，企业是绝对无法达成经营目标的。例如想要超越苹果手机，就必须做出比苹果手机还好的手机以及生态环境，然后才有资格谈超越。无数的现实证明，即便在人、财、物都具备的情况下，后来者向领先者发起挑战，成功的概率也不到三分之一，而且付出的代价要比领先者当年付出的代价多几倍。

企业经营的打法，不是只有企业自己做这一条路，至少还有四种打法：

·员工内部创业。

·按照风险投资的模式选择市场上不错的公司投资。

·与市场上做得好的公司合资。

·并购市场上做得好的公司。

如果能够综合使用以上四种打法并与自己做相结合，一定可以设计出更好的打法，来实现企业做大做强的目标，遗憾的是，很多企业并不明白这个道理。

具体选择哪一种打法或者打法的组合，是由企业拥有的资源决定的。如果企业人才济济，当然可以考虑更多地自己做或者是让员工内部创业，因为领军人物是资源中最核心的资源，人对了，方向和路线就会对，方向和路线对了，资源是可以争取的，甚至缺一些资源也是可以克服的；但是如果企业没有足够的领军人物，就必须更多地采用风险投资、合资和并购等方式来扩张。

任何时候，资源都不会自己送上门，一把手必须竭尽全力去寻找资源和争取资源。

第四步：激励。

没有配套激励措施的战略都是耍流氓。

一个战略目标必须配合一套打法，一套打法必须配合一个领军人物，以及一个激励计划。

激励并非只有物质激励，还有精神激励和信仰的力量。一些伟大的事业，更重要的是精神激励以及信仰的力量的激励，但必须要有物质激励。这是由世界的本质和人性决定的。我们生存的这个世界，是物质的世界，物质是生存和生活所必需的。天上不可能掉馅饼，所以每个人都必须去争取物质，这就决定了，没有物质激励的事情，不可能有人长期坚持去做。

企业是由人组成的，每个人都希望收入更多、职位更高、更有前途。从企业角度，企业的发展成果是由员工创造的，也应该和员工一起分享。

拉卡拉五行文化五大价值观中的"分享"，企业与员工的分享，就是激励。激励必须奖优罚劣，把80%的激励给予那创造了80%绩效的20%的人，才是真正的公平。

民营企业，"穷"得只剩下机制了，若不能创造一个公平有力的激励体系，如何参与市场竞争？因此，所有的战略，都必须配备一个激励体系。任何人都需要激励，包括创始人自己。

三、定战略是一个权衡利弊、做出取舍的匹配过程

定战略的过程，首先是勾画出一个心仪的战略目标，然后去寻找实现目标的打法，设计通过哪几个路径、哪几个阶段去实现目标。找到了打法，再看我们能够调动的人、财、物的资源是否支持这个打法。如果人、财、物的资源中有任何一个资源不支持这个打法，就要调整打法。如果调整了打法无法实现预设的目标，就要去调整目标……如此反复，最终做到目标、打法和资源三个要素达到最佳匹配，即在可获得资源的前提下，尽可能选择正确而高明的打法，达成尽可能高的目标，最后形成一套目标、打法、资源和激励的组合。

这件事只能是一把手一个人关起门来去做，班子成员和股东会给出很多的建议，投资人会给出很多的希望，团队会给出很多的主意，但是最终必须由一把手一个人静下来去想，综合考虑包括个人的三观、企业文化等所有因素之后，权衡利弊、做出取舍，匹配出一套目标、打法、资源和激励的组合。

有一部电影《12勇士》，讲的是美国海豹突击队接上级任务去阿富汗北部消灭塔利班武装，这件事是苏联十几万大军打了几年都没有完成的事，美国选了12个战士，即12勇士就完成了。

飞机把这12个人运到阿富汗的北部，找到了一个跟美国人合作的军阀，那个军阀大概有几百人，这12个人表示要在21天之内消灭北部的塔利班，军阀认为就凭12个人是不可能的，但是最后真的做到了。因为这12个人统计了军阀人数，发邮件回总部，飞机立刻就把相应的装备，包括枪支、弹药和武器给投递过来了。他们找到塔利班后，测定坐标，用GPS定位，把信号发

回去，在三万米高空用 B-52 轰炸机投掷炸弹，哪个地方遇到敌军进攻，就呼叫空中支援，马上就有无人机投掷炸弹。最终，这12个人率领阿富汗合作的军阀在 21 天内把北部两个城市的塔利班消灭了。

当然，整个过程要比这个故事复杂得多，但核心道理是一样的。12 勇士创造的打法和奇迹，是因为有强大的资源支撑，例如12 位训练有素的全能战士、GPS 作战系统、无人机系统和 B-52系统等，只有具备这样的资源才能采用这样的打法。抗日战争时，八路军因为枪少，没有大炮，没有重武器，只能选用游击战的打法，但同样生存下来了，还取得了很多胜利。

做企业同样如此，企业的成败最终并不完全取决于资源，而是取决于一把手的战略能力以及企业的执行能力。

一把手最重要的事就是要把目标、打法、资源、激励这四个要素琢磨清楚，选择正确的组合，在市场需要、自己的特长和爱好三者之间去寻求平衡，选定目标，然后，在目标、打法、资源和激励方面寻求最佳匹配，形成一个正确而高明的战略。

四、执行战略与定战略同样重要

任何战略在执行过程之中都不可能是一帆风顺的，最常见的是两种情况。一种情况是被过程带着走了，前进路上发现了很多新的诱惑，而且是看起来很美的诱惑。这时候我们很可能会自觉不自觉地忘记我们的既定战略，进入对新的诱惑、新的方向的追逐过程之中。另一种情况是遇到了沟壑，过不去了，我们也会不自觉地怀疑战略是否正确，疑惑战略是否应该调整或者放弃。这两种做法都是极其错误的，也是很多企业失败的主要原因。

领军人物不仅要善于定战略，还必须善于坚持战略。制定战略时要认真和慎重，三思而后定，但是，一旦确定了战略就要坚持，不管遇到多大的困难都不要动摇，很多的失败不是因为战略错误，而是因为没有坚持战略。执行战略必须坚决，要不撞南墙不回头，撞了南墙也不回头，要有用头撞破南墙穿过去闯出一条路来的信念才能成功。

很多人认为战略制定了之后，在执行中要不断复盘并根据情况变化不断调整。这种说法看似正确，但是极容易让人误入歧途。我的看法是，任何一个公司定战略都是非常严肃认真的事儿，所以绝对不能轻易怀疑战略，必须坚持战略，这是第一原则。第二原则是要根据战略执行中的情况调整战略，但是要调整的是打法，以及实现打法的打法，而非调整战略目标。

任何一种打法，在执行过程中都会遇到困难和问题，既定的计划未必能够行得通，必须在执行过程中调整做法，以便让既定的打法可行；如果最终找不到让既定的打法可行的方法，就要调整打法，找到实现目标的新打法。例如原计划的打法是乘飞机去，但是直飞飞机取消了，这时候要调整的不是不去了，而是要研究是改乘中转的飞机呢，还是改乘高铁或者开车去。

一旦定了战略就要坚决执行，不允许用执行中的困难质疑战略的正确性。

世界上就没有一蹴而就的事，越大的事越难，越重要的事越难，执行战略当然难上加难。一个非常重要的合作伙伴，怎么可能打个电话就达成合作？一个五年的战略规划，怎么可能一帆风顺？

遇到困难是常态，也是正常情况，但这并不能说明战略是错误的。

坚持战略就是要在执行中找到实现战略的方法，以及找到实现战略方法的方法。

战略不能轻易动摇，既然是花了那么多心思反反复复推敲确定下来的，怎么可以因为碰到一个困难就推翻？下属的岗位职责是找到解决问题达成战略目标的路径，而非用解决不了问题来质疑战略的正确性。

坚持战略和定战略同样重要。战略在执行过程中遇到挑战是正常的，遇到诱惑是不可避免的。在漫长的持久战中，能够在面对前进道路上一个又一个的诱惑以及挫折时依然坚持战略，这是能否成功的关键。

领军人物要有坚持战略的决心；高管要领会战略意图并将战略翻译为下级可执行的行动计划；中层要坚决执行，要有一种"死磕"的信念。空谈误国，制定战略是领军人物的事；除了领会战略意图外，高层应该少谈战略；中层以下应该免谈战略，大家的使命是找到办法落实打法来执行战略，达成战略目标。

战略执行过程之中必须及时复盘，但复盘的目的不是修正战略，而是检查我们的执行有没有偏离战略，以及怎么样才能让打法更可行以及怎么样才能达成既定战略目标。

关于中层领导该不该谈战略，一种思路认为不需要，坚决做好自己环节的执行就可以了，考虑战略是一把手的事，班子的责任是统一认识并分工落实战略，中层领导以下的职责是做好本职工作；另一种思路认为，应该让全员理解战略，全员对战略每加深一分理解，战斗力就强大一分，据说网飞公司就是这种思路。

我个人倾向于第一种思路，或者说，二者只能选一的话，我选一。如果可以兼顾的话，我选一兼顾二，同时坚决防止基层领导因为关注战略而影响本职工作。

▲ 第四节　经营三要素之三：带队伍

企业规模到一定程度，管理就是管人，通过管人来管理。

企业管理分为三个阶段：

第一个阶段，亲力亲为。创业之初，公司只有十几个人，管理就是一把手亲力亲为。千万别把自己真当什么总经理，你就是一个干活儿的，既是产品经理，又是行政经理，还得是销售经理、市场经理；别摆出我是头儿的架子，然后组个团队，让 A 负责这个，让 B 负责那个。这个阶段一切都必须自己亲力亲为，把别人当助手用，否则一定达不成结果。

第二个阶段，身先士卒。不要喊"给我上"，必须是"跟我冲"，不能只负责运筹帷幄，还必须带队冲锋，而且哪里战斗最艰苦就必须亲自负责哪里的战斗。请记住，创业初期，一把手解决不了的问题，公司一般解决不了，一把手不懂的问题一定无法授权给别人负责。初创公司，没有产品，一把手就要冲在做产品第一线，亲自担任产品经理；产品做出来了，不知道怎么卖，一把手就要冲在卖产品第一线，亲自担任市场经理，非如此不能成功。

第三个阶段，保驾护航。公司大到一定规模，一把手的角色就必须调整为保驾护航，让每个方向上都成为下属一把手的舞台，每个舞台上都应该有一个身先士卒或者亲力亲为的一把手在领军，你为他们保驾护航。这个阶段你的任务变成了：帮助他们控方向，帮助他们做协调、做后援，随时准备出手解决他们解决不了的问题。

拉卡拉现在就处于这个管理阶段，所以公司越发展我越轻闲，但是我的大脑更忙了，因为每时每刻我的大脑都在复盘体系内所有的重大事情，总结经验和教训；每时每刻都在不断努力去预见未来，关注未来的机会以及威胁；每时每刻都在考虑建班子、定战略、带队伍三件事，这是一个保驾护航者终极需要担负的职责。

任何管理阶段，一把手都有一个共同的职责：带队伍。只有带队伍才能铸造一支铁军，只有拥有了一支铁军才能战无不胜。

一、什么是带队伍

所谓带队伍，就是招兵和练兵，把一群散兵游勇、性格各异的人捏合成一支具有共同价值观、令行禁止、进退有据的队伍，以便带领这支队伍攻无不克，战无不胜。

赢得胜利要靠铁军，招之能来，来之能战，战之能胜。任何一个时代，欲统天下，必先治军，不论是戚继光的"戚家军"，还是袁世凯在天津小站练的"新军"，抑或是孙中山办黄埔军校打造的国民革命军，中国共产党办的抗日军政大学，都是各自取得战争胜利的基础。

在战场上，打胜仗靠的不是某个人而是一支队伍，而且只能是自己的队伍，没有人能依靠雇佣军获得最终的胜利。打造一支铁军是革命胜利的前提，企业经营也一样。

不要幻想外来的和尚会念经，外来和尚不可能会念你的经，自己一手创办起来的企业只有自己最了解，只有自己的队伍最了解。创业公司不要花大价钱请所谓的专家加盟，这是非常危险的做法，真正了解企业，对企业怀有感情的是我们自己的队伍，一定要相信自己的队伍，既然我们的队伍已经打了很多胜仗帮助企业走到今天，就要相信他们能够帮助企业走向明天。

相信和依赖自己的队伍并不是要故步自封，也不意味着我们不要引入新人。一个组织要发展就必须不断引入新人，但一定要清楚引入新人是对我们队伍的补充而非替代，引入的新人必须要融入队伍，做到这一点，要靠"带队伍"。

带队伍要达成三个目标：一是让队伍有共同的目标；二是让队伍有基本的纪律，能够令行禁止；三是让队伍学会打仗，掌握各种战斗技能。

军队是最有战斗力的组织。一支十人的军队可以战胜握有武器的百人平民百姓，军队和平民最大的差别是什么？有三点：

首先，军队有共同的使命和愿景。每支军队在建立的时候都有使命和愿景，有的国家的军队称国防军，因为他们军队的使命是保卫国家，我们国家的军队称人民解放军，因为我们的使命是解放全中国。共同的使命和愿景，是军队具有战斗力的核心原因之一。

其次，军队是令行禁止的。所有人入伍后被告知的第一件事就是服从命令听指挥，命令前进就得冲，哪怕是枪林弹雨；命令撤退就得撤，哪怕正杀得兴起。而平民不是这样，说前进，总有人站起来问你为什么要前进；说撤退，总有人跳出来说不行，还是不撤为好。

最后，军队中的每个战士都是掌握作战技术的。知道进攻的时候，应该用什么样的队形和姿势；撤退的时候，应该怎样去打掩护，所以才有战斗力，而平民做任何事都是想怎么做就怎么做。

志同道合、令行禁止和掌握战斗技能，是军队和散兵游勇的核心差别，也是优秀企业和一般企业之间的差别，有的企业，像军队；有的企业，像平民，其差别就在于有没有企业文化。

一个企业，如果有了企业文化，就如同军队一样招之能来、来之能战、战之能胜；如果没有企业文化，就如同散兵游勇一样，一盘散沙。

要警惕队伍中的"聪明人"，一支队伍的战斗力不是由队伍中最聪明的那些人决定的，而是由一群志同道合、令行禁止以及掌握战斗技能的人决定的。相反，队伍中的个别"聪明人"有时会成为队伍中的危险分子。他们总认为自己聪明，所以贯彻领导指示之前总要评估一下领导对不对，往往不会去理解领导的意图而是沉湎于自己的小聪明，登山时他们总想抄近路，行动时他们总想去守株待兔，随时可能脱离预定位置让同事踏空。带队伍的过程，就是要不断去除队伍中的所谓"聪明人"的过程，让所有成员用一个频道思考和行动。

联想对新员工有一个"入模子"课程，拉卡拉有内部的青城班，华为、富士康等公司也有类似的课程，其目的都是让员工形成统一的思想和行为规范，形成基本的战斗力。

带队伍是一把手的三大核心职责（建班子、定战略、带队伍）之一，最好的带队伍方式是用企业文化带队伍，企业文化是让80%的人在80%的情况下达到80分的唯一方法。

二、如何带队伍

带出一支铁军，要做好三件事：招兵、练兵和用兵。做企业，最好的做法是围绕五行文化来展开这三件事，用使命、愿景和价值观来招兵，用十二条令、管事四步法和管人四步法来练兵，用经营三要素来用兵。

第一步：招兵。

选择对的人，不一定有才能就是对的人，适合的，符合企业文化的才是对的人。网飞公司的说法是"只招成年人"，柳传志先生提出的是员工要有责任心、中层领导要有上进心、核心高管要有事业心，都是选人的标准。我在拉卡拉提出的是"三有人才"，有态度、有能力、有素质的人是我们的选人标准，一共3×3九项指标。员工、中层领导、核心高管，级别越高，要求具备的项目和每个项目的具备程度就越高，领军人才还必须具备"三好人才"标准。

选对了兵，后面的练兵和用兵就有了基础。江山易改本性难移，人选错了，很难培养和使用。选人的核心，是有态度、有能力、有素质，态度决定参与权，能力决定话语权，素质决定分红权。

大学的同班同学，入学成绩相同，四年大学所学课程相同、老师相同、成绩相似，应该说毕业时大家是在同一起跑线上，但是工作几年之后差距开始显现，大概十年之后境况会天差地别，原因何在？我认为固然有运气的因素，但根子上是态度差别所致，是把工作当作自己最重要的事还是当一天和尚撞一天钟？是拿多少钱干多少事还是把工作当作品一定要体现自己的最高水平？这种态度差异是造成人和人成就差异的核心原因，当然认知水平和学习能力也是非常重要的原因。

选人的前提是有标准，按照标准选人，是选对人的前提，在拉卡拉，"三有"是我们选择领导的标准，"三好"是我们选择领军人物的标准，建议大家也可以直接照搬这两个标准。

但是也要清醒地认识到，企业里绝大多数人，打工只是谋生的手段而已，要承认这个前提，并且在这个前提的基础上设计企业的管理制度。对这些人而言，遵守企业的基本纪律，认同企业的愿景、使命、核心价值观就可以了，不要期望过高，当然，如果有人超出期望，那是意外之喜，但不能把超出期望作为管理的前提假设。

企业里出现的大部分问题，其实都不是人的能力问题，而是态度问题，核心是责任心。如果能够把企业的事当作家里的事来办，工作中出现的大部分问题都不会出现。

拉卡拉找人时会关注的四个小窍门：

·请行家介绍同行。

·相信"味道"。

不是一家人不进一家门，不可以只让人力资源部门帮助招人，用人单位的一把手一定要亲自见，哪怕只见十分钟也是有效的，只有亲自见才能感受出对方是否符合我们的企业文化，对方是否是同类人。

·履历调查不可省。

避免录用有"前科"（在此前的单位有不良表现）的人，即便一个漏网之鱼对企业的危害也是巨大的。

·宽进严转。

不要用静态的眼光试图寻找"严丝合缝"的人，理论上没有这样的人，要在赛马中识马，对于基本上符合要求的人不妨先大胆录用，然后在试用期严格考核，尤其关注其是否有能力（解决问题、有亮点、业绩好）。必须在试用期确认一个人是否胜任，而且应该有点苛刻地用放大镜来确认，不胜任坚决不通过试用期。请一定相信，一个人如果三个月不出亮点，就是没有能力，再给三年时间也不会出亮点，有能力的人给点阳光就会灿烂，没有能力的人给再多机会也不会出成绩。

带队伍的四件事。

在企业中带队伍，核心是围绕五行文化的五个模块来展开，具体而言，要从以下四个方面入手：

1. 建立共同的使命、愿景、价值观（五行文化的使命、愿景、价值观模块）

这是企业文化的核心，也是队伍凝聚力的基础。

一支具有相同的使命、愿景、价值观的部队是最有战斗力的。靠价值观取胜的企业，很像是金庸小说之中的全真教武功，白驼山的武功剑走偏锋，弟子修习的时候，前二十年进境极快；而全真教是名门正派，讲究打基础，所以前二十年白驼山弟子的武功要高于全真教。但是二十年后，全真教的进境神速，三十年后白驼山连望其项背都难了。不择手段冲业绩挣钱的企业，也许可以逞威风于一时，但是长跑下来，是不可能跑过坚持价值观的企业的。

2. 建立纪律（五行文化的十二条令模块）

令行禁止，这是部队战斗力的基础。

3. 训练战斗技能（五行文化的管事四步法模块、管人四步法模块、经营三要素模块）

方法论，是让80%的人做到80分的唯一方法。方法论是思考问题和解决问题的方法，如果一个组织的所有成员都按照共同的方法论行事，就如同大家在一个频道上交流，在一个水平上工作，战斗力自然倍增。

军队的方法论很多，小到单兵战术，诸如如何射击、如何隐蔽、如何相互掩护；大到战斗战术，诸如"一点两面三三制""三种情况三种打法""四慢一快"等等。拉卡拉五行文化中的管事四步法、管人四步法是领导管事和管人的方法论，经营三要素是一把手经营公司的方法论。

4. 建立组织结构和指挥体系

一支队伍还必须建立起组织结构，保证序列清晰，组织结构就是分工和指挥体系，保证指挥关系清晰。

组织结构的核心是：事有专岗、岗有专人、人有专才、才有 KPI。

部门必须要根据公司的业务特点以及经营重心来设置，要兼顾三个问题：

第一要合并同类项。把性质同类的业务置于一个部门管理之下，以确保业务的完整性，同时确保每个部门都对结果负责。如果一个部门只对过程负责不对结果负责，该部门不但会走向官僚主义和低效率，而且必然会影响总体目标的达成。

第二要明确部门性质。公司的部门按照性质可以分为前台、中台和后台。如果更细致，可以分为销售部门、市场部门、行政部门、技术部门、运营部门等。每个部门性质不同，所需的人才也不同，工作方法不同，考核的 KPI 也不同，每个部门的性质都要明确，KPI 和管理方法要与部门的性质一致。如果将销售部门的 KPI 设成行政部门的 KPI，或者将市场人才放到销售部门之中，结果都不可能好。

第三是销售优先。任何一个公司，销售都应该是核心的部门，再好的产品如果不能销售给用户也是没有价值的。如果一个公司不具备销售能力或者达不成销售目标，就不可能生存，所以待遇要向销售部门倾斜，销售部门的激励也要更加采取按劳分配、论功行赏的政策，营造人人愿意到销售部，人人竭尽全力多销售的氛围。

汇报关系是组织结构中的重要问题，谁对谁汇报，谁归谁管理，直接决定了组织的效率和效果。组织结构需要根据公司战略的变化不断调整，结构不合适，就会导致职责不清，互相推诿，效率低下。目前看，扁平化的指挥体系，把业务链条的上下游编为一个小组（例如将产品、研发、推广的负责人编为一个项目组，一起开发和运营产品）的模式，是效率最高的，最适应互联网时代特征的工作方式。

第二步：练兵。

新兵不训练就送上战场不可能打胜仗，只能是炮灰。企业必须抓内部培训，让队伍不断成长唯一的办法是建立学习型组织，持续培训，以及通过复盘、理规范等形式自我学习。

知道学习以及会学习是人最大的能力。唯一能让我们不落于人后的方法就是学习，唯一能让我们超越别人的方法就是比别人更努力地学习。

新员工入职，要有入职培训，企业要加强企业历史、企业文化、员工守则等方面的培训和教育，这是磨刀不误砍柴工的事。

除了新员工入职培训，还应该持续进行各种专项培训。拉卡拉设有组织部，专门管领导，同时设有培训部门，开设有青城班（中层领导培训）、昆仑班（高级领导培训）、星火班（培训企业文化讲师）等等。对员工培训上的每一分投入，都将获得几倍的回报；对员工培训上的缺失，一定会给企业带来巨大的显性和隐性损失。

员工培训，分为两部分：管理培训和专业技能培训。对于管理培训，我的观点是，坚决不要迷信外部所谓的专业培训机构，主要还是靠企业自己组织实施，因为最好的企业管理是用企业文化管公司，所以最好的企业内训是紧紧围绕自己的企业文化进行培训。除非要做专业技能方面的培训，否则不要请外部人员来培训，因为外来的和尚念的不是你的经。至于送领导上商学院，更是不可取，一来商学院教的东西与你的企业文化并不匹配；二来有些商学院水平实在不敢恭维，要么守着多年前国内外教授的著作来教学，不适合企业现状，要么是培训的老师全无创业和企业管理经验；三来现在有些商学院的学风不大好，定力不够的学员很容易坠入到攀比财富、靠关系速成等坑里。

拉卡拉的管理内训，就是学习五行文化每个模块的理论、方法论和工具，效果很好。

第三步：用兵。

军事上的用兵，即打仗，核心是精兵强将、指挥得当、三军用命；企业经营上的用兵，即达成企业经营目标，核心是三点：建班子、定战略、带队伍。

企业按照"三有人才"招人，用五行文化中的使命、愿景、价值观和十二条令练兵，即可练成精兵。

在精兵基础上，践行五行文化中的管人四步法、管事四步法和经营三要素，即是强将。

按照五行文化中经营三要素，建班子、定战略和带队伍，制定战略和执行战略，即是指挥得当。

带队伍有各种各样的风格，有人喜欢天天跟队伍打成一片，称兄道弟；有人喜欢胡萝卜加大棒，用五行文化带队伍。在我看来，后者的效果是最好的，因为这是被很多公司的经营和管理实践证明了的。

▲ 第五节 经营三要素总结

经营三要素，是企业经营的"三条最高总结"，企业经营的过程，就是这三要素不断循环反复螺旋式上升的过程。

没有班子，建班子；班子不合适，调整班子；班子建好了，定战略；战略有问题，调整战略；定完战略，带领队伍执行战略；队伍有问题，抓队伍建设……如此循环反复。

如何在自己的企业导入经营三要素？

一把手和班子，按照下面的表格自我检查：

项目	问题	是	否	情况说明	改进计划、责任人、完成时间
建班子	N 级一把手是否胜任？				
	N 级班子成员是否胜任？				
	N-1 一把手是否胜任？				
	N-1 班子成员是否胜任？				
定战略	目标是否有问题？				
	打法是否支持目标？				
	是否在正确的方向上以及进度如何？				
	资源是否支持打法和目标？				
	激励政策是否 ok？				
带队伍	使命、愿景、价值观是否宣传到位？				
	十二条令的执行情况				
	管事四步法是否事事僵化在用？				
	管人四步法是否月月在考评？				
	N-1 领导是否都"三有"：有态度、有能力、有素质？				
	各级一把手是否都"三好"：好品德、好才华、好心态？				

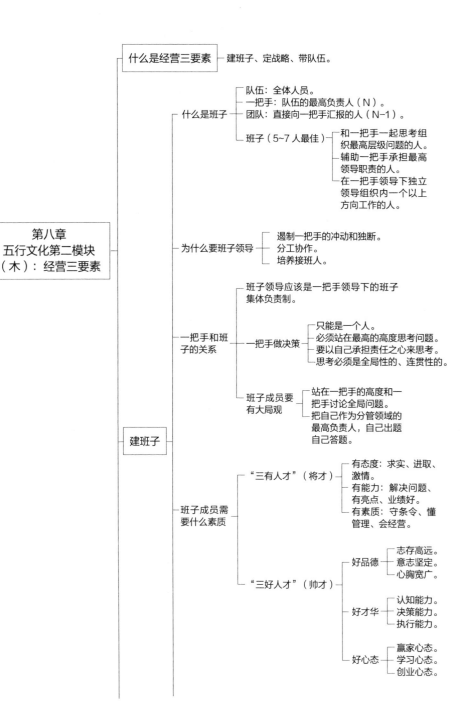

第八章
五行文化第二模块
（木）：经营三要素

什么是经营三要素 —— 建班子、定战略、带队伍。

什么是班子
- 队伍：全体人员。
- 一把手：队伍的最高负责人（N）。
- 团队：直接向一把手汇报的人（N-1）。
- 班子（5~7人最佳）
  - 和一把手一起思考组织最高层级问题的人。
  - 辅助一把手承担最高领导职责的人。
  - 在一把手领导下独立领导组织内一个以上方向工作的人。

为什么要班子领导
- 遏制一把手的冲动和独断。
- 分工协作。
- 培养接班人。

建班子

一把手和班子的关系
- 班子领导应该是一把手领导下的班子集体负责制。
- 一把手做决策
  - 只能是一个人。
  - 必须站在最高的高度思考问题。
  - 要以自己承担责任之心来思考。
  - 思考必须是全局性的、连贯性的。
- 班子成员要有大局观
  - 站在一把手的高度和一把手讨论全局问题。
  - 把自己作为分管领域的最高负责人，自己出题自己答题。

班子成员需要什么素质
- "三有人才"（将才）
  - 有态度：求实、进取、激情。
  - 有能力：解决问题、有亮点、业绩好。
  - 有素质：守条令、懂管理、会经营。
- "三好人才"（帅才）
  - 好品德
    - 志存高远。
    - 意志坚定。
    - 心胸宽广。
  - 好才华
    - 认知能力。
    - 决策能力。
    - 执行能力。
  - 好心态
    - 赢家心态。
    - 学习心态。
    - 创业心态。

定战略

班子分工的原则
- 一把手管战略和人力资源。
- 班子成员分工横纵结合，既分管垂直部门，也分管总部部门。
- 一把手最好不要兼管垂直业务线。

如何建班子
- 定核心。
- 选对人。
- 塑文化，核心是沟通机制和决策机制。
- 建机制。

什么是战略？
- 作战的方略，即确定目标是什么，如何实现目标，资源怎么调配，怎么激励。
- 战略需要资源保障
  - 人力。
  - 物力。
  - 财力。

成功是瞄着打的结果
- 想击中目标就必须瞄着打，想成功就必须制定正确的战略并执行到位。
- 定战略是一个确定我们不做什么的过程
  - 没有合适领军人物的项目不做。
  - 没有下决心死磕的项目不做。
  - 不掌握主动权的项目不做。
  - 无法复制的项目不做。

战略有对与错之分和平庸与高明之分。为企业制定正确而高明的战略是一把手的首要岗位职责。

定战略有方法
- 联想的战略七步法
  - 第一步：设定愿景。
  - 第二步：设定战略目标。
  - 第三步：制定战略路线。
  - 第四步：确定领军人物。
  - 第五步：战术分解。
  - 第六步：确定组织结构及预算。
  - 第七步：考核激励和调整。
- 拉卡拉战略四步法
  - 第一步：目标
  - 第二步：打法
  - 第三步：资源-企业经营的打法
    - 自己做。
    - 员工内部创业。
    - 按照风险投资的模式选择市场上不错的公司投资。
    - 与市场上做得好的公司合资。
    - 并购市场上做得好的公司。
  - 第四步：激励

定战略是一个权衡利弊、做出取舍的匹配过程。

执行战略与定战略同样重要
- 原则
  - 坚决不能轻易怀疑战略，必须坚持战略。
  - 要根据战略执行中的情况调整打法以及实现打法的打法而非调整战略目标。
- 如何执行战略
  - 领军人物要有坚持战略的决心。
  - 高管要领会战略意图并将战略翻译为下级可执行的行动计划。
  - 中层要坚决执行，要有一种"死磕"的信念。
- 战略执行过程中要及时复盘，以检查执行有没有偏离战略，以及怎样才能让打法更可行，达成既定战略目标。
- 不同层级关于战略的分工
  - 一把手考虑战略。
  - 班子的责任是统一认识并分工落实战略。
  - 中层领导以下的职责是做好本职工作。

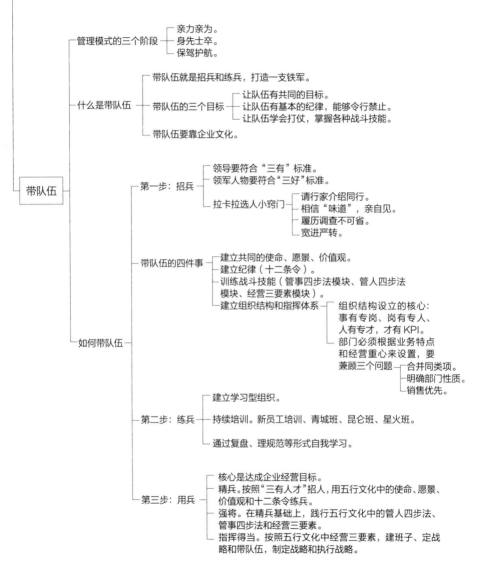

带队伍

├─ 管理模式的三个阶段 ─┬─ 亲力亲为。
│   ├─ 身先士卒。
│   └─ 保驾护航。
│
├─ 什么是带队伍 ─┬─ 带队伍就是招兵和练兵，打造一支铁军。
│   ├─ 带队伍的三个目标 ─┬─ 让队伍有共同的目标。
│   │   ├─ 让队伍有基本的纪律，能够令行禁止。
│   │   └─ 让队伍学会打仗，掌握各种战斗技能。
│   └─ 带队伍要靠企业文化。
│
└─ 如何带队伍 ─┬─ 第一步：招兵 ─┬─ 领导要符合"三有"标准。
               │   ├─ 领军人物要符合"三好"标准。
               │   └─ 拉卡拉选人小窍门 ─┬─ 请行家介绍同行。
               │   ├─ 相信"味道"，亲自见。
               │   ├─ 履历调查不可省。
               │   └─ 宽进严转。
               │
               ├─ 带队伍的四件事 ─┬─ 建立共同的使命、愿景、价值观。
               │   ├─ 建立纪律（十二条令）。
               │   ├─ 训练战斗技能（管事四步法模块、管人四步法
               │   │ 模块、经营三要素模块）。
               │   └─ 建立组织结构和指挥体系 ─┬─ 组织结构设立的核心：
               │   │ 事有专岗、岗有专人、
               │   │ 人有专才，才有 KPI。
               │   └─ 部门必须根据业务特点
               │   和经营重心来设置，要
               │   兼顾三个问题 ─┬─ 合并同类项。
               │   ├─ 明确部门性质。
               │   └─ 销售优先。
               │
               ├─ 第二步：练兵 ─┬─ 建立学习型组织。
               │   ├─ 持续培训。新员工培训、青城班、昆仑班、星火班。
               │   └─ 通过复盘、理规范等形式自我学习。
               │
               └─ 第三步：用兵 ─┬─ 核心是达成企业经营目标。
                                ├─ 精兵。按照"三有人才"招人，用五行文化中的使命、愿景、
                                │ 价值观和十二条令练兵。
                                ├─ 强将。在精兵基础上，践行五行文化中的管人四步法、
                                │ 管事四步法和经营三要素。
                                └─ 指挥得当。按照五行文化中经营三要素，建班子、定战
                                   略和带队伍，制定战略和执行战略。

五行文化第三模块（水）：管事四步法

有人做事井井有条，有人眉毛胡子一把抓；有人做什么成什么，有人即使手上握着一把好牌也打得稀巴烂，这种差别，表面上看是人的能力差别，本质上，是有没有掌握管事的方法论的差别。

如何管理项目，如何做事情，这些都是有方法的。管事四步法，是我在拉卡拉提出的管事的方法论，简单粗暴、直接有效。

▲ 第一节 什么是管事四步法

管事四步法是我在长期经营实践中整理总结出来的管事方法论：先问目的，再做推演，亲手打样，及时复盘。

这不是世界上唯一的管事方法论，也不是唯一有效的，但在我看来却是最简单的，掌握好、用好足以解决管事的问题。

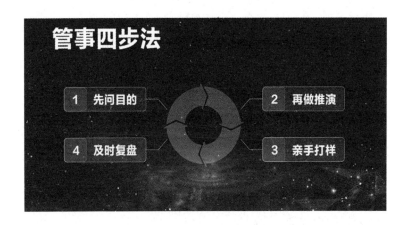

▲ 第二节　管事四步法第一步：先问目的

这个世界上，很多人做事的目的性很不清晰，他们会因为大家都在考 TOEFL，于是自己也跟着去考 TOEFL；因为大家都忙着恋爱，自己也去忙着恋爱；因为大家都想考公务员，自己也去考公务员；因为大家都攒钱买房，自己也就攒钱买房……很多人做事情，其实都是随大流而已。实际上，最精彩的人生，是活成自己想活的样子。

活成自己想活的样子，先要想清楚自己想要活成什么样子，其本质，是想清楚自己活着的目的，以及做每一件事的目的。

一、什么是先问目的

先问目的，是管事四步法的第一步。

所谓先问目的，即决定做任何事情之前，都要先搞清楚自己做此事的真正目的是什么，然后再决定做不做，以及怎么做。

不是遇到什么事就做什么事的，也不是能做什么事就应该做什么事的，更不能随随便便就开始做一件事情……

做事不是目的，做对的事才是目的；做不是目的，做成才是目的；出发不是目的，到达才是目的。

我认为，如果把目的都问清楚了，我们每个人以及我们的部门、公司正在做的事情，至少有一半是可以不做的，震惊吧？可事实就是如此。

想想看，如果我们只需要做目前一半的事情，是不是会轻松很多？是不是可以做得更好？

原则上，可做可不做的事情都不应该做，只有必须要做的事情以及应该做的事情才应该做。

建议大家，对于所有的事情，都先默认"不做"，然后再去找必须要做或者应该做的理由，如果找到了，再决定做，否则就选择不做。

问清楚目的，不仅可以让我们放弃那些可做可不做的事，也有助于帮助我们把事情做对并做得更好。同样的事情，目的不同，做法完全不同。

以现在火热的"造车"为例。恒大、小米、百度、华为、360，还有很多企业都宣布要"造车"，他们都想清楚自己造车的真正目的是什么了吗？是多元化，还是为了推高公司的市值？造车真能达成他们的核心目的吗？我看很多人没有想清楚。

每一件事情、每一种结果都有多种收获，关键是要搞清楚自己想要的是哪一种收获，这种收获是不是自己必须要的或者应该要的。只有想清楚事情的核心目的，才知道该不该做，以及如果做的话怎么做。

事关根本利益、价值观以及主战场胜负的事情是必须做的，反之则是可做可不做的。原则上，可做可不做的都不应该做。

二、为什么要先问目的

所有的成功，都必须具备两点：第一是做对的事情，第二是把事情做对。

做对的事情的前提是，做成事情带来的收获对自己的核心目标有本质性帮助。凡是有助于核心目标达成的事情，都是对的事情；凡是无助于核心目标达成的事情，都是不对的事情。

做事之前，"先问目的"很重要，原因有三个：

1. 搞清楚事情的结果

这个世界是因果世界，做任何一件事情都是因，有因就会有果，所以，做任何事情之前，一定要先想清楚结果是什么。

绝大多数人都是戴着有色眼镜看世界，所以，对于事情的结果总会有一些一厢情愿的看法，很多时候都是基于此做的决定，最终事与愿违。任何一件事情都会有不止一个果，不要以为每个果都对自己有利无害就去做，我们需要的是解决好核心问题，只有对解决我们的核心问题有价值的事才是该做的。

当然，还有一类事情是我们应该做的，就是别人需要我们帮忙，只要这种帮忙不会损害我们的核心利益，并且不会带给我们恶果，就一定要做。

2. 做减法

有的事是我们想做，但是不应该做的；有的事是我们可以做，但是不应该做的；有的事是我们会做，但是不应该做的。

我们的任务，就是放弃那些我们不应该做的事，集中精力做我们应该做的事并且做好。

先问目的，可以让我们看清楚这件事是不是"事关主战场胜负"。如果是，就做；如果不是，就放弃。

在决定做不做一件事之前，除了要想清楚自己想不想做、该不该做之外，还要评估自己的优势和胜算。一定要选择自己擅长的事情去做。

3. 把事情做对

目的不同，做法不同。同样是旅行，如果目的是观光，行程就应该是每天三个地方，上车睡觉下车照相；如果目的是深入体验，就应该选择一个地方住下来，然后随心所欲地享受旅行；如果目的是探险，选择的目的地就应该是深山大川……

公司每年都会开年会，但是每年的目的也不尽相同。有时需要展望未来，有时需要壮士断腕，有时需要怀旧，目的不同，年会的形式与方法也完全不同。如果不先问清楚会议的目的，就会按照错误的方式组织会议，完全不可能达成预期目标。

领导交办的事情抓紧落实固然重要，但在开始行动之前，先想清楚领导要求的目的更重要，想不清楚就去问领导，直到搞清楚为止。不要想当然，这是落实好的前提。

三、如何问清楚目的

问目的，可以通过三个问题来问清楚：真实性、必要性和可行性。

第一个问题，真实性。

我们真正期待此事带给我们的结果是什么？

任何一件事情，都会有多个结果，决定做之前应该搞清楚我们真正期待此事带给我们的结果是什么，并且确认。如果此事做成功，真的能够带给我们这种结果，就可以做。

我读大三时，很多同学都开始背单词，准备 TOEFL 考试，我也买了几本 TOEFL 词汇的书开始背，但很快就放弃了。因为我问了自己几个问题：

·背单词、考 TOEFL，我期待的结果是什么？答案是：出国留学。

·我人生期待的结果是什么？答案是：想活成自己想要的样子。

我的人生观是，人生是一次体验，虽然不能拓展生命的长度，但是我要最大限度地拓展生命的广度和深度，我不想要一种二十岁就知道六十岁是什么样子的生活。

结论：出国留学能"活成自己想要的样子"吗？答案是：不能。

所以，我把辅导书籍分送同学，告别了"考托"大军。毕业后，我留在了国内，先后创办了多家企业，活成了今天的样子。时至今日，我对自己最满意的一件事就是活成了自己想活的样子，也充分证明了当年我所做选择的正确性。

第二个问题，必要性。

此事的结果有利于我们完成核心目标吗？

决定战争胜负的是决战而非那些无关痛痒的战斗，能够让我们达成目标的是核心业务的成功而非辅助业务的红火。

做事情之前，必须想清楚，此事带给我们的结果，是否会影响我们主战场的胜负。

如果正面想不清楚，也可以反想一下：此事如果不做会怎么样？会影响我们主战场的成败吗？

前一阵，社群卖菜突然火起来了，各大互联网平台纷纷跑步进场，给出各种补贴，公司也有人建议要进入，我就问他们，加入战团，我们期待的结果是什么？是多元化扩张、蹭热点，还是借机推广拉卡拉支付？如果拉卡拉不加入会怎么样？答案是，不会怎么样。

如果不做也不会怎么样的事情，都不要做。集中精力专注在必须做，甚至不得不做的事情上，把事情做好。

胜利从来都是因为打赢了关键决战，而非参与或者打胜了多少可以不打的战斗。

第三个问题，可行性。

此事成功的可能性有多大？代价有多大？

必须放弃那些成功概率很低的事情。

战斗的目的是打赢而不是战斗本身。战场上，投入到没有获胜机会的战斗中是愚蠢的，伟大的军事家从来都是"胜而战之"而不是"战而胜之"。进入一个没有获胜机会的市场是愚蠢的，事情一定要有相当的把握才值得做。

另一个问题，做此事我们的代价有多大？

任何一件事情都有机会成本，为了 A 事情，在同样的时间我们就必须放弃 B、C、D 等所有其他的事情，B、C、D 就是做 A 这件事情的机会成本。

还是以那个考 TOEFL 的事为例。如果选择了出国，大学的后三年时间就必须放弃很多事，比如听讲座、看课外书、参加社会活动等，把全部时间花在背单词、做卷子等应考准备上。如果是这样，还选择这条路吗？

企业经营，研发每个产品都意味着占用研发资源和资金，也就意味着要放弃一些其他的产品，所以，必须把做每个产品的目的问清楚，然后做出选择。

真实性、必要性、可行性这三个问题问下来，相信我们基本上可以把应不应该做一件事情想得比较清楚了。这时候不论结论是做还是不做，都是对的选择。

如果凡事都"先问清楚目的"，至少有一半的事情我们会选择放弃不做，那些不是我们想做的、不是我们擅长做的、与我们的主目标无关的事情，都是我们应该选择不做的。

▲ 第三节　管事四步法第二步：再做推演

管事四步法的第一步是"先问目的"，决定做不做以及应该如何做。如果决定了要做，第二步并不是马上就行动，而是要先做一个计划，然后对计划进行深入的推敲和演练。

俗话说，不打无准备之仗。必须谋定而后动，先要做出可行的计划才可能成功，计划包括目标、打法、资源、激励四大要素，四大要素彼此之间必须匹配。

如果找不到实现目标的打法，就必须修改目标；如果资源不支撑打法，就必须修改打法；如果修改了打法无法实现目标，就必须修改目标……

即便有了切合实际的计划，能不能执行到位也是一个巨大的挑战，因为社会科学不是自然科学，所有的事情都不是静态不变的，也不是 1+1 永远等于 2 的。环境瞬息万变、对手也在随机应变，如果计划的执行者没有强大的掌控力和随机应变力，再好的计划也不一定可以实现。所以，制订计划之后，不能直接进入实施阶段，必须先进行推演。

一、什么是推演

推演，源于军事术语"沙盘推演"，将战场的地形做成沙盘，把敌我双方的部署和态势在沙盘上摆放出来，然后模拟我方计划如何进攻，设想敌方如何防守，我方如何应对。

推演，即推敲和演练计划的可行性，模拟演练计划的执行过程。通过推敲，把计划执行中的所有细节确定下来，并分析论证能否达成预期的结果。

拉卡拉管事四步法中的"再做推演"，指的是通过画蓝图、横分解、纵分步、配资源、胜负手五个环节对工作计划进行测算、论证和调整。

推演是我们完善计划，保证计划尽可能接地气、可执行的重要手段，经得住推演的计划，才可以进入实施阶段。

二、为什么要做推演

沙盘上推演不出来的胜利，实战中一定打不出来；Excel 表上计算不出来的利润，经营中一定赚不到。更何况即便模拟演练可以达成的计划，放到实战中也未必能够达成。

具体而言，推演的目的有三个：

1. 细化计划的执行方案

计划一般比较粗线条，推演是计划的模拟执行，如果不把每个打法的具体措施都设定出来是无法推演下去的，推演的过程就是计划细化再细化、分解再分解的过程。

2. 论证计划的可行性

军事上，是在沙盘上模拟我军怎么攻，敌军怎么守；敌军怎么攻，我军怎么防。

在拉卡拉，我设计了推演五步法，按照五个步骤，企业内方方面面的人员坐在一起，把每个步骤的具体结果写出来，PK 和讨论。

拉卡拉的推演五步法相当科学，原则上，把每个步骤的表格填写完毕，根据常识和逻辑基本上计划的可行性就可以看出来，加上参与人员从各个岗位、各个维度的质疑，不可行的计划基本上"原形毕露"。

关键是，任何计划实施前都不能省略"再做推演"这一步，磨刀不误砍柴工，用推演五步法 PK 过的计划，绝对可以避免不可行计划的实施，可以避免企业跌大跟头。

3. 修改和完善计划

推演的过程最终是一个完善计划的过程，把推演中发现的问题都改正过来，把推演中发现的空白点都补上，把计划中自相矛盾的地方、不切实际的地方都调整到位，最终形成的是一个"经得起"推演的可行计划。

三、拉卡拉的推演五步法

既然推演如此重要，那计划应该如何推演呢？

在拉卡拉，我提出了推演五步法，只要按照步骤一步一步答题，即可完成推演。

这五步是：画蓝图、横分解、纵分步、配资源、胜负手。

1. 画蓝图

所谓画蓝图，就是对要达成的目标进行精确描述，以便确保所有人对目标的理解是一致的，确保大家追求的是同一个目标。

实际工作中，经常到末期才发现，上级心中的目标和下级心中的目标是两个，例如上级认为目标是"销售回款额"，下级认为目标是"销售签约额"，懂销售的人都知道，这两个数额之间的差距可不是一点半点，差出 30% 是常事，而且，后者可以作假，前者不可能作假。如果初期就发现理解不一致，很可能就不会发生末期的严重偏差了。

蓝图就如同建筑效果图，一栋大楼开始建之前就要画好效果图，以便确保所有人对建成之后是什么样子，外观颜色、造型如何、有几层高等都理解一致，没有歧义。

具体而言，不论是企业的经营计划，还是某个产品的市场计划，都是可以而且必须用数字描述。所谓的画蓝图就是对可以量化的目标用精准定义的数字表述，对不可以量化的目标用多个维度尽可能准确描述。如果大家对描述没有分歧，说明大家对目标的理解一致，如果有分歧，一定要搞清楚分歧在哪里，并且进一步完善对目标的描述，直到没有人有分歧，画蓝图才算完成。

2. 横分解

所谓横分解，就是准备通过哪几种方式来实现目标，即目标可以分解为几个子目标。每一个子目标承担总目标的百分之多少，然后透过同比和环比，来审视这种分解的合理性，如果没有历史数据，就定性分析这种分解的合理性。

以公司年度收入目标的横分解为例：

·产品维度横分解：公司有几个产品？每个产品的年度收入是多少？去年是多少？增长率是多少？然后重点要说清楚并且得到大家认可，增长的原因是什么？这些原因靠谱吗？过去的一个月实现了计划的增长吗？如果没实现为什么？有什么办法保证以后能够实现计划？等等。

·渠道维度分解：公司的销售渠道有几个？每个渠道的年度收入是多少？分解到月是多少？依次类推，根据环比和同比的增长率、增长的原因，以及原因是否可信等，对计划进行质疑。

一个目标，如果 Excel 表上的横分解都分解不出来，都无法自圆其说，显然该目标是不可能完成的目标。

例如：

	前年	去年	去年/前年增长率	今年计划	今年/去年增长率	增长原因1	增长原因2	增长原因3
年收入								
产品1								
产品2								
新产品								
产品合计								

（续表）

渠道1							
渠道2							
新渠道							
渠道合计							

3. 纵分步

所谓纵分步，即完成结果性目标及各个驱动性目标的步骤和时间轴。罗马不是一天建成的，所有的目标，不管是结果性目标还是驱动性目标，都是分阶段实现的。

还以公司的经营计划为例。公司年度收入目标的达成是由每个季度每个月的收入组成的，如果每个月的收入最理想情况下也达不到年度收入目标，说明公司的年度收入目标设定得不切实际，需要调整。

横分解和纵分步的时候一定要推演到最底层，才能推演出计划是否切合实际。例如，每月的收入是由哪些产品带来的？每个产品分别带来多少？这些产品目前都已经投放市场了吗？预计销售数量的订单我们已经下给工厂了吗？工厂的产能足够吗？我们下订单的提前量足够吗？工厂能够按期生产出来吗？以上这些问题，如果有任何一个达不到，很可能意味着每月的收入是达不到的，如果每月的收入达不到预期计划，基本上就意味着该产品线的年度收入是达不到预期计划的，也就意味着整个公司的年度收入计划是不切实际的。

这些状况是实际工作中非常常见的。例如计划年度销售100万台，而实际上工厂根本就没有100万台的产能，各个销售渠道的销量加起来根本做不到100万台……这种事情比比皆是，可见有太多的计划都是从计划确定的那一天就注定是不可能实现的。而推演，就是让我们看清楚计划是否可行的一个最有效工具。

纵分步时一定要注意防止执行人搞鸵鸟策略，将问题后移，即把目标的实现都分解到期末。例如全年四个季度的销量分解，原则上最低限度也必须是 1:2:3:4，如果分解为 1:1:1:7，就是典型的鸵鸟策略，不可能达成。

对横分解和纵分步的推演，首先，要依据历史数据，数据的显著变化有措施保证才可能实现，措施是因，数据是果，没有任何措施不可能有显著变化的结果；其次，要依据逻辑、常识，凡事不合逻辑必有问题，超越常识就是骗局。

还以年度收入目标为例。如果横分解后，某个产品线的年度收入比上一年要增长 300%，但既没有推出新产品，也没有发现新的销售方法，也没有其他合理的变化，那就是不合逻辑，必然有问题。

推演，必须求甚解，刨根问底搞清楚到底能不能实现、如何实现。如果历史数据显示，该产品的销售规律四个季度占比是 1:2:3:4，而纵分步的推演是四个季度平均分配，或者是 1:1:1:7，就是不靠谱的。

以公司年度收入目标的纵分步为例：

·产品维度纵分步：公司有几个产品？每个产品的收入分解到每月是多少？每月收入占年度收入比例是多少？与历史数据一致吗？如果不一致，就要重点说明原因是什么？原因合理吗？去年同月是多少？今年要增长多少？增长的原因是什么？这些原因大家相信吗？过去的一个月实现了计划的增长吗？如果没实现，为什么？有什么办法保证以后能够实现计划？等等。

·渠道维度纵分步：公司的销售渠道有几个？每个渠道分解到每月是多少？每月占年度收入比是多少？与历史数据一致吗？如果不一致，原因是什么？原因合理吗？

一个目标，如果 Excel 表上的纵分步都分解不出来，都无法自圆其说，显然该目标是不可能完成的目标。

例如：

		一月	二月	三月	……	十二月	合计
年收入	2021 年						
	2020 年						
	同比增长率						
产品 1	2021 年						
	2020 年						
	同比增长率						
产品 2	2021 年						
	2020 年						
	同比增长率						
渠道 1							
渠道 2							

4. 配资源

所谓配资源，即为目标和打法配备相应的人、财、物的资源，企业中的人、财、物的资源即人才、资金，以及技术、产品、交付能力等。

俗话说，打仗打的是后勤和资金。所有结果性目标的实现都是需要资源支撑的，任何一个经营计划，都需要有关键人才、资金，以及技术、产品和交付能力等的支持才能实现。

如果想兵分三路就必须有三个能够独当一面的一把手，否则哪一路没有合格的一把手，哪一路就可能兵败如山倒，进而影响到全局的成败；如果想打一场立体战争就必须有飞机、大炮、航空母舰和充足的资金。

推演时，配资源的过程是我们再次检视计划是否切合实际的过程：如果人、财、物资源任何一方面不支持，就必须调整横分解和纵分步，如果这些调整影响了打法就必须调整打法，如果调整打法影响了目标就必须调整目标，否则计划就是水中月、镜中花，不可能实现的。

竞争对手开始大规模补贴，如果我们也想跟进，要看公司的资金以及融资能力是否支持，如果不支持，就不能跟进；如果不跟进就无法达成目标，就必须调整目标。如果公司的资金足，融资能力强，能够跟进，还要看有没有合适的领军人物和队伍，以及有没有可以与竞争对手抗衡的产品，各方面条件缺一不可。

5. 胜负手

所谓胜负手，即决定计划能否成功的关键点，可能是新产品、融资、获得牌照，以及领军人才等等。

每个计划，都必须搞清楚胜负手是什么，胜负手的可行性是计划可行性的基础，如果一个计划的胜负手达成的可能性低于

50%，则看起来再完美的计划也是不靠谱的计划。

一把手必须清楚计划中的胜负手是什么，并且必须亲自动手，至少要亲自紧盯胜负手的落实情况。

俗语说，万事俱备，只欠东风。胜负手就类似于"东风"，虽然不是成功的充分条件，却是成功的必要条件，有了东风未必能够打赢赤壁之战，但没有东风肯定无法"火烧连营"，也无法打赢赤壁之战。

一个计划，如果胜负手要受制于人，成功的概率就会大大降低；如果胜负手是自主、可控的，成功就是大概率事件。

执行一个不可能实现的计划，必然是支出和投入按计划完成，收入无法按计划完成，结果必然是巨额亏损。

推演，就是对计划的反复论证，意义重大，必须认真对待。历史上，凡是我们没有进行认真推演就开始实施的项目，最终都是一地鸡毛，所以，现在在拉卡拉，推演已经成为我们做年度计划，以及产品推广计划必不可少的、非常有效的武器。

沙盘上推演不出来的胜利，实战中一定打不出来；计算器计算不出来的利润，市场上一定挣不来。为了实战的胜利，我们需要在开始一件事之前，磨刀不误砍柴工，拿出时间认真做一做推演，把我们的计划打磨得更加切合实际。经过推演，被验证为成立的计划，是不是就应该马上开始执行了？

答案是否定的。

即便是推演成功的计划，执行之前，也必须经过管事四步法的第三步：亲手打样。

▲ 第四节　管事四步法第三步：亲手打样

管事四步法，第一步先问目的，第二步再做推演，第三步亲手打样。

一、什么是亲手打样

打样，即树立样板。所谓亲手打样，即一把手亲自做试点，树立一个成功的样板，以便下属可以照方抓药，复制推广。

电视剧《人间正道是沧桑》中，董建昌和杨老先生讲他如何带兵，"我做你看，你做我看，讲评；我再做你再看，你再做我再看，讲评，你再做"，"我做你看"的过程就是亲手打样。

企业经营上，不论是新产品还是市场推广计划，或者是管理制度和流程，都不要一上来就全面实施，而是要先找一个小的、有代表性的事件，由一把手亲自试点，测试一下，验证一下，看是否可行以及效果如何，并据此总结出操作手册，然后再大规模复制推广，这就是亲手打样。

二、为什么要打样

打样是管事四步法中非常重要的一步，任何方案都必须先打样才能开始复制，未打样成功的方案不可以进行推广。打样分三个步骤：

1. 验证方案

再缜密的计划，即便经过推演论证，与实战还是有很大差距，所谓"枪声一响，预案作废"，沙盘上推演出来的胜利与实战胜利之间隔着不止一座大山，如果直接按照推演过的计划开始大规模推广，风险极大。

如何能够验证计划在实战中是否可行？如何降低计划大规模推广时的风险？办法只有一个：试点。

试点是对经得住推演的计划在小范围内的一次实战验证，看计划所设计的方式方法在实战下是否可行与有效，并且对不可行之处以及效果不理想之处进行修改、调整。

试点的过程既是一个验证计划的过程，也是一个完善计划的过程，一把手亲自主持试点，才能发现计划方案中的不足，及时纠偏、止损。尤其是试点中一定会遇到新问题、新难点，能不能解决这些问题和难点是试点成功的关键，如果不是一把手亲自出马，从认知能力到解决问题的能力再到调动资源的能力都是其他人做不到的。

一把手不亲自试点，任由水平不如自己的人摸索前行，不但是时间上的浪费，很可能造成一种两难境地：原本一把手亲自出马可以走得通的试点方案，由于下属的认知水平、执行能力、资源调动能力甚至态度问题，变成了走不通，此时一把手应该如何抉择？是相信此路不通？还是自己亲自重新试点？

这就是我强调一把手要亲手打样的核心原因。

2. 形成模式

如果总结出规定动作，形成操作手册，执行的难度将大大降低，并且有步骤可以遵循，有数据可以参照，很容易进行快速复制。

反之，如果需要每个人做自选动作，自己发挥，执行难度是极高的，大概率是只有极少数的人可以达成目标，绝大多数人都会像"无头苍蝇"一样误打误撞，不可能成功。

试点的目的，就是验证计划是否可行，如果可行，将计划完善为标准动作，作为规定动作，要求大家坚决执行。

3. 得出数据

试点成功了，就有了样板市场，也就有了数据，知道每一个步骤，应该投入多少人、财、物，会得到多少转化率，等等。让大家的工作有了目标和依据。

榜样的力量是无穷的，再加上试点得出的数据，我们就可以坚定地要求：总部的指示，理解的要执行，不理解的更要执行，在执行中加深理解。一旦执行中遇到问题，我们也就非常清楚问题出在哪里：不是总部方案的问题，而是执行中的问题。

试点对于市场营销工作尤其重要，要做全国市场，先选择一个区域市场进行试点，测试方案是否有效，把计划进一步细化和完善，得出数据，形成样板后再向全国复制推广。

为什么一把手要亲手打样？

打样是为大部队找方向，找出路，打样成功之前，大部队只能在原地等待、原地消耗资源，最明智的做法是一把手亲自打样。

原因很简单，既然大部队都在等待，既然打样是非常高难度的事情，如果不是水平最高的人出马如何能够增加成功概率？

虽然打样是对已经经得住推演的方案进行验证，但过程依然是一个巨大的挑战。任何方案在实施过程中都会遇到计划时没有预见到的问题，需要随机应变解决问题。

如果方案是向东，但是向东的路上有山有水有沟有坎，就必须有人逢山开路、遇水搭桥，如果能够开辟出道路、搭起桥梁，此路就走得通，否则此路就是走不通的。而能否开辟出道路以及能否搭得起桥梁，和打样负责人的认知水平、执行能力，以及资源调动能力都密切相关。只有一把手亲自负责打样，才是组织中的最高水平以及对资源的最大调动能力，才最有可能把对的事做成。

打样是为了验证我们的方案是可行的，而非验证我们的方案是错的。打样是为了把我们认为最可能走通的路走通，路上必然有各种艰难险阻，必然可能遇到走不通的地方，试点的使命是找到方法把该路走通，而不是遇到艰难险阻就宣布此路不通。

如果不是一把手亲自负责而是派出下属去打样，就有可能被"庸医所误"，让低层级的人把明明可以走通的路变成了走不通，从而让整个队伍继续无所适从。

打样的核心原则是一把手亲自打样，如果让下属去打样，是对下属的不负责、对公司的不负责，更是对市场机会的不负责。

虽然我非常反对一把手事必躬亲，但需要一把手亲自动手的事情必须由一把手亲自动手，例如打样、商务谈判的第一轮等等。

商务谈判，第一次谈一定要争取双方尽可能高的负责人亲自面对面，因为只有双方高层负责人才了解己方战略，才有决策权，双方的见面可以迅速判断是否有合作点。如果有，迅速定下调子，这是效率最高也是唯一正确的方法。如果双方高层级的负责人不出马，任由双方低层级的人员在低水平问题上谈来谈去，就是浪费时间与资源，就是本质上的不负责任。

打样，是给大部队找方向，没有方向，纵有千斤力气也无从发力，只有确认方向，大部队才能开始行动并且发力。

为组织寻找下一步发力的方向和方法，是一把手最核心的任务，任何时候打样，一把手都应该亲自、马上动手。

三、如何打样

有四个步骤：

1. 推敲方案

试点，不是试错，而是试对。

试点，不是拎起来一个方案就去试，如果不行再换一个方案。而是先做深入的分析，找出最有可能成功的方法，集中全部力量设计出最可能可行的方案，然后再开始试点，在试点中解决执行中遇到的困难，修订方案，最终得出可行的方案。

2. 选对样本

试点，样本的选择至关重要，必须选择有代表性的样本进行试点，得出的结论才有普遍意义。如果样本选择错误，得出的结论必然不是普遍适用的，一旦大规模复制，后果不堪设想。

如果是选择城市试点，既不能选择京沪广深，也不能选择一个小县城，应该选择有代表性的城市。如果产品的市场主要是一线城市，就在省会之中选择一个经济发达程度以及人口处于中流偏上的城市；如果产品的主要市场是三四线城市，就在三四线城市之中选择有普遍代表性的城市试点。

如果是选择人群试点，必须选择目标客户人群试点。如果目标客户是中年女性，但是试点选择的是青年女性，试点结果不但没有正向意义，还会根本性地误导决策。

3. 得出数据

试点时，要关注数据，要得出各个环节投入的数据、产出的数据、投入产出比的数据等等。

只有拥有数据，复制推广时才有标准，有方向。

我在主持商务通全中文掌上手写电脑的推广打样时，我们不但得出了每个城市应该投放什么样的广告、在什么时间、播出多少次、每次多少分钟、价格应该是多少，而且计算出了每个城市，如果按照我们打样的方法去做，每个月应该销售多少台产品，精确到了个位数，将之命名为"理论销量"。然后告知代理商，没有做到，不是方法有问题，而是你们的执行有问题，要改进执行直至做到。最后，所有的城市都做到了理论销量。

这就是非常经典的打样。

4. 形成模式

成功打样的输出的结果是一套简洁明了的打法，一套用三条就能说清楚，懂了就知道怎么做的打法。

打样的核心目的，是通过试点，找到成功的方法，并总结出可以复制的、标准的操作步骤以及每个步骤应该达成的标准数据，形成操作手册，让任何人都可以据此复制成功。

大厨水平再高，一个大厨一次也只能做一桌饭，如果想同时做出十桌、一百桌饭菜，就必须有十个、百个厨师同时做饭菜，如何能够让十个、百个厨师都做出和大厨一样水平的饭菜呢？只有一个办法，就是大厨把自己做饭做菜的方法和心得写成菜谱，标明：原材料是什么，每种原材料分量多少，切成什么形状，做菜的时候，先放什么后放什么，火候要多久，何时添加调料，添加什么添加多少。有了菜谱，任何厨师都可以做出和大厨一样的饭菜。

打样之后，就要坚决复制推广。

打样的目的是复制推广，打样只是工作的开始不是结束，一旦打样成功，就要坚决复制推广。

打样，开始要快。只有打样成功才能推广，否则大部队只能原地等待，所以打样开始必须要快。

打样，过程要慢。因为打样的结果要大规模复制，一旦总结出来的打法有偏差，将导致全局蒙受损失甚至失败，所以在试点过程中，对于数据要"精雕细琢"，确保是正常情况而非特例，是通用性的结果而非个别案例，核心是确保结果可复制。即按照总结出来的打法去做，可以复制相同的结果和数据，这样的打法才是可复制的打法。过程中，任何不确定的事情，都要反复搞清楚，容不得一点点水分。

复制，要快要坚决。既然打样已经成功了，复制的时候就不允许执行者说三道四，对于成功打样的方法，不允许有任何怀疑和迟疑。

对于要复制推广的方法，理解的要执行，不理解的更要执行，在执行中加深理解。

▲　第五节　管事四步法第四步：及时复盘

一、什么是复盘

复盘是围棋术语，棋手下完棋后大多会对下过的棋进行研究、切磋，研究棋局中关键招式的得失、是否存在其他选择、每种选择的利弊，以便总结经验、教学和规律，提高棋力。

围棋选手的棋力提升大多源于复盘和打谱，通过研究自己下过的精彩棋局以及研究前人经典的棋谱来学习。

复盘，是动态校正路线的方法，也是自我学习和团队学习的有效方式。把复盘用于企业经营管理是柳传志先生最先提出来的，指通过对已经发生的事情进行回顾，总结得失、总结经验教训，从而掌握规律和方法，以便更好地达成终极目标，或者再次发生同类事情时更好地处理。

二、为什么要复盘

复盘的好处很多，核心有以下三点：

1. 复盘是一个动态校正路线的过程

复盘时对照目标结果，回顾过程之中的情景，进行得失分析，最后进行规律总结。这个过程，是一个让我们对照终极目标来审视和校正自己路径的过程。

行军打仗，最怕方向和路线错误。方向错误，再努力也到达不了目的地；路线错误，就会徒增到达目的地过程中的困难和险阻，甚至困难会大到让我们到达不了目的地。

而复盘，就如同行军过程中不断检查 GPS，校正自己的轨迹是否在正确的航线上。

战略执行过程中，每到一个阶段性的时间点，都应该进行一次复盘。

2. 复盘是最有效的自我学习方式

除了吃喝拉撒睡和哭泣之外，没有什么是人天生就会的，都是后天通过学习学会的。做企业也一样，没有人天生就会当总裁当董事长，都是后天学习学会的。这个世界上最厉害的人是爱学习、会学习的人。

学习，有三种方式：向书本学、向先进学，以及向自己学。而向自己学，核心方式就是复盘。

通过对自己的经验和教训进行总结，掌握事物的原理和规律，是最好的学习方式。

3. 复盘是总结规律、经验分享的最高效方式

复盘时，所有相关的人一起对照目标结果，回顾过程，进行得失分析和规律总结，这是一个最好的相互学习的过程，对每个人都是一个自我提升的机会。

而且，复盘总结出来的规律，对于后来者再进行类似的事情时，是一个"菜谱"一样的行动指南，也是一个组织最好的知识传承，可以最大限度地帮助后来者进步。

三、什么事需要复盘

复盘，分为小复盘、中复盘和大复盘。

小复盘：每做完一件事情，都可以快速回顾一下事情的经过以及有哪些地方做得不好、应该如何改进？每天睡觉前，都可以把当天经历的事情在脑子里简单回顾一下，哪些方面做得好，哪些方面做得不好，如果下次遇到同类问题，如何处理可以效果更好？也许每次只花十秒钟，但是这种复盘习惯会让人随时随地都在进步。古人所说的"吾日三省吾身"即是小复盘。

中复盘：每个项目做完，或者每个月每个季度，审视一下是否达成了目标，与目标相差多少；回顾一下过程，可以分为几个阶段，每个阶段都发生了什么；分析一下得失，哪些方面做得好，哪些方面做得不好；对规律进行总结，如果再次做同类的事情，我们应该如何做才能做得更好？下个项目或者下个月下个季度，我们有哪些可以改进的地方能让我们做得更好？

大复盘：每年，或者人生的每个阶段，我们都对照目标结果，拿出时间进行过程回顾，分析得失以及总结规律，我们就会不断提高自己的思维能力以及执行能力，同时让自己保持在正确的航线上向目标前进。

多年来，复盘已经成为拉卡拉人身上根深蒂固的一种思维和工作习惯，对我们的成长帮助非常大，对我们达成目标的作用也非常大。

四、复盘的常见误区

复盘时，常见的误区有以下五个：

1. 为了证明自己对

复盘时带有很强的防御心态，不是就事论事研究问题，而是为了证明自己对，甚至为了证明自己对而不惜歪曲事实。

人本身就带有高估自己的基因以及在回忆时选择性记忆、美化自己等倾向，如果在复盘中有人刻意为了证明自己对，将给复盘带来极大干扰。

2. 流于形式，走过场

这也是很常见的，虽然按照流程走了，但是每一步都浮皮潦草，并不深入探究。

3. 追究责任，开批斗会

尤其是关于失败的复盘，很容易陷入追加到底是谁的责任以及个人责任上，复盘会变成了批斗会和自我辩解大会。

4. 推卸责任，归罪于外

如果开成了追究责任的批斗会，很容易导致另外一个倾向，所有人一起找客观因素，把问题归罪于外部因素。

5. 快速下结论

不认真的复盘，或者陷入追究责任无法继续，又会导致另外一个误区，就是不刨根问底，快速下结论。

五、复盘的文化

有效的复盘来源于好的复盘文化。

好的复盘文化，一定是每个人都可以自由发言的、可以畅所欲言的、可以自由提问的；而且参与者应该明确，不要轻易说"不"，不要打断别人的发言，不能对别人的观点进行评论。这样的复盘氛围，才能够引导我们客观地进行得失分析和规律总结。

好的复盘文化，一定是开放心态的，每个人都能够听进去别人的不同意见；一定是正视问题的，每个人都基于事实进行讨论；一定是坦诚表达的，每个人都积极表达自己的观点而不是当听众，随大流。

六、如何复盘

复盘有方法的，在实践中，我们总结出了复盘四步法：

1. 目标结果

回顾期初我们设定的目标，对照实际达成的结果对比看，是否达成了目标？如果没有达成，差异是什么？

这就是我们为什么强调目标一定要在开始之前设定，而且应该设定得清晰无歧义，否则复盘时就无从对比目标结果。

经常复盘的人都会发现，差之毫厘，谬以千里这个成语用来形容目标的设定是再贴切不过了，目标设定得偏差一点点，执行到最后一定是差之千里。

2. 过程再现

过程再现不是流水账，按照时间轴把发生的事情罗列出来既浪费时间又没有意义，过程再现的目的，是找到"目标结果"差异的原因，应该抱着这样的目的去回顾过程。

从"目标结果"差异的角度看，过程之中应该分为哪几个阶段，转折点在哪里？发生了什么？为什么？

当然，并不是只有失败才需要复盘，胜利同样需要复盘，所以"目标结果"的差异分为正向差异和负向差异，"过程再现"就是要找到我们在哪里偏航了，或者从哪里开始走向了成功的光明大道。

3. 得失分析

得失分析的目的，是对事不是对人，是为了总结"战术原则"和"理规范"不是为了批评和表扬人。

在拉卡拉，我们尤其强调复盘不仅仅要对照业务找问题，总结战术原则和理规范，在得失分析时还必须对照文化找原因，只有这样，参加复盘的每个人才能不断改进自己的工作思路和方法，不断进步。

4. 规律总结

复盘的最后一个环节，问自己，如果此事可以重做一遍，我们应该怎么做。

凡是可以总结出规律的，我们就可以掌握和驾驭。

复盘，最重要的目的和输出结果都是：规律总结。

规律总结分两类：

一类是总结出一条或者几条"战术原则"，例如"投资时不能与项目'谈恋爱'"或者"一把手有品德缺陷绝对不可以投资"等等。

另一类是"理规范",对于类似的事情,操作步骤应该是怎样的,每一步的关键动作应该是什么,例如"管事四步法""公司诊断四步法"等等。

复盘,是一个人人都可以掌握,使用了就可以从中受益的学习工具,你值得拥有和使用。

▲ 第六节 管事四步法总结

拉卡拉管事四步法:先问目的、再做推演、亲手打样、及时复盘,是我们思考事情和解决问题的方法。

凡是我们遵照执行的时候,就是我们工作做得好的时候;凡是我们不遵照执行时,就是我们工作中问题频出的时候。

目前,我最欣慰的是,"推演""打样""复盘",这些词已经成为拉卡拉人的口头语,大家经常说"这个事我们还得再推演一下""找时间复个盘吧"……

说明管事四步法作为方法论已经融入了我们每个人的脑子里,我们都已经时时刻刻在应用其思考问题和解决问题了,这是我对拉卡拉的未来充满信心的根本原因。

如何在企业导入管事四步法

导入管事四步法,可以用以下步骤和表格,要求大家准确地使用,进而养成习惯:

第一步：先问目的，检查手头所有项目

列出手头目前做的所有事情，填写下表。

	理想状态下能够达成的结果是什么	这个结果是否是自己想要的	对主业的贡献大小	如果不做会怎么样	达成理想结果的代价有多大	达成理想结果的可能性有多大	按照做减法原则是否可以不做
事情1							
事情2							
事情3							

第二步：再做推演，检查上一步留下来的所有项目的推演情况

项目1：

第一步：画蓝图。

· 最大限度地描述清楚本项目要达成的目标。

· 检查上下级对目标的理解是否一致，如果不一致，列出差异点。

· 列出造成上下级对目标理解差异的原因。

· 列出上下级一致认知的目标。

第二步：横分解。

对于销量目标进行横向分解。

	老渠道1	老渠道2	老渠道3	老渠道合计	新渠道1	新渠道2	新渠道合计	总计
今年计划销量								
去年实际销量								
今年增长率								
增长原因								
增长原因合理性判断								

第三步：纵分步。

对于销量进行纵向分解，四个季度的分解比例原则上不得超过 1:2:3:4，并应遵循历史同期相对比例原则。

	1月	2月	3月	一季度合计	4月	5月	……	总计
今年计划销量								
去年实际销量								
今年增长率								
增长原因								
增长原因合理性判断								

第四步：配资源。

检查公司的资源是否能够支撑本计划：

·人力资源：是否有胜任的一把手？

·财力资源：是否有配套的资金投入？一旦项目失败，最坏的情况下，公司剩余资金有多少？是否保存有东山再起的最低限度资金？

·物力资源：项目所需的产品或者技术是否具备？

第五步：胜负手。

·完成本计划的胜负手是什么？

·谁负责？（原则上应该一把手亲自负责）

·万一达不成胜负手，备选方案是什么？

·用备选方案的情况下，最坏的结果是什么？这种结果是公司可以承受的吗？

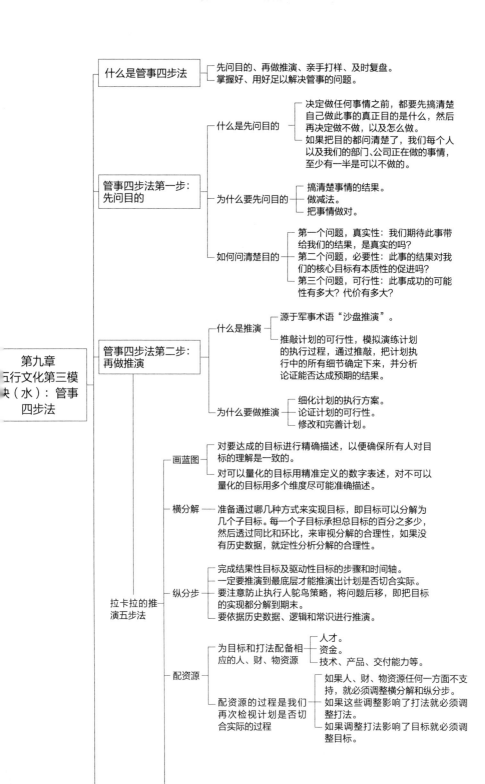

第九章 五行文化第三模块（水）：管事四步法

什么是管事四步法
- 先问目的、再做推演、亲手打样、及时复盘。
- 掌握好、用好足以解决管事的问题。

管事四步法第一步：先问目的
- 什么是先问目的
  - 决定做任何事情之前，都要先搞清楚自己做此事的真正目的是什么，然后再决定做不做，以及怎么做。
  - 如果把目的都问清楚了，我们每个人以及我们的部门、公司正在做的事情，至少有一半是可以不做的。
- 为什么要先问目的
  - 搞清楚事情的结果。
  - 做减法。
  - 把事情做对。
- 如何问清楚目的
  - 第一个问题，真实性：我们期待此事带给我们的结果，是真实的吗？
  - 第二个问题，必要性：此事的结果对我们的核心目标有本质性的促进吗？
  - 第三个问题，可行性：此事成功的可能性有多大？代价有多大？

管事四步法第二步：再做推演
- 什么是推演
  - 源于军事术语"沙盘推演"。
  - 推敲计划的可行性，模拟演练计划的执行过程，通过推敲，把计划执行中的所有细节确定下来，并分析论证能否达成预期的结果。
- 为什么要做推演
  - 细化计划的执行方案。
  - 论证计划的可行性。
  - 修改和完善计划。

拉卡拉的推演五步法
- 画蓝图
  - 对要达成的目标进行精确描述，以便确保所有人对目标的理解是一致的。
  - 对可以量化的目标用精准定义的数字表述，对不可以量化的目标用多个维度尽可能准确描述。
- 横分解
  - 准备通过哪几种方式来实现目标，即目标可以分解为几个子目标。每一个子目标承担总目标的百分之多少，然后透过同比和环比，来审视分解的合理性，如果没有历史数据，就定性分析分解的合理性。
- 纵分步
  - 完成结果性目标及驱动性目标的步骤和时间轴。
  - 一定要推演到最底层才能推演出计划是否切合实际。
  - 要注意防止执行人鸵鸟策略，将问题后移，即把目标的实现都分解到期末。
  - 要依据历史数据、逻辑和常识进行推演。
- 配资源
  - 为目标和打法配备相应的人、财、物资源
    - 人才。
    - 资金。
    - 技术、产品、交付能力等。
  - 配资源的过程是我们再次检视计划是否切合实际的过程
    - 如果人、财、物资源任何一方面不支持，就必须调整横分解和纵分步。
    - 如果这些调整影响了打法就必须调整打法。
    - 如果调整打法影响了目标就必须调整目标。

- 管事四步法第三步：亲手打样
  - 胜负手
    - 决定计划能否成功的关键点，可能是新产品、融资、获得牌照、一个领军人才等等。
    - 一把手必须清楚计划中的胜负手是什么，并且必须亲自动手，至少要亲自紧盯胜负手的落实情况。
    - 如果胜负手要受制于人，成功的概率就会大大降低；如果胜负手是自主、可控的，成功就是大概率事件。
  - 什么是亲手打样 —— 一把手亲自做试点，树立一个成功的样板，以便下属可以照方抓药，复制推广。
  - 为什么要打样
    - 验证方案。
    - 形成模式。
    - 得出数据。
  - 为什么一把手要亲手打样
    - 只有一把手亲自负责打样，才是组织中的最高水平以及对资源的最大调动能力，才最有可能把对的事做成。
    - 为组织寻找下一步发力的方向和方法，是一把手最核心的任务，任何时候打样，一把手都应该亲自、马上动手。
  - 如何打样
    - 推敲方案。
    - 选对样本。
    - 得出数据。
    - 形成模式。
  - 打样之后，就要坚决复制推广
    - 打样，开始要快，过程要慢，复制要快要坚决。
    - 对于要复制推广的方法，理解的要执行，不理解的更要执行，在执行中加深理解。

- 管事四步法第四步：及时复盘
  - 什么是复盘
    - 源自围棋术语。
    - 通过对已经发生的事情进行回顾，总结得失及经验教训，从而掌握规律和方法，以便更好地达成终极目标，或者再次发生同类事情时更好地处理。
  - 为什么要复盘
    - 复盘是一个动态校正路线的过程。
    - 复盘是最有效的自我学习方式。
    - 复盘是总结规律、经验分享的最高效方式。
  - 什么事需要复盘
    - 小复盘：每做完一件事、每天睡觉前，即吾日三省吾身。
    - 中复盘：每个项目做完，或者每个月每个季度。
    - 大复盘：每年，或者人生的每个阶段。
  - 复盘的常见误区
    - 为了证明自己对。
    - 流于形式，走过场。
    - 追究责任，开批斗会。
    - 推卸责任，归罪于外。
    - 快速下结论。
  - 复盘的文化
    - 每个人都可以自由发言、畅所欲言、自由提问。
    - 不要轻易说"不"，不要打断别人的发言，不能对别人的观点进行评论。
    - 开放心态，能够听进去别人的不同意见。
    - 正视问题，基于事实进行讨论。
    - 坦诚表达，积极表达自己的观点而不是当听众，随大流。
  - 如何复盘
    - 目标结果。
    - 过程再现。
    - 得失分析，必须对照业务找问题，对照文化找原因。
    - 规律总结
      - 战术原则。
      - 理规范。

- 如何在企业导入管事四步法
  - 第一步：先问目的，检查手头所有项目。
  - 第二步：再做推演，检查上一步留下来的所有项目的推演情况。

五行文化第四模块（火）：管人四步法

管理，分为管人和管事两个部分。

拉卡拉管事四步法是如何管事的方法论，管人四步法是如何管人的方法论，只要掌握了这两个方法论并将其作为工具，任何人都可以成为一个称职的中高层管理领导。

▲ 第一节　什么是管人四步法

管人四步法解决的是如何简单、有效地管人的问题。

管人四步法分为设目标、控进度、抓考评、理规范。这是我在长期的经营管理过程中总结出来的管人方法论，已经被拉卡拉及非常多的公司应用，证明其非常简单、有效。

管人四步法是一个循环往复的工作方法，从设目标开始，控进度、抓考评到理规范，然后再进入下一个设目标、控进度、抓考评和理规范的周期，循环往复，周而复始。

西方管理学上有个 PDCA 循环①，以色列军方也有类似的方法论，跟我自己悟出来的管人四步法大同小异，但是我提出的管人四步法更为完善，所以推荐大家直接使用。

———————

① PDCA 循环是将质量管理分为四个阶段，即 Plan（计划）、Do（执行）、Check（检查）和 Act（处理）。

▲ 第二节 管人四步法第一步：设目标

猎鸟有两种方法：一种是散弹枪打鸟，用散弹枪对着一个方向开火，打到哪个算哪个；一种是用狙击枪打鸟，不但要精确瞄准，还要讲究过程和方法，确保一颗子弹击中一只鸟。

我们做工作，当然要追求后者，前者不但浪费子弹，而且有巨大的不确定性，打着了是偶然打不到是必然，一切都得听天由命。工作的最大目标应该是追求必然性，减少不确定性，必须要瞄着打。

瞄着打的第一步，是设目标。

一、什么是设目标

所谓设目标，是指在期初为每个下属或者每个下属的项目设定清晰、可衡量、可实现的目标，并以书面形式确保上下理解一致，以此作为期末考核的依据。相关人员应以达成期初设定的目标为对自己的最低要求，并以超越该目标为自己的努力方向。

二、为什么要设目标

设目标，是管理的开始，其意义在于：

1. 有目标才能瞄着打

只有设了目标，才有了工作的方向。如果没有目标，就意味着没有方向，走到哪儿算哪儿是到达不了目的地的。即便能够到达目的地，也是瞎猫碰到死耗子，而且在乱打乱撞过程中必然会走很多弯路，造成很多资源的浪费。

先打枪再画圈不是本事，先画圈再打枪而且能够打中才是真本事。只有树立一个清晰的目标，才可能上下协同、左右协同，集中力量到达目的地。

我的经验是任何时候如果听天由命，最终一定是失望居多。赢家必备的自信、自主、自强和自嘲四个心态中，自主最重要，把命运把握在自己手里，按照自己设定的目标坚持努力，才有可能达到期望的终点。

不管是自上而下还是自下而上，管理上，要给自己设立清晰的目标，同时要给每个下属设立清晰的目标，这是管理的第一步，也是最重要的一步。

有目标就比没有目标好，哪怕是一个不够科学不够精确的目标，也能指引我们向着目标去。有些管理者，经常因为很多事情忽略了设目标，走到哪儿算哪儿；更多的时候，以为已经设定了目标，但其实经办人和管理者对目标的理解根本不一致，各有各的理解，最终导致管理者预期的目标在经办人这里根本没有设定，自然达成不了。

2. 建立自下而上的驱动型组织

组织分为两种类型：一种是自上而下驱动型，一种是自下而上驱动型。目标管理，是建立自下而上驱动型组织的基础。

期初明确为每个下属或者每个下属的项目设定清晰、可衡量、可实现的目标，并以书面形式确保上下理解一致。这样的工作方式可以强制性地做到：所有人都有目标，目标是清晰的，上下级对目标的理解是一致的。

有了明确的目标和目标管理，每个人就会向着目标去努力，而非追求过程的正确，或者追求领导的好感。

有了目标，就可以授权管理，只有授权才能最大限度地激发下级的主观能动性。授权的前提有三个：第一是被授权者是胜任的；第二是企业文化一致；第三就是目标明确，且授权者和被授权者对目标的理解一致，否则授权就是瞎授权。

目标管理的反面是过程管理，如果上级对于过程进行干预和下指令，结果只会训练出一批只会"等将令""听将令"的下属，不可能激发下属发挥自己的能力。

3. 营造公平的组织氛围

只有公平，组织才会有活力，最大的公平是按劳分配、论功行赏。做到这一切的前提是有目标和有考评。

奖惩分明才能够激励队伍，如果奖惩不清甚至是非颠倒会极大地挫伤团队的工作积极性。奖惩分明的基础是考评，依据考评结果，卓越的及时奖励，不合格的及时惩罚，才是奖惩分明。考评的前提是有目标，什么是卓越？什么是不合格？只有对照目标才能确定。如果是凭借上级的印象分拍脑门考评，这种考评还不如不考评，不公平的考评其危害甚至超过没有考评。

三、如何设目标

设目标是有方法和原则的，四个要点：SMART 原则、四个比较、符合目标四边形、防止唯 KPI 论。

1. 目标要符合 SMART 原则

目标一定要在期初开始之前设，并且要和责任人书面确认，虽然有点形式主义，但这是避免歧义以及增加重视的最有效手段。很多管理者往往忽略了这两点，认为目标大家都清楚，赶紧抓紧时间干活儿最重要，结果往往是到了期中甚至期末才发现，自己对目标的理解和下级对目标的理解有很大歧义，而这些歧义往往是最关键的东西。

道理很简单，语言是不准确的。如果不定量并且做出多维度描述，大家的理解一定不一致，在对模糊地方的理解上，人性都是按照对自己最有利的角度去理解问题的，对下级最有利的角度往往是简单的、省力气的、短期的角度，而上级期望的很可能是复杂的、费力气的、长期的角度。如果期初没有确认清楚目标，在执行中，下级一定会按照自己理解的目标执行，到了期末才发现对目标的理解有偏差已经晚了。

对于目标的设定，管理学中有一个 SMART 原则，即目标必须是：

具体的（Specific），要清晰表述，不能模棱两可，不清晰的目标还不如不设，没有目标，执行者尚可能根据自己的认知选择正确的目标，一旦设定了目标，执行者只能按目标要求去执行。

可以衡量的（Measurable），能够量化的指标必须量化，不能量化的指标必须最大限度地准确、清晰描述。

可以达到的（Attainable），目标必须是跳起脚够得着的，遥不可及的目标，执行者除了能够把投入执行到位之外，不可能达成结果，最后公司得不偿失。

与其他目标具有一定的相关性（Relevant），尤其要支持高一层目标的达成，所有的目标都必须为更上级的终极目标服务，如果不起作用，该目标就是不应该设立的。

有时间性（Time-bound），没有时间要求的目标，没有意义。

无论是制定团队的工作目标还是员工的绩效目标，都必须符合上述原则，五个原则缺一不可。

这五个原则是管理上的共识，直接遵守即可，不要问为什么。

2. 目标要做四个比较

激烈的市场竞争中，每个组织都如同逆水行舟，不进则退，如果目标不够进取，最终带来的很可能就是全局的失败。

目标一定要进取，跳起来够得着的目标才有意义，弯腰捡苹果一类的目标，不但对当事人没有任何挑战，对组织而言也是一种浪费。所以，很多公司规定，下一年的目标必须在上一年实际完成的基础上递增，这样就有效避免了那些"设定目标时打埋伏留余力的小聪明"。因为"埋伏"只能"埋伏"一年，即便今年"埋伏"得很好，设定了一个自己可以超额200%的目标，明年也没有机会再"埋伏"了，按照进取原则，明年必须在今年实际完成数的基础上增长才是明年目标的底线。

拉卡拉核心价值观第二条是进取，要求设目标时，要做好四个比较：自己与自己比，与兄弟部门比，与同行比，与自己中长期目标比。四个比较结果都要持续成长，都合适的目标，才是应该设立的目标。

设定时要力争站到上级的高度来思考，要根据上级的目标来思考自己的目标，自己的目标必须服务于上级目标。

上级的目标是下级目标的方向，如果上级的目标是向东发展，下级的目标就必须是为向东发展而努力，和上级南辕北辙的目标一定是错误的。

尽可能站在上级的高度，先尽可能地理解上级的目标，再想清楚自己的中长期目标，然后设定自己的短期目标和当期目标。

同样的道理，自己的短期目标必须为自己的长期目标服务，否则就是错误的。

对于一个企业而言，最长期的目标是企业的使命，这是我们追求的终极目标；使命之下，较长期的目标是愿景，这是我们经过较长期的艰苦努力期望达成的阶段性使命；愿景之下，是短期目标，例如三年目标、一年目标。

设目标的核心，是先想清楚长期目标再设短期目标，先想清楚大目标再设小目标，先想清楚顶层再设计底层。短期目标必须是奔着长期目标去的，小目标必须是奔着大目标去的，底层必须符合顶层设计。

这也是我多年的思维习惯，我不会在不清楚长期目标的情况下确定短期目标，不会在不清楚大目标的情况下确定小目标，不会在一件事情没有想清楚的情况下做任何细节上的决定。

虽然我们不能保证短期目标和长期目标都能想清楚，但是大轮廓大方向必须先搞清楚，要么自己想清楚，要么向上级问清楚，否则去设定自己的短期目标就是盲人摸象，纯属瞎胡闹。

3. 拉卡拉目标四边形

施拉普纳说，不知道怎么踢球时，把球往球门里踢。同样，在拉卡拉不知道该做什么，不知道该如何设目标时，就按照这四个要求来做，我们称之为拉卡拉目标四边形。

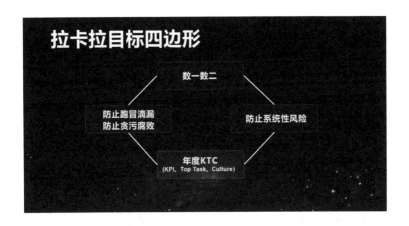

拉卡拉目标四边形的上下两边是两个正向指标，左右两边是两个反向指标。两个正向指标，一个是做到细分领域的数一数二，一个是要完成每年的年度KTC；两个反向指标，一个是防止跑冒滴漏和贪污腐败，一个是防止系统性风险。正向指标是加分项，反向指标是减分项，情况严重的是一票否决项。

拉卡拉目标四边形是一个舞台，四边是四个边界，各个一把手只能在边界之内发挥，也应该在边界之内尽情发挥。

4. 防止唯 KPI 论

目标是指挥棒，如果目标设错了或者设偏了，会引导下属们把力量用在错误的方向上，工作越努力，错误越大。而且人性是人必然为了达成目标而努力，这样的结果是轻则饮鸩止渴、杀鸡取卵，重则弄虚作假，刷单刷量。

如何在设目标时避免以上情况是一把手必须关注的事情。如果不能避免，不如不设立清晰的目标，至少还可以避免为了目标而目标。

避免短期目标主义还是有方法的，拉卡拉的 KTC 考核法，就是非常好的一种方法。

拉卡拉经营中，每个部门每个岗位的目标都由三部分组成，分别是三个 KPI、三个 Top Task、五行文化考核。满分 100 分，其中 3K3T 占 50 分，五行文化占 50 分。如果业绩好，但文化践行有问题，3K3T 会得分，五行文化可能被扣分；如果业绩不好，一定是文化践行也有问题，3K3T 会扣分，五行文化也会被扣分。

这种考核方式的核心，要求每个人不能只盯着 KPI，还必须关注对未来非常重要的重大工作，以及符合五行文化的原则。例如全员必须在工作中求实、进取、创新、协同、分享，领导必须在工作中践行管事四步法、管人四步法、经营三要素等。

当然，不同级别人员，五行文化中各模块的权重不一样。基层领导经营三要素权重低，管人四步法、管事四步法权重高，高级领导则反之，员工不考核这三个方法论，以体现不同级别岗位职责的差别。

管人四步法是一个循环往复的过程，所以设目标也是动态的。

所谓动态有两个含义：第一个含义是一个目标完成了，就要设定一个新的目标，不断前进；第二个含义是目标设定了也不应该是一成不变的，如果在执行过程中发现原定目标错误或者已经不符合形势发展的需要了，就要勇于及时调整目标，而不是抱着既定目标一条路走到"黑"，到头来达不成终极目标一起"死"。如果情况变了，还守着既定目标说事，也是不负责任。

▲ 第三节　管人四步法第二步：控进度

管人四步法的第二步是控进度，这是确保目标达成的重要手段。

设定了目标之后不能当甩手掌柜，如果想坐等到期末，下级交出达成目标的结果，我可以负责任地告诉你，结果大概率是不可能的。

所以必须层层控进度。

一、什么是控进度

所谓控进度，就是管一层看两层，时刻关注下级以及下下级的动态，确保下级保持在能够达成目标的打法上，并且进度正常没有落后。

控进度，既能掌控下级的工作进度，也能掌控自己的工作进度和结果。如果下级的工作发生了偏差或者落后于进度，自己的工作也会出现问题；如果下级的工作都在正确的打法上并且没有落后于进度，自己的工作也就一切正常。

即便是授权管理，也必须随时掌控被授权者的进度，而且还必须管一层看两层，只有看到下下级的进度，才能够确保一切尽在掌握。

如果设完目标就甩手不管，期待到了该交结果时对方自动把结果交过来，我将之称为"听天由命式管理"或者"祈祷式管理"。即只能祈祷每个下属都是尽职尽责的、能力足够的、运气非常好的，否则任何一点出了偏差，都无法等到你期望的结果。

二、为什么要控进度

我们强调控进度，而且要关注下级以及下下级的进度的核心目的，是不做听天由命的管理者，永远把整个体系能否达成目标的主动权掌握在自己手里。

具体而言，控进度的意义有以下三个，也是领导者的三大职能：

1. 控方向

控进度可以让我们随时了解下属是否在正确的航线上。正确的方向和正确的航线是达成目标的前提，没有了这个前提，越努力可能与目标越远。

在户外，如果靠 GPS 导航，核心就是每隔一小段时间检查一下是否还在正确的航线上，一旦偏差，差之毫厘，谬以千里；工作中，上级是把握方向和航线的人，也必须随时关注下属的方向和航线，每隔一段时间就检查一下，以免脱离目标。

下属经常被过程带着走，这是由其高度和视角决定的，山顶上看得一清二楚的东西，山脚下再怎么跳脚也看不到，所以山顶上的人不要抱怨山脚下的人高度不够、视角不够，这是山顶上的人的责任。某些事情，例如定方向、定航线、协调，是上级的责任而非下级的责任，如果上级不负起责任来，下级再怎么努力也负不起责任。

在拉卡拉，控进度要求管一层看两层，通过关注到下属的下属的工作，可以让上级更加清晰和及时地判断下属的工作进度，以及达成目标的可能性，从而尽可能早地预见未来。

2. 抓协同

协同，应该是每个岗位工作中必须坚持的原则，现在早已不是单打独斗的年代，需要的是彼此的配合、协同来达成目标。但是很多时候，协同不是本人能够解决的，必须依靠上级才能解决，也可以说，抓协同是上级的岗位职责。

如果上级随时关注下属的方向和航线，并且随时准备帮助协调资源、协调下属间的配合，下属能够达成目标的可能性会大大提高。

3. 做后备

控进度，管一层看两层，是为了更好地做好下属的后备。作为领导，下属如果不胜任，要帮助下属；如果还不胜任，要寻找替换者；如果找不到合适的替换者，就要自己亲自顶上，或者启动B计划。

B计划，是达成目标的有力保障，好的管理者知道任何时候都必须有B计划。

但B计划是否有效，其核心是B计划能否与A计划进行无缝衔接。没有对进度的掌控，没有对下属的下属进度的了解，即便上级有B计划也无法做到与A计划的无缝衔接。

如果要更换下属，最可能的人选是从下属的下属中产生；更换下属时，下属不配合是常见的情况，这时候，如果上级对下属的下属的状况了然于胸，下属的不配合就不会对形势产生重大影响，反而制约了下属不配合情况的发生。

导致我们达不成目标的原因很多，其中内因部分80%以上是方向和路线错误；在方向和路线正确的情况下，导致我们达不成目标的原因，80%以上是因为我们的某个或者几个下属没有达成其目标；导致下属没有达成目标的原因，80%以上是因为遇到解决不了的困难或者是下属责任心不够所致，解决这一切的一切，最后的办法是领导者自己亲自上。

三、如何控进度

如何控进度，在拉卡拉有成熟的方法论，三个要点：

1. 管一层看两层

控进度，必须管一层看两层，虽然我们直接管理的只是直接向我们汇报的人，但是我们必须清楚那些向他们汇报的人的工作情况，以便我们更好地判断直接向我们汇报的人的汇报是否真实和切合实际。

这是非常重要的管理原则，因为如果只是看一层，我们就只能根据下属的汇报来了解情况，相当于用我们下属的判断代替我们自己的判断，主动把自己的高度和水平降低到下属的高度和水平，显然是不合适的。

而且，人都有人性的弱点，例如报喜不报忧、不希望自己的下属和自己的上级建立联系屏蔽掉自己等等，如果我们管一层只是看一层，就会被这些人性的弱点所左右，让我们自己成为"聋子和瞎子"，实际成为被下属左右的"傀儡"。

拉卡拉十二条令中有一条：亲撰周报。要求每周一中午 12点以前，每个人必须把亲自用 Word 写的周报，发送给上级，抄送给上级的上级。

每个人都要亲自撰写周报，这是对上周工作的回顾及对本周工作的计划，这是一个连贯的思考，会让自己、自己的上级以及上上级及时了解工作的方方面面。同时，明确周报需要发送直接上级并抄送直接上上级，这是一种制度，有效地解决了很多组织中的"屏蔽"倾向。一般而言，很多人不愿意自己的下属和自己的上级之间有沟通，一方面担心下属给自己"点炮"，跟上级说了自己不想让上级知道的信息，另一方面有人也会担心上级对于自己下属的了解会造成自己下属的晋升机会，甚至超越自己。同时，很多人也会认为跟自己的上上级沟通是一种越级，下意识地觉得不好意思。所以，我们用制度规定，周报必须抄送上上级，很好地解决了这个问题。

这样的纪律，配合拉卡拉价值观"协同"要求的"管一层看两层"，使得我们不但可以看到直接下级的周报，还可以持续看到下下级的周报，让我们对于下级的方向和进度完全可以有自己的判断，避免了要么下级怎么说我们怎么信，要么下级怎么说我们都不信的两难境地。

人性就是，再精进的人在独自一人时也会有所懈怠，再懒散的人在领导眼皮子底下也会卖力表现。

控进度的核心是上上级要经常显示存在感，让下级感受到压力，让下下级感受到动力。

上上级显示存在感的最好方式，是经常对下下级的周报予以一定的回复，也许只是寥寥几笔，但是对所有相关人员来说，那是来自高层领导的关注、重视、鼓励或者不满。

最后，如果上级要促进需要协调的部门之间的协同，只要批阅周报并转发就可以了，简单高效。

2. 该出手时就出手

控进度，可以让上级的上级全面和清楚地了解下属的工作状态，以更高的经验和全局视角，可以更加及时地判断出下属的方向和进度是否存在问题，是否存在影响达成目标的隐患，最终目的是一个：该出手时就出手，该干预时就干预，确保目标达成。

我非常强调授权，我认为授权是加强下属主人心态的最好方法之一，同时也是把指挥权交给听得见炮声的人，让指挥更加接地气的唯一方法。但是，我反对死板地理解授权，反对明明看到下属的偏差而不出手干预，反对明明知道下属达不成目标也不出手调整。

在管理上，我的原则是：一件事情，我没想好，下属想好了，听下属的，做好了功劳是下属的，做不好责任是我的；我没想好，下属也没想好，如果我不禁止，下属可以自由发挥，做好了功劳是下属的，做不好责任是我的；我想好了，不管下属想好没想好，都要听我的，做好了功劳是下属的，做不好责任是我的。

管理，就是追求达成目标的确定性，避免因为下属没有达成目标导致自己也没有达成目标，否则就是听天由命式的管理，是对达成目标的不负责任。

控进度，就是要及早发现下属的问题。如果发现下属可能达不成目标，就要第一时间提醒，并随时准备提供帮助和支援，该出手时就出手；如果发现帮助和支援也达不成目标，就要换人；如果无法换人或者换人也无法达成目标，就得自己亲自上。总之，工作是自己的工作，是自己对自己的工作结果负责，不是下属对你的结果负责。

拉卡拉进取的价值观要求，遇到自己解决不了的问题时要竭尽全力求援，但求援必须给上级留出足够的提前量。如果只给上级留出两小时的时间，上级就是"齐天大圣"也没戏，管一层看两层，可以通过对下属的下属动态的了解，在下属没有及时求援时主动出手。

3. B 计划

任何事情都可能出现意外，一旦出现意外，就意味着进度的延迟，例如组装产品，任何一个元器件的短缺都会导致供货进度的推迟。保证进度的唯一方法就是所有的事情都按照计划如期完成，但这是不可能的，唯一的办法就是凡事都有 B 计划，都有第二方案，甚至重大事情都有第三方案，这是防止意外的唯一方法，也是控进度的唯一方法。

唯有 B 计划，才是把命运掌握在自己手上。

▲　第四节　管人四步法第三步：抓考评

管人四步法第三步，抓考评。目标和考评是一对儿组合，期初设目标，期末做考评，缺一不可。

有目标无考评，比没有目标效果还差；考核不认真，比不考核还差。

一、什么是抓考评

所谓抓考评，就是对照期初的目标对结果进行评估，评估是否达成目标，并按照考评成绩及期初的约定进行相应的奖惩，完成或超额完成目标予以奖励，未完成目标给予惩罚。

考评分为自我考评和上级、人力资源部门的考评，每个人都应该自我考评，并且被上级以及人力资源部门考评，没有任何直接或者间接上级的一把手，也要有自我考评意识。

二、为什么要抓考评

三个理由：

1. 动态掌控工作方向

每个月的考评，是一次对下属上个月工作的总体回顾与复盘。

考评，本身就是复盘和学习的过程，对照目标对结果进行评估，回顾过程中哪些地方做得好哪些地方做得不好，思考如何改进，相当于对上个月工作进行了一次复盘。

每月的考评，让上级可以持续地了解下属的工作情况，并且通过考评时的评估和点评，掌控下属在正确的工作方向上。

2. 按劳分配论功行赏

考评是目标完成情况的评估和评价，以及奖惩的依据。

考评一定要公平，不公平的考评效果适得其反。

考评一定要对应相应的奖惩，否则效果会大打折扣，只有及时的奖惩，才能激励员工争做先进，不做后进。

如果定了目标不抓考评，做成什么样都无所谓，还不如不定目标；如果下级觉得上级说的每一件事都跟没说一样，定了目标达成达不成都无所谓，工资不受影响，奖金不受影响，职务也不受影响，不管业绩如何，只要我跟上级关系好，说两句好话上级就会给我一个好的分数甚至调到一个更好的岗位上，这样的管理必然一塌糊涂。

一切奖惩，必须以考评结果为依据，并坚持按劳分配、论功行赏的原则，期初设目标，就是为了期末科学考评打基础。

3. 持续调整优化队伍

管理上，最好的办法是持续改进，防微杜渐，最坏的是有问题不及时解决，导致"积劳成疾"，小麻烦变成大问题，最终不得不"大动干戈"来解决。

管理上所有的问题都是一个"积少成多"的过程，小问题不及时约束，就会变成大问题，而每月、每季度的考评，是上级及时指出下级问题的最佳方式，完全可以起到防微杜渐的作用。

员工工作中有不足是常态，如果随时发现随时指出，员工就可以及时改进；如果没有发现和指出，员工的不足会越来越多，最终只能让员工走人，反倒是害了员工。

定期考评，是一种非常有效的管理手段，可以持续地审视员工的工作状态和工作业绩，随时指出不足，及时改进。

原则上，考评后除了要依据考评的结果调整每个员工的浮动工资和奖金外，还必须依据考评结果对同一级别的员工进行271分类。即区分出卓越的20%，合格的70%和不合格的10%，然后重点关注和奖励卓越的20%，快速、简洁地处置不合格的10%。

很多管理者有一个非常错误的观点，认为卓越的20%就好比是班级里的好学生，不合格的10%就好比是班级里的坏学生，老师的任务是把时间花在坏学生身上让全班一起考上大学，教育上也许确实如此，但是公司经营管理上绝对不可以如此。为我们创造80%效益的是卓越的20%的人，我们应该把更多的关注、更多的关心、更多的资源都给予这20%的人，这才是管理之道。

这方面我非常赞同杰克·韦尔奇的观点，他讲很多管理者在时间和精力分配上做错了，他们把大量的时间和精力用于解决不合格的10%的人的问题，这是错误的，因为这部分人是不创造价值的人，在他们身上浪费时间和精力是不值当的。这部分人的管理方法应该非常简单：花较少的精力迅速决定调岗或者解聘，按照法律法规的规定该给多少补偿就给多少补偿，不要幻想帮助他们改进为合格的 70% 甚至是卓越的 20%，而应该把我们宝贵的时间和精力用在卓越的那 20% 人身上，因为他们是创造 80% 业绩的人。

根据考评结果进行奖惩，以及岗位人员的调整，可以持续优化队伍，这个世界的规律就是"能者恒能，不能者恒不能"。如果有一个新挑战，是交给那些繁忙但能干的人，还是交给那些不繁忙但也不能干的人？答案显而易见，能干的人再忙也能应对更大的挑战，而不能干的人再闲也承担不了任何责任。

三、如何抓考评

具体如何抓考评呢？四个要点：

1. 按时考，严格考

考评必须要及时，考评和奖惩的时效性是非常重要的，及时考评的效果最好，拖得越久，效果越差。

及时考评，其实占用时间并不多，按照今日事今日毕的原则，每次考评期，其实只要抽出极少的时间及时进行考评，并不会增加太多工作量，但是效果极佳。

这方面最大的挑战是一把手自己，尤其是对创业公司的一把手而言。多数创业公司都是一种"大碗吃肉、大秤分金"的氛围，让一把手坚持按时对自己的下属（包括执委会成员、合伙人）进行严肃、认真、严格的考核，并据此进行奖惩，这是很难很难的事。但是必须做，如果不做，会越来越难以对合伙人进行管理，如果一开始就做，就会成为公司的一种规则。

考评还是以月为单位最佳。曾经我们一度规定员工考评以月为单位，领导尤其是高级领导的考评以季度为单位，后来发现这样不好，以季度为单位，周期太长，考评时过程中的很多问题已经时过境迁难以追溯了，季度考评相当于没考评，所以我们又改为所有人都要以月度为单位考评。

考评必须严格，如果马马虎虎就失去了考评的意义。

有的领导拉不开面子，觉得下属也不容易，所以，在考评时往往是棒子高高举起，然后轻轻放下。这样的考评，看似是对下属好，其实会害了下属。因为这种考评，触及不了下属问题的实质，但不扣分不罚款不等于下属的短板就不存在了，而短板的持续存在甚至恶化最终会让你不得不淘汰下属。

上级分为两种：一种是发现下属的问题就及时指出来，甚至进行处罚；一种是对下属的问题不说，累积到一定程度，直接解聘下属。相比之下，还是第一种好的上级，因为他是本着"治病救人"的目的去的。

我曾经写过一篇文章《上级还是应该有点小苛刻的》，讲的就是这个道理，只有那些严格要求下属的上级才是对下属的负责任，也才能培养下属不断成长，那些老好人式的上级最终是误己误人。

2. 一对一，面对面

考评时，要一对一地考评。不管职位多高的领导，我建议，每个月每个季度都要拿出专门的时间，一对一地、面对面地考评。

有时候，董事长和总裁之间，总裁和高级副总裁之间会因为级别接近、资历接近甚至太过熟悉，不好意思一本正经地谈优点缺点，不好意思考评。其实，考评恰恰是沟通的最佳时机，一个制度化的沟通机会，一个制度化创造出来的严肃、严格批评与自我批评的机会。让上级可以和下属一起，对照目标考核结果，并复盘过程，上级可以给下属指出需要改进之处，下属也可以向上级汇报思想、思路，一定要利用好。

3. 回头看，促改进

考评时，对于不足之处，要提出改进要求，确定改进计划。

下一次考评时，要首先回顾上一次考评确定的改进计划的落实情况，这要形成一种制度习惯。唯有如此，抓考评的目的才真正能够实现。

4. 对照业务做复盘，对照文化找差距

考评与复盘一样，首先要对照业务找问题，对比目标结果得出结论，然后复盘过程，做得失分析和规律总结，找出业务上可改进之处。

然后要对照文化找差距，每个业务上的问题一定要找到文化上的原因，是因为"先问目的"没有做好，还是因为没有"亲手打样"？或者没有"说到做到"？还是没有"控进度"？

项目不一定会重复，但是经验和教训要传承，如果找到文化上的差距，就可以改进我们的工作思路和方法，让我们在任何事情上都不会犯类似的错误，我们的能力就提高了。

要做到这一点，最好的方式就是拉卡拉的 KTC 考核指标，每个岗位考核三个 KPI，三个重大任务，以及企业文化考核，这是避免唯 KPI 论的最有效方法。

唯 KPI 论的坏处是当事人会为了达成当期指标而牺牲长远的目标，集中资源于完成当期 KPI，放弃任何未雨绸缪的事情，甚至不惜"杀鸡取卵"。如果同时考核重大任务，就会引导当事人必须兼顾上级认为重要的事情，如果再同时考核文化，就会引导当事人按照企业的使命、愿景、价值观开展工作，从而避免为了完成当期 KPI 导致的短视行为。

▲ 第五节　管人四步法第四步：理规范

拉卡拉管人四步法的第四步，理规范。

设目标之后要控进度，定期要抓考评，最后还要理规范，我认为，管人的最高境界就是理规范。

管理，就是追求达成目标的确定性，而凡事只要理出规范，就是可管理的、可预期的、有更多确定性的。

一、什么是理规范

所谓理规范，就是制定制度和流程。

理出规范，意味着我们对于事物的本质和规律已经掌握，已经知道应该如何面对，如何处理能够复制预期的结果。

在拉卡拉，我们非常强调要理规范，通过总结出制度流程、操作手册把我们掌握的规律固化，变成人人都会做的事情。

二、为什么要理规范

管理是一个方法问题，找到了方法，就能够达成管理目标。

理规范，就是整理管理的方法。凡事，只要已经梳理出规范，就不再是难事了，理规范的作用有三个：

1. 固化工作方法

俗话说，自我学习的最好方法是教会别人，如果能够教会别人，说明自己已经能够深入浅出、彻底融会贯通了。

理规范就是这样一个过程，自己掌握了以后，用清晰、简洁的文字写成制度和流程，写成操作手册，这个过程本身就是梳理思路、总结经验、固化工作方法的过程。

对管理而言，理规范是非常有效的管理工具。

要求各级管理者理规范，既可以促进他们提升自己的认知和管理水平，也是知识的分享和传承过程。

成功的企业家，往往也是企业文化的创造者，以及企业规范的制定者，甚至是亲自撰写者。

2. 复制成功

凡是会重复发生的事，都要理出规范，再次做的时候必须按照规范去做，这是提高工作水平的简单有效的方法。

任何事情如果有了操作规范就不是难事了，有规范是让任何人做到 80 分以上的唯一方法。

3. 降低工作难度，提高工作水平

需要自选动作的事，对操作者要求极高；只需要规定动作，不需要自选动作的事，对操作者的要求大幅度降低。如果一件事，自选动作需要博士生才能胜任的话，整理出规范变成规定动作，高中生应该就可以操作，而且确保做到 80 分以上。

如果降低了对操作者水平的要求，用人可以选择的范围将极大地扩大，所需成本将极大地降低，这不就是管理上的目标吗？

所以，管理者不要抱怨找不到胜任工作的高手，不要抱怨高手要求待遇太高，应该做的是亲自理规范，理出规范，把自选动作的岗位变成标准动作的岗位，招人的范围就宽了，所需要的待遇自然也降低了。

三、如何理规范

在拉卡拉，我们总结出三个要点：

1. 简单

规范要少，要简洁。

只有少，才可能被执行，规范越多越不可能被执行；只有简洁，才可能被理解和记忆，而被记忆是被执行的前提。我非常不理解，很多企业制定的规范几十页甚至几百页，试问有人会把这几十页几百页通读下来吗？即便通读下来，有多少人能够理解？理解的有多少能够记忆下来？如果记都记不住，何谈践行呢？

我认为"三条总结""一页报告"这些十二条令，在理规范时都适用。

2. 工具化

管理是一个方法问题，找到管理方法就可以解决管理问题，找到了管理工具，解决管理问题就是轻松加愉快的事儿。例如，打卡机就是考勤制度的管理工具，复盘四步法就是复盘制定的管理工具。制定流程、规范的时候一定要配套设计相应的管理工具，例如具体的操作方法、表格、模板、操作流程图等等，这是让规范可执行的关键。

3. 动态优化

规范不是制定了就一劳永逸了，必须定期进行优化和调整。没有永远适用的规范，随着新技术、新应用的发展不断主动优化，随着使用中出现的问题不断完善，才是好的理规范。一成不变，已经落伍了的规范，反倒是工作中的障碍和毒瘤，必须清除。

▲ 第六节　管人四步法总结

拉卡拉管人四步法，是任何一个子公司、部门经理甚至项目小组长在工作中都必须遵循的四个步骤。

这四个步骤也是一个闭环，按月、按季度的循环。一个管理者，要管的事千头万绪，要遵循的管理原则也是千头万绪，但是如果我们能把管人四步法真正做到位，管理就能做到80分以上。

别小看"设目标、控进度、抓考评、理规范"这十二个字，其实是蛮难做到的：

目标设定得清晰合理吗？下级对目标的理解和你的要求一致吗？这个目标是符合更长期的目标吗？

每个下属的周报都及时看了吗？每个向你汇报的人以及他们的下属的动态你都心里有数吗？

每个月的考评，都亲自、及时、一对一、面对面、严格地在做吗？

辖区内应该有的规范都整理和发布了吗？是否足够简洁明了、可执行？所有的规范都适应最新情况吗？

这四个方面，说起来简单，做起来不容易；这四个方面，就是我们日常管理的核心，都严格做到了，我们的管理就是有序的和可以达成目标的。

企业如何导入管人四步法

大家可以在自己的企业导入管人四步法，要求所有的领导，都按照设目标、控进度、抓考评、理规范来管人。

具体做法是：

第一步：检查设目标

·每个人，画出以自己为中心的组织结构图，标明自己的直接上级、直接下级以及相关上下级。

·所有人，写出自己以及自己直接下属的年度、季度、月度3K3T：三个 KPI，三个重大任务。

·比较上下级对 3K3T 的理解差异，找出差异点，统一认知。

·确保年度、季度、月度开始之前，上下级对于目标的理解清晰、一致。

第二步：检查控进度

·每个人写出自己下级的下级正在进行的三件重要事情。如果能够比较准确写出来，说明控进度做得好，反之，做得不好。

·检查每个下级此前第三周、第二周的周报，看是否按时提交、是否使用了 Word、是否包括了上周总结、下周计划，以及两周周报之间的差异点。如果都符合，说明控进度执行得好，如果两周周报内容差异点大的说明工作进展明显。

·对于前三周、前两周未按时提交周报的下级，进行点名批评。

第三步：检查抓考评

	做到了	没做到	原因	改进措施
每个下级有考评表				
每个考核期按时完成考核				
每次面对面考核				
每次一对一考核				
每次严格考核				
考核有回头看项目				
考评项目企业文化占 50%				

第四步：检查理规范

所有会多次重复发生的事情都应该有规范，规范应该简洁明了，规范应该每年更新。

- ·每个人提交自己写的规范目录、更新记录。
- ·每个人提交自己岗位相关的规范目录、更新记录。

列出每个岗位需要补充完善的规范目录，以及完成时间、责任人。

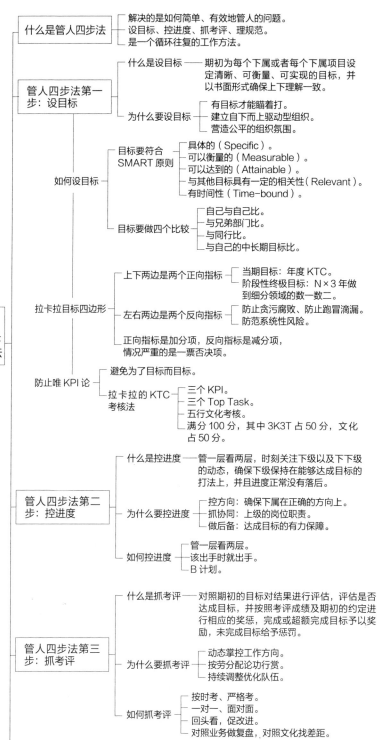

第十章
五行文化第四模块
（火）：管人四步法

什么是管人四步法
— 解决的是如何简单、有效地管人的问题。
— 设目标、控进度、抓考评、理规范。
— 是一个循环往复的工作方法。

管人四步法第一
步：设目标
— 什么是设目标 —— 期初为每个下属或者每个下属项目设定清晰、可衡量、可实现的目标，并以书面形式确保上下理解一致。
— 为什么要设目标
— 有目标才能瞄着打。
— 建立自下而上驱动型组织。
— 营造公平的组织氛围。

如何设目标
— 目标要符合SMART原则
— 具体的（Specific）。
— 可以衡量的（Measurable）。
— 可以达到的（Attainable）。
— 与其他目标具有一定的相关性（Relevant）。
— 有时间性（Time-bound）。
— 目标要做四个比较
— 自己与自己比。
— 与兄弟部门比。
— 与同行比。
— 与自己的中长期目标比。

拉卡拉目标四边形
— 上下两边是两个正向指标
— 当期目标：年度KTC。
— 阶段性终极目标：N×3年做到细分领域的数一数二。
— 左右两边是两个反向指标
— 防止贪污腐败、防止跑冒滴漏。
— 防范系统性风险。
— 正向指标是加分项，反向指标是减分项，情况严重的是一票否决项。

防止唯KPI论
— 避免为了目标而目标。
— 拉卡拉的KTC考核法
— 三个KPI。
— 三个Top Task。
— 五行文化考核。
— 满分100分，其中3K3T占50分，文化占50分。

管人四步法第二
步：控进度
— 什么是控进度 —— 管一层看两层，时刻关注下级以及下下级的动态，确保下级保持在能够达成目标的打法上，并且进度正常没有落后。
— 为什么要控进度
— 控方向：确保下属在正确的方向上。
— 抓协同：上级的岗位职责。
— 做后备：达成目标的有力保障。
— 如何控进度
— 管一层看两层。
— 该出手时就出手。
— B计划。

管人四步法第三
步：抓考评
— 什么是抓考评 —— 对照期初的目标对结果进行评估，评估是否达成目标，并按照考评成绩及期初的约定进行相应的奖惩，完成或超额完成目标予以奖励，未完成目标给予惩罚。
— 为什么要抓考评
— 动态掌控工作方向。
— 按劳分配论功行赏。
— 持续调整优化队伍。
— 如何抓考评
— 按时考、严格考。
— 一对一、面对面。
— 回头看，促改进。
— 对照业务做复盘，对照文化找差距。

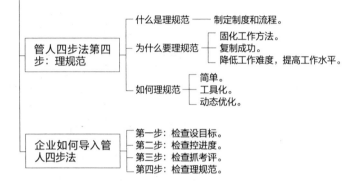

管人四步法第四步：理规范
├─ 什么是理规范 —— 制定制度和流程。
├─ 为什么要理规范 ┬ 固化工作方法。
│   ├ 复制成功。
│   └ 降低工作难度，提高工作水平。
└─ 如何理规范 ┬ 简单。
             ├ 工具化。
             └ 动态优化。

企业如何导入管人四步法
├─ 第一步：检查设目标。
├─ 第二步：检查控进度。
├─ 第三步：检查抓考评。
└─ 第四步：检查理规范。

第十一章

五行文化第五模块（土）：十二条令

十二条令是五行文化中的五大价值观的落地工具。

十二条令，是我在拉卡拉首创的，从指令、沟通、行动、汇报四个方面，每个方面给出了三个具体的做法，一看就懂，按照去做就是在践行求实、进取、创新、协同、分享的五大价值观。

十二条令是五行文化中的"清规戒律"，是我们践行使命、愿景、价值观的工具。

▲ 第一节　什么是十二条令

军队之所以有战斗力，除了有共同的使命、愿景、价值观之外，一个非常重要的因素是军队有"三大纪律八项注意"以及各种条令。每个士兵必须按照条令要求服从命令听指挥，必须遵守"三大纪律八项注意"，把一盘散沙的平民变成了招之即来、来之能战、战之能胜的战士。

学佛也一样，佛法是极其高深的，甚至到了不能用言语名词来表述的境界。如何让芸芸众生能够学佛？佛陀针对不同根性的众生，用了八万四千法门对佛法予以讲解，这就是佛经。学佛的人可以通过听开悟者讲佛经或者自己研读佛经而理解佛法；对于没有机缘读佛经甚至不识字的众生，佛陀给出了"五戒""十戒""二百五十戒"这些戒律，众生可以通过"持戒"来接近佛法。"法、经、戒"，形成了一个完整的体系，对应着理论、方法论和工具，让人可以践行。

企业，如何能让来自五湖四海的员工们像一支军队一样有战斗力？唯一的方法是用文化管公司，如果所有的员工都认同企业的使命、愿景、价值观，就会志同道合，使之有主人心态，最终使命必达。

但使命、愿景、价值观过于抽象，全体员工理解起来可能会有很多歧义，对于几个单词表述的价值观很难理解到足够的深度，更难以应用到自己的日常工作之中，为了解决这个问题，我发明了五行文化。即在使命、愿景、价值观这个企业文化的"核"之外，增加了四个模块，这四个模块，除了"经营三要素"是取自柳传志先生的管理三要素之外，其他三个模块：管事四步法、管人四步法、十二条令，都是我的发明创造，是我自己总结提出来的。

使命、愿景、价值观是"法"，经营三要素、管人四步法和管事四步法是"经"，十二条令是"戒"，经营三要素、管事四步法和管人四步法是使命和愿景的落地工具，十二条令是五大价值观的落地工具。

如果说军队通过"三大纪律八项注意"以及各种条令等让士兵从平民变成战士的话，拉卡拉十二条令，就是让每个平民成为合格的职业人，让每个员工成为合格的拉卡拉人。

十二条令是拉卡拉每一个成员都必须掌握和践行的，不论是普通员工还是总裁，都必须践行，而且级别越高的成员，应该践行得越坚决越彻底。

十二条令，规定了"令行通报"的行动准则，即指令、行动、沟通和汇报的十二条纪律，就像部队里的"三大纪律八项注意"一样，很简单、很明确，每个人都能做到又很难时时刻刻都做到，但必须做到。

我常常想，如果我们组织里的每个人都能做到十二条令，我们的生活将是多么美好啊！想象一下，上下左右都是保持准时、说到做到的同事，都是收到指令会及时确认、遇到情况会及时报告的同事，都是日清邮件的同事，每个会都有会议记录，和下属谈话后都能收到对方提交的备忘录，每周一中午十二点之前，下级以及他们的下级亲自撰写的周报就都躺在你的邮箱里等着你浏览……

想象一下，带领这样一支队伍将是多么幸福的一件事！

十二条令，可以让每一个人成为靠谱的人。

靠谱的人，命运都不会亏待他，因为我们每个人现在的命运其实都已经注定，因为过去的每一时每一刻，周围的人都在根据你的言行举止在心底为你贴标签。如果给你贴的标签都是"靠谱"，所有的人都会愿意与你合作，都会愿意帮助你，成功就是大概率事件；反之，就会举步维艰。如果企业中的每个人都是靠谱的，企业的沟通、协同就是顺畅的，战斗力就会倍增。

十二条令，可以帮助我们建立起一支招之能来、来之能战、战之能胜的铁军。如果我们的下级、上级以及同级都能按照十二条令来做，我们的效率至少会提升50%，成功概率至少能提高30%。

工作中出现的大多数问题，都不是能力问题或者资源不足问题，而是执行力的问题，绝大多数的执行力问题都是因为没有做到十二条令。

▲ 第二节 十二条令之关于指令（条令一至三）

指令，是组织的基础功能。所谓组织，首先是动词，其次才是名词，唯有"组合"才能"编织"成一个整体和一个系统，形成合力，达成目标。

这一切的基础是指令的上传下达，没有指挥体系的一群人只是散兵游勇而已。

战争时期，部队每到一个地方，第一件事就是架设电台，建立起通信系统，向上级汇报当前敌情。优秀的统帅带兵打仗时，要求部队到达当天驻地后，必须在第一时间上报当前敌情。

▲ 第三节 十二条令之一：确认指令

收到指令，必须相同渠道、第一时间、重复指令，接收到不可能立刻完成的复杂指令，必须进一步回复指令人自己准备如何执行、何时完成等信息。

信息传递过程中会衰减，也会受到环境因素的干扰，加上接收者理解能力等原因，很容易产生歧义，若经过几次传递，很可能就"驴唇不对马嘴"了。理论上，当我们掌握的信息有缺失时，绝大多数人都会下意识用自己熟悉的或者是自己期望的信息去自动补上缺失的信息，从而导致信息变形和失真。因此，有经验的指挥官在下达指令后都会要求下属大声重复指令，以便确认下属全面准确地理解了指令，这就是"确认指令"。

一、为什么要确认指令

相信每个上级都遇到过以下这些令人恼火的场景：

给下属发微信通知一件事情，对方没有反应，搞不清楚他到底是看到了还是没有看到，只好再发信息或者打电话去追问，如果一旦忙得忘了追问下属收到没收到，后果就严重了……

突然发现下属在做一件莫名其妙的事情，问起来，下属的回答是，这是你的指令，而实际上你的指令并非如此，是下属理解错了并且在按照自己的理解执行……

这些虽然都是小事，但却耗费了管理者大量的精力去追踪，一旦哪一点没有盯紧，就会出问题，甚至小问题引发大灾难。为了跟进指令的落实情况，我甚至一度专门设立了集团秘书长一职。

后来我发现，造成这些现象的本质原因是没有建立起"确认指令"及"及时报告"的纪律，如果所有人都遵守这样的纪律，上述的问题都将不会存在。

战争片中，上级下达命令后，下级会大声回答"是"，会主动大声重复一遍收到的命令，一旦没有重复，上级也会要求下级大声重复一遍。军事通讯时，讲话的一方说完了之后要说"over"或"完毕"，收听的一方会回答"copy"或者"抄收了"，告诉对方你收到了，说完话同样要说"over"，告诉对方你的通话结束了，对方可以开始说话了……这些都是成员间的约定，因为所有的成员都遵守这些约定，才使得大家之间的沟通顺畅，准确无误。

军队因为处于生死存亡的残酷环境，所以必须建立起最简单、最有效的指挥机制和沟通机制，确认指令就是确保指令传递准确的最有效工具。

　　上述例子中，一个指令如果需要上级再次询问是否收到还不是最恐怖的，最多只是增加上级的工作量而已，恐怖的是，如果上级很忙忘记了询问或者想当然以为下级收到了，而下级没有收到指令；更恐怖的是，下级收到了指令，但是上级口误或者笔误了，或者上级没有口误和笔误但是下级理解错了，然后下级按照自己的理解去执行了。

　　民国时期中原大战时，一支部队的总指挥命令某个师两日内赶到沁阳，结果命令上被秘书写成了泌阳，使得该部队去了泌阳，直接导致己方由胜转败；著名的滑铁卢战役，拿破仑失败的很重要的原因是，下属格鲁希元帅对于拿破仑的指令理解不到位，一直在等待拿破仑的新指令，既没有根据上一个指令自己做决策，也没有派人去请示新的指令，导致格鲁希率领的一支大军对于近在咫尺的滑铁卢之战作壁上观，法军战败。

　　指令传递过程中的变形是极其愚蠢的低级错误，因为这意味着损失和失败，而且败得很冤枉，不是能力不行，也不是不努力，而是南辕北辙了。

　　解决之道就是建立起严格的"确认指令"纪律，收到了命令必须第一时间回复确认，没有回复就意味着没有收到，下达指令者必须再次下达指令直到收到回复。

　　企业经营虽然不关乎人的生死，但是关乎企业的存亡，为了提高效率以及避免因为愚蠢小事引发巨大灾难，我在拉卡拉十二条令中明确把"确认指令""及时报告"等指挥、沟通的规则作为纪律来要求。

二、如何确认指令

拉卡拉十二条令规定：收到指令必须相同渠道、第一时间、重复指令，对于复杂指令必须回复拟执行思路及预计完成时间。

"确认指令"的三个关键词：

第一个关键词是"相同渠道"。必须以相同渠道回复，以确保上级收得到。上级以邮件下达指令你以短信回复，或者上级以微信下达指令你以短信回复，这都是不对的，因为不知道上级会不会随时查看你使用的通信手段，最简单也是最保险的方式是采取上级发送指令的相同渠道回复和确认指令。

第二个关键词是"第一时间"。必须第一时间回复，刻不容缓。和上级通短信或者邮件，上级的每一次回复你都要回复，直到上级不再回复，即上下级之间沟通时，最后一句话应该是下级收尾，只要上级回复了你，你就要继续回复，直到上级不再回复，即便是说"再见"，最后一个"再见"也必须是出自下级。这是非常重要的商业礼仪。

第三个关键词是"重复"。指令分为简单任务、复杂任务和转达任务三种，各自有不同的确认要求，但共性是，都需要重复你收到的指令内容，以便上级知晓你对指令的理解是准确无误的。

1. 简单任务指令的确认模式

简单的任务，收到指令要第一时间回复"收到+重复指令内容"。

如果只是按照上述模式"确认指令"，等于你默认这是一个简单任务，可以在两天之内完成。

否则，必须按照"复杂指令的确认模式"确认指令。

2. 复杂任务指令的确认模式

复杂的任务，收到指令要第一时间回复"收到 + 重复指令内容 + 拟执行要点及预期完成时间"，如果需要支援（人力、物力、财力）要同时提出。

需要一个周期才能完成的复杂任务，确认指令时必须告诉上级大概准备怎么去做，大概什么时候能做完，如果需要人力、物力、财力的支援也要一定提出，让上级心中有数；如果自己力所不能及，或者是有完不成的危险，都要在回复指令时明确告知上级这种可能性。目的只有一个，让上级对你准备

十二条令

第一条 确认指令

简单任务：

* 收到上级指令后，需相同渠道、第一时间回复"收到"，并重复指令内容。

如何去做以及会做成什么样心中有数。

在确认指令时，如果指令是自己完不成的任务，一定要告知上级自己可能完不成，这不丢人，也不是大问题，谁都有擅长的和不擅长的，加之受手头工作的制约等因素影响，完不成上级准备交办的任务很正常。但是一定要在收到指令的第一时间告诉上级有问题，以便上级更改决策或者

十二条令

第一条 确认指令

复杂任务：

- 要第一时间回复"收到"，重复指令内容，并与上级确认执行要点、预期完成时间，如需人、财、物资源也要一并提出；
- 如自己力所不能及或有完不成的危险，也要在回复指令时明确告知上级。

换人执行，如果稀里糊涂"扛猪肉"接下自己完不成的任务，害人害己。

对复杂指令采取这种确认模式还有一个好处，就是上级知道

你计划的路径和方法后，如果觉得有问题会第一时间提醒你调整，可以极大地避免你走弯路；同时，上级如果有资源可以帮到你也会主动告知你，很多时候你竭尽全力也接触不到的资源对上级而言可能只是一个电话的事，关键是上级知不知道你需要这个资源。

3. 转达任务指令的确认模式

如果上级的指令需要转达给其他人，必须第一时间

十二条令
第一条 确认指令

转达任务：

- 要第一时间转达；
- 确认对方收到后第一时间回复上级"已转达且对方已收到指令"；
- 被转达人同样应按照简单或复杂任务确认模式和上级确认指令。

转达，并确认对方收到指令，然后第一时间回复上级"已转达 + 对方已收到 + 重复转达的内容"。被转达人同样应该按照上述简单任务或者复杂任务模式和上级确认指令。

很多时候，指令的传递就是在中转过程中丢失了，你以为 A 告诉 B 了，其实 A 没有找到 B 然后一忙就忘记继续找和传达指令了，你一直在等着 B 给你结果，其实 B 根本没有收到你让 A 转达的指令、根本没有开始执行。如果，我们的失败竟然是因为这种小小的环节，岂不是冤死了？

实际上，世界上绝大多数的失败，根本不是能力不足或者竞争激烈，甚至都不是意愿不足，而是方向错了或者执行力不足，执行力不足的原因大多是因为小失误，确认指令可以最大限度地避免很多让我们"冤死"的小失误。

任何约定，只要有效就是好约定；任何约定，只要所有相关的人都知道、都严格遵守，就一定有效。

拉卡拉十二条令第一条"确认指令"的约定就是：

如果收到指令，必须确认并且重复，以便发出指令的人确认你理解的指令是什么。

对下达指令的人而言，如果没有收到确认一定是对方没有收到，必须马上联络对方。

▲ 第四节　十二条令之二：及时报告

所有的军队都要求部队到达指定地点应立刻与总部联络，报告当前敌情；部队与敌人交火，应第一时间联络上级报告情况，甚至向友邻部队通报敌情；部队与强敌交火，感受到压力，应立即向上级请求支援。特种部队最常用的战术：一个是"斩首行动"，打掉敌军的指挥部，让敌军失去指挥系统；一个是"战场屏蔽"，切断敌军的通讯体系，让敌军信息不能沟通，指令不能传递。这些都说明联络和沟通的重要性。一个组织，一旦不能顺畅联络和沟通，就会各自为战，战斗力顿减，无法形成合力。

拉卡拉十二令第二条，及时报告，是保障组织内部沟通和联络的工作纪律，意义重大。及时报告，规定了四种情况下的报告：及时回报、及时汇报、及时通报以及及时求援。其分别针对四种情况，明确了沟通的方式、方法和内容，确保组织内部的协同作战。

一、为什么要及时报告

相信以下这些现象是每个管理者都会遇到的：

下级在执行过程中遇到困难停滞不前，但上级并不知道，而这些困难对上级而言是举手之劳，轻松就可以解决的。

下级已经被过程带着越来越偏离既定的方向，上级并不知道。

几个下级在做雷同的事情，某个下级正在重蹈另一个下级的覆辙。

上级已经根据最新情况改变主意了，可是下级还是不管不顾地执行原来的决策。

让设计部门设计一个广告，设计部花了一个月才交稿，过程中没有分阶段和你确认，甚至没有信息丝毫反馈给你，交稿时发现完全不是你想要的，再想重新做已经来不及了。

下级一直想拜访一个公司谈业务合作，苦于没有关系联系不上，而你昨天还在和那个公司的董事长一起打高尔夫。

这些现象，都是内部沟通不畅所致，如果能够建立起常态化的内部顺畅沟通机制，这些问题都不会出现，组织的战斗力也将成倍提升。

上级需要对市场变化及时感知，需要对每个下属的进展了然于胸，希望他的每一条指令都在被不折不扣地执行；上级最担心的是指令被理解和执行偏了，或者指令执行中遇到困难停滞不前了，而自己不知道。

造成这些问题的原因其实很简单，要么是因为信息没有形成"回路"，约定的事情被更改了没有及时回报给相关人员；要么是因为出现了新情况没有及时向上级汇报；要么是因为彼此的进展没有及时相互通报。

这些问题，践行拉卡拉十二条令的"及时报告"条令，都可以避免。

二、如何及时报告

拉卡拉十二条令之"及时报告"规定，四种情况要及时报告：

1. 及时回报

及时回报，就是事事有回音，针对的对象是"承诺的对象"，也许是上级，也许是同级甚至是下级，要及时把承诺事情的进展情况告知对方。不论是上级交办的，还是同级协办的，甚至是答应下级要办的，要事事有回音。办理过程中的任何重大进展或者变化，要第一时间把信息告知给对方，让对方第一时间了解，以便对方做出反应，要么调整计划要么启动 B 计划。

财务上有一个重要的原则是"一支笔",审批支出的人和审批报销的人必须是一个人,否则会因为信息不对称导致管理失控,信息的传递也一样,一定要形成"回路",否则信息不对称就会给彼此造成危害。

协同工作,本质上是一系列的约定,关于计划甚至是彼此对对方预期的任何变化,都应该第一时间告知对方,称为"及时回报"。

如果及时回报了,对方出现任何问题,你没有责任;如果没有及时回报,对方出现任何问题,你都有责任。

有一次我在公司开会,原计划中午我请大家一起去品尝一家著名的安徽菜,但是会议延时了来不及出去吃饭,于是我让秘书去那个餐厅把餐买回来吃,结果大家饥肠辘辘开完会准备吃饭时,发现秘书拿上来的是普通盒饭。一问,秘书说,因为临近年关,怕那家餐厅忙不过来，而且她觉得打包回来也都把菜弄得乱七八糟了，所以就去买了盒饭……

很多人听起来觉得很可笑，接受任务时什么也不说，自作主张改变任务要求，而且不通知上级，现实中这种令人啼笑皆非的事情比比皆是。领导要求去餐厅打包菜品回来，如果自己担心餐厅忙不过来或者担心打包把菜品弄得乱七八糟，应该在接到指令的第一时间提出来，请示上级是否需要更改指令，如果上级更改指令就按照新指令执行，如果上级不更改指令就必须坚决按照原指令执行；执行中，不管任何原因，如果做不到，都应该第一时间告知领导，同时提交几个备选方案供领导选择。

因为秘书没有"及时回报"又自作主张，导致我们吃了一顿"窝火"的饭是小事，如果是业务中的一个环节必须要"安徽菜"，到了需要的时候执行人交上来的是"普通盒饭"导致业务失败，那岂不是比窦娥还冤？

既不告知上级，也不请示上级就擅自不执行上级指令，或者发现不可能达成上级指令却不回报给上级，都是严重错误的。

遗憾的是，这么简单的道理在实际工作中，总有很多人做不到，给工作造成巨大的不便甚至损失。他们的理由是想报告但是怕打扰上级，或者觉得又不是人命关天的大事，拿回一个和上级指令差不多的结果就行了。

很多人还有一个坏毛病：接到指令不是立刻去想办法达成指令，而是质疑上级指令的正确性、合理性以及可执行性，这种人，是团队中的"破坏分子"，必须坚决清除！

不及时回报，是非常不好的工作习惯，是不负责任的表现，必须坚决改正。

2. 及时汇报

及时汇报的对象是你的上级，目的是让上级对你的一切尽在掌握之中。工作中发现了新情况或者某件事有了重大进展、重大变化，要第一时间汇报给上级。

《纸牌屋》中安德伍德对手下讲，永远不要让我感到吃惊或意外。这是下级和上级工作配合上的一个诀窍，永远不要让你的上级感到吃惊和

十二条令
第二条 及时报告

及时汇报：

● 发现新情况，准备新动作，要第一时间汇报给上级。

意外，要让上级及时了解你的意图，知道你的进度，对你的结果有预期。如果你经常让你的上级感到意外，上级对你的信任基本上就已经到头了。

与上级配合的核心是站在上级的角度思考问题，上级关心的

问题不要等着上级来问，要主动汇报；日常沟通中要有意识地让上级知道自己正在做什么，让上级了解你的思路；对于未来很可能出现的状况要尽早给上级打预防针，尽早做铺垫，永远不要让上级措手不及。

汇报宁多勿缺，俗话说礼多人不怪，对上级，汇报多了有利无弊，但是汇报必须讲究方式、方法。

你可以按照事情的重要性和紧急性采取不同的汇报方式：

不重要的事情，不要专门汇报，写在周报中即可，拿着不重要的事情当作重要的事情汇报，会让上级看低你的判断力；

重要不紧急的事情，不要急忙约时间，可以请上级在方便的时候安排时间专门处理，上级最厌烦的就是在匆忙和不合适的场合被下级请示重要且不紧急的问题；

重要且紧急的事情，可以采取一切手段联络上级。

约上级的时间汇报时，不要只约时间不说事情，必须同时说明要汇报的问题，让上级心中有数，也让上级可以判断事情的重要性、紧迫性以便更好地安排时间。

现在移动互联网的发展给我们提供了很多新工具，有很多不骚扰上级的汇报方式可以采用，例如邮件、微信、短信等等，都是上级忙的时候可以不理会、有空时再阅读和思考回复的汇报方式。

采取邮件、微信、短信等方式发送汇报，但上级几天都没有理会，怎么办？如果觉得事情重要，可以重新发送，甚至反复重新发送，因为上级每天很忙，邮件和微信很多，很可能没有注意到。如果这件事情重要且紧急，可以采取电话等方式联络上级的秘书或者上级本人。

对于有秘书的上级，最好的方式是和秘书联络而非直接联络上级，因为有秘书就意味着这些事情是秘书在处理而非上级本人在处理。

及时汇报的意义在于：

首先，有助于让上级对你的工作心中有数。

人都喜欢掌握自己的命运，没有任何人会喜欢总是给自己制造意外的下属，对下属的动态心中有数才能不出意外。

其次，有助于借助上级帮助把关方向和打法。

只有做正确的事才可能成功，如果做的都是不对的事情，越努力越错误。及时汇报的另外一个好处是，上级可以及时发现问题，并及时给予

指导。

很多年前，我带公司中层领导去敦煌戈壁做过一次四天的徒步，在茫茫戈壁中徒步，没有任何标志物，完全要靠GPS导航，所以对于每个徒步的人来说，最重要的就是保持在正确的航线上。而如何能够保持在正确的航线上呢？就是每走一段就要检查一下GPS的路线，是否在正确的路线上，我们其中就有一个体力非常好的人，非常自信，没有及时检查GPS，

十二条令
第二条 及时报告

及时求援：

- 发现自己可能完不成任务时，要第一时间求援；
- 求援对象可以是同事、上级、上上级直至能帮助自己完成任务的人；
- 可以通过周报、邮件、电话等各种形式求援。

结果一下子多走出去五公里，从第一变成了最后。如果及时查看GPS，这种偏航的错误就可避免。

最后，及时汇报，可以让上级了解你的动态。上级对你的动态越了解，就越可能把自己的资源对接给你，让你最大限度地获得上级的支持和资源。如果上级发现你遇到困难，也会第一时间

帮助你解决，很多时候你一筹莫展的困难对上级而言可能只是举手之劳而已。当然，及时汇报，也可以让上级在需要出手干预时有腾挪的时间。

3. 及时通报

发现有价值的信息或者自己有了新计划、新思路、新想法，当这些情况可能对自己的上下游、左右游合作伙伴产生影响时，要第一时间通报给相关各方。及时通报的对象是你的上下游、左右游合作伙伴，以及同事，目的是让对方及时知晓自己掌握的信息，以便他们更好地与你协同。这与在战斗中，部队发现敌情后及时汇报给上级同时通报给友军，是同一个道理。

公司是一个集体，所有的经营都是集体协同的结果，信息的通畅，是大家能够配合顺畅的基础，及时通报是信息通畅的基础。

团队协同就如同一群背包客在荒野上遇到了一群狼，最好的应对方式是大家背靠背围成一个圆圈，每个人只负责防御正面的方向，把后背和其他方向留给同伴。这时候最重要的是什么？一个是自己防御的方向不要被攻破，一个是其他同伴防御的方向都不被攻破。想象一下，如果你突然发现更多的狼冲过来了，你会不会高声给全体示警？如果你发现某个同伴快要顶不住了，你会不会高声提醒他周围的人注意并且自己也随时准备出手相助？这就是及时通报的意义。

4. 及时求援

及时求援的对象首先是同事，其次是上级，最终是上上级。

需要注意的是，不是发现自己解决不了问题或者完不成任务时第一时间求援，而是发现自己可能解决不了问题或者可能完不成任务时，就第一时间求援，不要等到最后期限到了再求援，更不能不求援坐视问题解决不了或者任务失败。

很多人不知道求援，这是错误的，求援不丢人，任务失败才丢人，任务失败的后果很可能不仅是丢人，对公司而言可能是失去市场甚至经营失败。

同事是做什么的？同事是与你协同共同完成任务的，是你遇到困难时求助的天然对象。上级是做什么的？上级就三个作用：控方向、抓协同、做后备。如果不求援，相当于让同事和上级失去作用，显然是错误的工作方法。

军队因为随时处于生死存亡关头，所以处理任何问题的方法都是最简单、最有效的，值得我们借鉴。战斗中，最重要的是靠团队获取战斗的胜利，而不是靠自己的力量获得战斗的胜利。战场上，如果不能靠自己的力量取胜，寻求增援是理所应当的，也是获得胜利的最有效方式。

及时求援，这是一个被很多人忽略但却极其重要的工作原则。我认为至少有一半的问题解决不了或者任务失败，是未及时求援，如果向同事、向上级甚至上上级及时求援，问题原本可以解决，目标原本可以达成。

及时报告要讲究方法，不论是及时回报、及时汇报、及时通报，还是及时求援，一定要讲究方式、方法。

紧急的事，打电话；不紧急的事，发微信或者邮件。

报告时采取倒叙方式，先说问题，再说解决方案以及理由。

很多人喜欢平铺直叙，前面大量时间在讲无关紧要的事，谁有那么多闲工夫！求援时，必须明确提出请求帮助，并且提出请求帮助的具体要求，明确告知对方，希望对方采取什么样的行动。很多人求援时不提出具体要求，每个人都在忙自己的事，每个人的心思也都在自己的事情上，没有人了解你的事情，也不知道应该如何帮你，更不会有兴趣去猜你是不是需要帮助以及需要什么样的帮助。只有提出具体的要求，而且越具体越好，让对方可以直接判断需要做什么以及怎么做，求援才最可能成功。

▲ 第五节　十二条令之三：亲撰周报

一、什么是周报

周报，即每周的工作报告，要求以邮件或者邮件＋微信的形式发送。

周报要有三个内容：上周工作总结、下周工作计划，以及任何想让上级或者上上级知晓的事项、想法、请示等。

在拉卡拉，我们要求，每周一中午十二点之前，每个人必须把自己亲自撰写的周报发送给自己的直接上级，并抄送上级的上级。

多年实践证明，这是非常有效的管理方法。

二、为什么要亲撰周报

确认指令、及时报告以及亲撰周报，是拉卡拉十二条令中关于指令的三个条令，都是为了解决一个共同的问题：信息沟通。

一个组织只有确保信息在上下级、平级甚至隔级之间有良好的沟通，才能确保做出正确的决策以及最有效的执行。

军队中前线有前敌委员会，也有一线指挥员，为什么最高统帅还要与前敌委员会甚至一线指挥员频繁电报沟通呢？

我认为有三个原因：

·最高统帅需要全面了解前线信息，以便对全局进行判断。

十二条令
第三条 全员周报

* 周报要亲自写，内容需包含上周工作复盘和下周工作要点；
* 周报需周一上午12点前提交，发送上级，抄送上级及相关人员。

·很多决策，必须更高的上级才能做出。最高统帅了解很多前敌委员会和一线指挥员不知道的信息，站的高度更高，考虑的问题更全面，这不是水平问题而是岗位问题，很多情况只有站在山顶的人才能看到，所以有些决策必须由站在山顶的人做出。

·可以让前敌指挥员在做出最终决策之前，有人可以商量，并且可以有一个间隔，避免错误决策。

拉卡拉的亲撰周报体系，也能起到这三个作用。

管理需要工具，有管理工具，任何人都可以做好管理；没有管理工具，很难持续做好管理。

管理工具，需要领导者亲自设计，如果把自己的管理理念设计成了简单有效的管理工具，管理就不是问题了。

亲撰周报就是我为拉卡拉设计的一个管理工具，以解决上情下达、下情上传等信息沟通问题，是控进度最好的工具，也是践行求实、进取、协同最好的工具。

亲撰周报，是一种强迫性的、持续性的工作方法，有以下四大作用：

第一是强制复盘。

写周报，相当于强制要求每个人每周对上一周的工作进行回顾，这就是一种复盘。如果每周都总结经验和教训，个人能力成长的速度想不快都很难；而且，上级和上上级都能够看到周报，让每个人的工作无所遁形，有没有进展，有没有竭尽全力，一目了然。

第二是强制计划性。

写周报，相当于强制每个人每周做下周的工作计划，思考工作重点，并且不断引导每个人思考终极目标，即思考目前的做法和进度是否能够实现本人的终极目标。

第三是制度性打破层级壁垒。

周报，相当于制度性地建立起越级沟通机制。很多公司都存在领导不喜欢下属越级沟通的状况，周报要求发送给直接上级并且抄送给上级的上级，就是为了打破层级之间的壁垒，防止心胸不够宽广的领导阻碍自己的下级和自己的上级之间的沟通，防止有人欺上瞒下。

周报是一种非常好的"上达天听"的方式，聪明的员工一定会善用周报，通过周报让上级知道自己的工作情况，渗透自己的影响力，潜移默化地影响上级对自己的看法，争取上级的支持；也是让上级的上级注意到自己的工作能力的绝佳渠道。

不善用周报的员工，至少是一个没有上进心的员工，这种员工的潜力有限，我对那些对周报敷衍了事的员工一般直接贴上"不进取"的标签。

周报，可以帮助上级全面掌握情况。很多时候，一个部门人尽皆知的事情，部门的上级可能毫不知情，而他们其实是非常需要知道的，亲撰周报就是为了让上级的上级持续地知晓信息。

能够持续地看到下下级的周报，自然对下级的工作了如指掌，再也不必只能在信与不信下级的汇报之间做选择，完全可以独立判断下级的汇报。

第四是便于指挥。

管理的本质就是组织下属达成目标以及防微杜渐。亲撰周报是非常好的一个指挥工具，如果有必要，可以随时批阅下下级的周报，及时干预，防微杜渐。当然，上级应该尽可能避免跨级给出具体的业务指示，但即便是方向上的点拨或者文化上的批示已经足够防微杜渐，如果需要出手干预，也可以尽早决定。

上级可以随时点名要求哪怕与自己隔了多级的人的周报抄送自己，以显示自己对某人或者某事的关注。

我经常会有意识地回复周报，也许我并没有真正看，但是我会就周报中的一两个问题提问一下或者给予批示，只是想让下级以及某个下下级知道我在看每个人的周报。

上上级的存在感是一种无形的压力，可以督促大家更努力工作。再严谨的人，在四顾无人的时候也会有些许松懈，再懒散的人在镜头前也会打起十二分精神，当知道有上上级在关注时，所有人都会不自觉地加把劲儿。

我们的核心价值观要求求实、进取、创新、协同、分享，怎么让大家协同起来？天天喊协同不如十二条令的一条"亲撰周报"，只要每个人都照着做，协同自然就有了。

三、如何写周报

周报必须每个人亲自写。

周报的提交时间是每周一中午十二点前，建议写周报的时间是周六或者周日，拿出半个小时的时间，静下来，认真写。

周报首先是自己复盘上周工作、规划下周工作的工具，其次才是和上级沟通的工具。

有的领导自作聪明，把写周报的工作交给助理，或者把自己的周报变成了 Excel 表，每周"剪刀加糨糊"，再改几个业务数据就万事大吉，这种做法是非常愚蠢的，既阻碍了上级及上上级了解情况的通路，也荒废了自己和上级及上上级沟通的舞台，以及展示自己才华的机会，还会给自己贴上敷衍了事、情商不高、不进取的标签。

1. 周报的内容

周报是让上级及上上级了解自己的工作以及工作思路的重要

手段。

很多组织之中，越级沟通是大忌，拉卡拉的周报制度是非常好的一种形式，制度性地打破层级壁垒，能不能利用好这个工具，是每个人水平的体现。

奥格威说过，写广告文案要像给老朋友写信一样写，我认为写周报要像写日记＋给老师写信汇报近况一样写，不可或缺的内容有三个，其他随意：

第一部分，上周的工作复盘，不是上周工作的罗列，而是要加上简单的得失分析和自己的思考，这个也是自己需要的。人只有不断总结经验教训才能不断进步。

第二部分，下周的工作计划，也不是简单的时间表罗列，而是时刻检视这些工作是否服务于自己的月度、年度目标。周报最大的意义在于每周检查自己是否在完成月度、年度目标的正确路径上。

第三部分，自己的思考、期望的支持等等，以及任何想和上级或者上上级说的话。

2. 周报的发送范围

周报，要发送给直接上级，抄送给上级的上级，并且抄送给上级指定需要抄送的人，以及你认为对本次周报内容应该知晓的人。

上级应按照"日清邮件"的要求24小时内回复需要回复的周报，上级也要利用好周报这个工具，及时回复周报，让下级以及下下级感受到你工作的勤奋，以及对他们工作的重视，让他们打起十二分精神来投入到工作之中。

人，都喜欢被重视被期待，无人喝彩总是会让人有点沮丧，上级的关注和鼓励有时候比什么都重要，会让下级释放出巨大的能量，而及时回复周报是上级表达关注和激励的最简单方法。

回复周报，也是上级点拨下级的最简单、最高效模式，不需要单独约谈，不需要长篇大论，就着每周周报中的内容，上级可以很灵活地把对具体工作的要求、具体做法的建议，甚至是希望下级知晓的思维方式、理念在回复之中写出来，相当于手把手指导下级的成长。持续做下来，对于下级的成长以及自己工作思路的贯彻都非常有效果。

另外，周报也是加强各部门彼此之间沟通的工具，我经常把周报转发给我认为相关的人，简单的一个动作，就可以让信息在需要的部门之间流动起来，事半功倍。

解放战争时期，毛泽东和蒋介石都与前线电报频传，所不同的是，毛泽东的电报大多是作战思路讨论辅之以命令，蒋介石的电报多是行动指令很少有思路讨论，结果差别很大。

上级和下级之间，应该最大限度地减少具体行动的指令，而是侧重思路、战略、文化方面的提示和探讨，因为事情是下级在做，应该让下级独立决定如何行动，这样在行动中出现情况下级才能够随机应变；如果上级规定了如何行动，行动中出现的任何变化势必还需要上级决策如何应变，这在实战中是不可能的。尤其不好的情况是，上级并不是连续性地参与到下级的工作之中，而是偶尔"打横炮"，突然干预做出一个新决策，这对下级的工作的干扰是巨大的，危害是巨大的。

上下级沟通，首先应该以思路提示为主，不到万不得已不要下达具体行动指令。

什么时候必须下达具体指令呢？上级没有想清楚的事，不能下达具体指令，上级想清楚了，首先应该跟下级沟通思路，让下级自己决策和行动，因为人很难把自己不同意的决策执行到位，也很难把自己不理解的决策执行到位。只有在明确确认无法推动下级做出正确决策的情况下，才应该直接下达具体指令。

很多人抱怨自己怀才不遇，我不同意，真正的才不可能怀才不遇，怀才不遇的都是片面之才或者平庸之才。我认为，所谓的才，应该是既包括智商又包括情商、逆商，既包括个人能力也包括领导能力，应该世事洞明皆学问，人情练达即文章。让上级知道你的才，让同行不嫉妒你的才，让周边的人愿意相助你，本身就是才的一部分，与其顾影自怜，抱怨怀才不遇，不如搞清楚什么是真正的才，努力提高自己的修养，如果有周报这样好的管理工具而不善加利用，谈何怀才不遇！

▲ 第六节　十二条令关于行动（条令四至六）

行动，非常重要。认知是前提，决策是基础，行动决定结果，只有行动才能达成决策的目标。

执行力，决定了能否达成决策的目标，执行力强大的队伍是招之能来、来之能战、战之能胜的铁军，执行力薄弱的队伍是散兵游勇，再高明的战略在拙劣的执行力面前也不可能取得胜利。

　　十二条令中关于行动的条令有三条，都是提高执行力的关键，做到了，执行力自然强大。

▲　第七节　十二条令之四：说到做到

　　这也许是大家最没有分歧的一条纪律了。

　　没有人认为不应该说到做到，而且大家都知道，一个组织中，如果大家都是说到做到的人，彼此的沟通成本将大大降低，彼此的相互支撑将大大加强，将是一个非常有战斗力且合作非常愉快的集体。

　　而实践中，关于"说到做到"的扯皮又是最多的。经常就同一件事情，当事人认为自己说到做到了，上级认为他没有说到做到；同事有的认为他说到做到了，有的认为他没有说到做到。

　　造成这种认知分歧的原因很简单，就是大家对说到做到的理解不到位。

　　很多人对说到做到的理解是有偏差的，例如：他们会认为"因为出现某些原因所以没有做到"不算是没有说到做到，或者"做到大部分"甚至"做到了关键的部分"就是说到做到了，或者认为"不管什么品质什么成本，只要拿到了结果就算做到了"，等等。这些对说到做到理解的偏差是很多没有说到做到的根本原因。

　　能力原因也是不能说到做到的重要原因，没有想清楚就承诺了自己力所不能及的事情，自然无法说到做到；没有搞清楚别人要什么就大包大揽，自然做不到对方需要的。

一、不能说到做到的危害非常巨大

首先是对自己，不能说到做到的人很快就会被贴上"不靠谱"的标签，一旦被贴上这样的标签，就意味没有人会信任你，没有人愿意与你合作，甚至没有人愿意帮你，至少在你的熟人圈子是如此。

其次是对别人，不能说到做到必然会拖累同事和所有相关部门，因为他们都是以你能够说到做到为前提来计划自己的工作的，一旦你说到没有做到，就意味着他们所有的人要么跟着也做不到他们的承诺，要么就必须起动 B 计划。

试想一下，一个团队，如果每个人都可能说到做不到，这个团队如何制订计划？如何相互衔接？如何相互配合？

二、什么是真正的说到做到

要做到说到做到，首先要正确理解什么是真正的说到做到。

所谓说到做到，是按照承诺的时间、保质保量、在承诺的性价比之内做到，缺一不可。

说到做到是一种结果，所以只需问结果，不管任何原因和过程。

正如在拉卡拉我们有一条"战术原则"：没有结果相当于没做，只讲功劳不讲苦劳，没有达成结果和没有做是一回事。

如果没有按照承诺的时间、保质保量、在承诺的性价比之内做出结果，就是没有说到做到，和没做是没有任何区别的。

以下这些现象都是没有说到做到：

·没有按时做到。时间到了，任务没有完成，就是没有说到做到。任何事情都是有最后期限的，最后期限在英文中更形象，是"deadline（死线）"。大多数事情，如果不能按时完成就"死了""结束了"，即便以后完成了也没有意义了，例如飞机到时间起飞了，考试到时间禁止入场了，招标到时间停止接收标书了，等等。

·没有全部做到。有的管理者喜欢抓大放小，只把精力放在他认为重要的事情上，其他方面顺其自然。这种管理思路必然会出现时间到了，任务完成了大部分，还有一部分没有完成的情况。虽然管理者合理分配自己的时间和精力是对的，但是管理上不应该有死角，只

十二条令
第四条 说到做到

* 按照承诺的时间、保质保量、在承诺的性价比之内做到；

* 想清楚再承诺，承诺时留有余地，承诺了就要竭尽全力去做到，做不到要第一时间告知对方。

要是自己辖区之内，每个部分都应该予以管理，只要是任务，就要全面完成，任何一部分没有完成都是没有说到做到。很多事情的结果是缺一不可的，制造行业都是如此，一个产品包括几千几万个零件，少任何一个，都制造不出来产品，都意味着没有说到做到。

·没有保质保量。很多时候，任务是说到做到了，但是品质上打了折扣，这都不是严格意义上的说到做到。例如交付的产品质量不合格，或者给领导准备一篇会议发言，到了开会的时候发现提交的发言稿水平很差，领导根本没有办法使用，都是没有说到做到。

三、如何能够说到做到

说到做到是一种态度，更是一种能力，需要按照正确的方法来承诺和做事，才能说到做到：

第一，想清楚再承诺。

承诺之前一定要先想清楚，不要拍脑门，不要"扛猪肉"，一定要搞清楚对方要求的是什么，再看自己能不能做到，然后再承诺。

很多人承诺时其实并没有搞清楚对方要求的是什么。

理论上，所有人要求的都是没有先决条件的，例如时间、品质、数量、成本等等，任何一个条件没有达到都是没有说到做到。不严谨的人往往按照自己的理解就大包大揽了，例如自己会理解"你要的是完成，也许时间晚一点也没有关系，或者完成了你要求的重点就可以了……"这是非常常见的理解差异。几乎从承诺时就注定了说到做到是极小概率事件，正常情况下很难说到做到，因为承诺人承诺的根本就不是对方期望的程度，压根儿就没有奔着那个程度去努力。

很多人承诺时并没有认真分析自己能不能做到，这也是无法说到做到的原因。人都有高估自己能力的倾向，很容易承诺自己做不到的事情；人都有低估事情难度的倾向，很容易承诺自己时间上精力上根本顾不过来的新事情。

追求一个女孩，如果对方不接受你，你是希望对方直截了当告诉你呢，还是希望对方模棱两可等到三五年之后再告诉你呢？答案当然是前者，因为第一时间知道对方不接受你，你可以立刻做出别的选择，不会浪费你的时间和精力在没有希望的事情上。

同样，做不到的事情，不要承诺，即便是对方再三要求，也要第一时间、直截了当告诉对方自己做不到。

希望越大，失望越大，拖得越久不拒绝，对方的希望就变得越大；到拒绝的时候，对方的失望也就越大。

第二，承诺的时候要留有余地。

只承诺自己肯定能够做到的事情，对于超出自己能力的事情不要承诺。

人都有高估自己能力的倾向，所以更不能把话说满，不要乱拍胸脯，告诉别人做不到或者说只能做到某个程度不丢人，丢人的是说到做不到。如果早告诉别人做不到，别人会有别的准备，想别的办法，大包大揽之后做不到才是真正地害人。

"OK，开个玩笑啊！""我说说而已！"……这些都不是男子汉应该说的话——男子汉，话不能随便出口，一旦出口就要负责任，说出的每句话，最终都会影响你的形象。

女孩子出门前都要照镜子、化好妆，把自己最美的一面展示给别人，就是男孩子也没有人出门前故意把头发弄成鸟窝一样、穿得破破烂烂的，可为什么有人说话却很随便呢？经常说些不着边际、不靠谱的话，和把自己捯饬得乱七八糟出门有何区别？

说话的时候要动脑，少说一句话并不会减分，但多说一句不靠谱的话，一定会给自己大大地减分。

能不能说到做到，首先在于"说"。说的时候，要想清楚再说，因为别人会依据你说的话，来形成对你的印象，想不清楚时，不要说，尤其不要胡说八道，那会大大降低别人对你的信任。行胜于言，不要做一个夸夸其谈的人，要少说多做，有力量的人都是敏于行而讷于言的人。

能不能说到做到，其次在于"承诺"。不承诺就不用说到做不到，如果要承诺，想清楚再承诺，承诺时留有余力。

第三，承诺了就要竭尽全力去做到。

承诺，就是没有前提的，除非你承诺的时候已经说明了前提，否则就是没有前提的，不管任何理由没有按照全部条件做到就是没有说到做到。

我几乎每天都会收到各种活动邀请，我答应得很少。一方面是因为我自己不是一个喜欢凑热闹的人，能不参加的活动我都不参加；另一方面就是担心自己做不到，尤其是提前很久的邀请，一旦事到临头出差或者有别的什么事去不了就变成说到没做到了，所以对于远期的邀请我会特别慎重。

但是所有答应的活动，我都会克服一切困难参加。

我们自己也有活动，请嘉宾的时候，有些嘉宾总是让你非常放心，因为你知道他只要答应了一定会准时参加，但是总有一些嘉宾让你提心吊胆，生怕最后时刻他们掉链子把你搁在路上，后来，只要是不靠谱的嘉宾我们就一律不请了。

第四，万一做不到要第一时间告知对方。

我们谁都不是神仙，都可能遇到突发情况，这时候是全力以赴兑现此前的承诺？还是轻易就放弃承诺？当然应该竭尽全力兑现承诺，如果万一发现做不到承诺或者可能做不到承诺，都要第一时间告诉对方，"对不起，我做不到了"或者"对不起，我可能做不到了"或者"对不起，我只能做到 ×× 程度了"。第一时间告知对方，对你和对方都是最好的选择。

如果不告知对方，对方会以为你能做到，还会按照你能做到承诺为前提做自己的计划，一旦你兑现不了承诺，对对方可能会造成巨大的影响；如果对方很早知道你兑现不了承诺，就可以从容应对，要么启动 B 计划，要么调整原计划，把你兑现不了承诺的影响降到最低。

说到做到是一种习惯，有这种习惯的人总是能够说到做到，没有这种习惯的人总是说到做不到。如果你认为说到做到是自己的信誉、自己的品牌，你就会想清楚再承诺，承诺的都说到做到；如果你认为说到做到没那么重要，你一定经常说到做不到。

如果想清楚再承诺、承诺时留有余地、承诺了就坚决做到、可能做不到时第一时间告诉对方，你就是一个说到做到的靠谱人。

▲ 第八节 十二条令之五：保持准时

保持准时，相信所有的管理者没少为此浪费口舌，甚至有人专门想了各种办法，设计了各种制度来解决这个问题。比较著名的大家耳熟能详的例子：杨元庆规定开会迟到罚迟到人的秘书。

保持准时，虽然是一个小事，却是一个大问题，因为一个人的迟到必然影响所有准时的人。按照鲁迅先生的说法，浪费别人的时间无异于谋财害命。迟到就是对别人时间的最大浪费，而且是一个人同时谋害所有准时的人的生命。

即便是吃饭聚餐这种生活小事，不准时也是对别人时间的巨大浪费，本来两个小时可以结束的饭局，因为重要客人迟到一个小时，导致所有准时的人都要多花一个小时才能结束，同样是对别人生命的浪费。

越是身份和地位高的人，在聚会时越不应该迟到，迟到并不能体现你的地位和身份，只能彰显你的傲慢和无礼；相反，约会时，身份和地位高的人准时，是风度和人格魅力的体现。

一、什么是保持准时

保持准时，就是在约定的时间准时开始做约定的事情。

保持准时的前提是对准时有正确的理解，并且对保持准时的意义有深刻的认识，对保持准时有高度的重视。

例如，约定九点钟开会，"保持准时"的含义是：九点钟，主持人开始主持会议的第一个议程，其他所有事情，都应该在九点之前完成。

对于与会者而言，九点之后才到达会场显然是不准时；

九点准时到达会场也是不准时，因为你已经没有了调整状态进入会议的时间；

九点才开始准备投影仪、发放会议文件，不是保持准时；

九点才开始打开电脑，或者第一个发言人才开始走向讲台，也不是保持准时。

所谓"保持准时"，是指一切都在九点之前做好了准备，九点钟正式开始会议的第一项议程。

很多人总是喜欢纠结"迟到五分钟之内应不应该算迟到"，他们的理由是谁都可能遇到的特殊情况，例如路上堵车、楼下等电梯或是上了一趟厕所等等。我认为，迟到一秒钟都应该算作是迟到，请问飞机起飞的时间、高铁开车的时间会等你一秒钟吗？既然知道有这种种意外的可能，为什么不提前到呢？我的工作习惯是，如果距离远的约会，我会提前半个小时甚至一个小时到达约会地点，然后在车里一边等一边处理事情。

如果想保持准时，就提前预留时间。比如通知九点开会，最简单的办法是自己把开会的时间设定为八点半，留出足够时间来应付路上的各种可能发生的意外，而不是以九点钟到达来安排出行。

二、迟到的原因

迟到的理由千奇百怪，但是我认为本质上是三个原因：

第一个原因，是对于保持准时的理解有错误。

有人认为约定的时间可以有弹性，例如九点钟上班，很多人觉得微小的迟到，比如迟到十分钟应该不算迟到，这是非常错误的理解。准时，就应该是分秒不差，如果担心有意外，为什么不把上班时间理解为八点五十甚至八点四十？

有人认为出现特殊原因不应该算迟到，例如电梯延误、堵车排队等。有人觉得，遇上大堵车，这是谁都不能预见的事。

还有人认为自己准时进门了就是准时，九点开会就是九点开始调试投影仪，泡茶倒水，做会前准备。

这些都是对保持准时的错误理解。

正确的理解是，保持准时是在约定的时间准时开始做约定的事情。这是一个结果，做到了就是保持准时，任何一点没有做到就是没有保持准时，和原因以及过程无关。

第二个原因，不够重视。

参加考试，没有人会迟到；坐飞机、坐火车，极少有人迟到，因为足够重视，所以不会迟到。

不够重视是造成不准时的最重要的原因，而且很多人认为重要的事情不应该迟到，不重要的事情迟到与否无所谓，所以重要的事情能够准时，不重要的事情就不准时。

预留时间不够也是不够重视的表现。有人说，现在在北京，只有真爱才会横穿半个城去赴一个晚饭的约会。的确如此，原则上，北京的晚饭局不提前两个小时出门很难保证准时，我的习惯是，如果需要提前两个小时，我会提前两个半小时甚至三个小时出门，提前到了就在车里看会儿书或者闭目养神也挺好的，何必晚出门半个小时搞得自己很紧张甚至迟到呢？

第三个原因，故意的。

有人认为自己级别高，应该迟到，让级别低的人等一会儿是自己的权力，也是自己的权威，或者认为自己的事不能迟到，别人的事迟到一点无所谓。如果是抱着这种心态，准时是意外，不准时才是常态。

三、不准时的危害非常大

第一，浪费别人的时间。

鲁迅说，浪费别人的时间无异于谋财害命。的确，当下每个人都有很多事情，每个人的时间都很宝贵，浪费别人的时间就相当于是在谋财害命。

第二，影响领导的工作。

不能准时开始会极大地影响领导的情绪，涵养再好的领导也会生气。当领导是世界上最难的事，一旦确定好的事情，不论到时候情绪如何，体力如何或者遇到什么事情，到了该上台的时候必须站到台上开始讲，而且还必须言之有物，讲到点子上，这是非常难的一件事。

要体谅领导，至少不应该用不准时这种小事去干扰领导的工作。

第三，影响自己的形象和命运。

一个不准时的人，不但会被认为不准时，更会被认为不靠谱、不可信赖，一旦被别人贴上这种标签，你的机会就会减少很多。

这个世界就是如此，不准时这种"小事情"，会影响别人对你的印象，让别人给你贴上"不靠谱"的标签，这个标签会影响别人和你的合作，大大减少你的机会。机会减少，做事就会越来越难，甚至说会改变命运也不为过。

而且，"好事不出门，坏事传千里。"好的标签很容易被别人遗忘，坏的标签一旦被贴上很难被改变，即便你开始准时了，别人对你的不准时、不靠谱的印象也很难改变。

四、如何做到保持准时

保持准时，谁都可以做到，只是去不去做而已。当然，保持准时既是一种态度，也是一种能力，需要有一些正确的做法才能做到：

首先，要正确理解什么是准时。准时就是在约定的时间开始做约定的事情，除此之外都是不准时。

其次，要把保持准时当作自己修身的一个硬指标来对待，像维护自己的个人品牌形象一样来保持准时。

最后，要预留足够的时间以及足够有效的方法来做到准时，这里有很多窍门：

例如1：设定足够的提前量，把约定的时间默认为 N - 20 分钟，约定九点就按照约定是八点四十来规划到达。

例如2：事先勘察线路，据我所知，柳总的司机在柳总重大出行之前都要提前一天把计划的线路开车走一遍了解路况，并以此为依据来设计第二天的出发时间和路线。

例如3：有重大安排提前住到约定地点附近，很多重大谈判以及重大事情，提前一天住到约定地点附近的酒店，确保第二天准时。

归根结底，保持准时的诀窍就是，留出足够的时间。

所以，保持准时，在对准时的理解正确的前提下，不是能不能做到的问题，而是想不想做到的问题，只要想，都能做到。

保持准时是很神奇的一件事。想象一下，如果身边有一个人，从来不迟到，任何事情都说到做到，这将是一个多么有力量的人，身边的人会多么信任他！而这一切，仅仅是因为他做到了保持准时和说到做到这两个谁都可以做到的事，人生就是如此神奇。

▲ 第九节　十二条令之六：解决问题

人分两种：一种人只愿意提出问题，不管自己有没有能力去解决问题，都不愿意去解决问题；另一种人发现问题就去解决问题，不愿意把问题丢给别人，认为解决问题是自己的责任。

显然，第二种人是建设性的，第一种人有破坏性的负能量。

世界上任何事情都不完美，都可能存在问题，一味地指出问题抱怨问题，很多时候除了给大家添堵、添乱之外没有任何意义。唯一有意义的是解决问题，只有解决问题才能让事情变得更好一点。

有问题不可怕，可怕的是不去解决问题，只要解决了问题就可以向前推进。世界上不存在没有问题的企业，也不存在没有问题的事情，一个一个解决就是了。

拉卡拉的"三有人才观"，认为所谓人才，就是有态度、有能力、有素质的人，其中有能力有三个标准，分别是解决问题、有亮点和业绩好，能不能解决问题是有没有能力的第一标准。

一个组织，如果以解决问题作为衡量能力的标准，其成员就会奔着解决问题去，以解决问题为荣，以不能解决问题为耻。

一、什么是解决问题

解决问题，就是把阻碍我们前进的障碍清除掉，使得我们可以继续前进，并最终达成预期目标。

只有解决问题才能向前推进，只有不断向前推进才能达成目标，这是一个显而易见的道理。

把问题推给别人，或者把问题留给未来，并不是真正解决问题。遗憾的是，工作中有太多人不是以解决问题为自己的职责了。

有的人一遇到问题就退缩、停滞不前或者马上向上级请示汇报该怎么办。有的人，你跟他讨论方向，他跟你质疑执行；你跟他讨论执行，他跟你质疑方向，用战术上的困难去质疑战略上的思考，用执行中的困难去质疑决策。

我有一个下级，有一次向我抱怨他的下属工作不得力，我很奇怪地问他，你的下属工作不给力，应该是我向你问责，怎么你还向我抱怨？让每个下属都胜任工作是作为一个管理者的基本岗位职责，下属不听话、不得力是管理者应该去解决，并且必须去解决的。既不解决又向上级抱怨，这是身为管理者的一种耻辱。

工作的根本目的就是解决问题，每个岗位存在的唯一理由就是解决某些问题，每个员工存在的唯一理由就是能解决某些问题，以及能处理解决问题过程中遇到的问题。

正确理解什么是解决问题，是解决问题的前提。

具体而言，解决问题包含以下三个含义：

1. 解决问题是行动而非想法

问题不会自己解决，所以靠说一说或者想一想是不可能解决问题的，只有行动才可能解决问题。

2. 解决问题是很困难的

如果轻而易举就可以办到，就不是问题了，既然是问题，一定是很难解决的，需要付出极大的努力、耗费极长的时间，甚至需要经历多次挫折失败才能解决。

3. 解决问题是自己的职责

自己的问题必须自己解决，解决问题是你的事而非别人的事，更不是上级的事。

二、不能解决问题的原因

一是观念理解错误。

很多人不清楚自己的问题应该自己解决，错误地认为自己是在替上级达成目标，所以解决问题是上级的事，自己只是执行者，是上级的"跑腿"，这是错误的认识。

正确的认识是，每个人都是自己工作的最终责任人，达成目标是自己存在的意义，上级只是控方向、抓协同和做后备，一旦严重依赖上级，你的价值也就不存在了。

二是工作心态错误。

很多人认为自己只要尽力就可以了，能不能达成目标要看客观因素，这是错误的工作心态。正确的心态是：结果导向，只讲结果不讲过程，只讲功劳不讲苦劳，没有结果相当于没有做，没能解决问题相当于没去解决问题。

三、如何解决问题

解决问题是一种习惯，能够解决问题的人，永远能够解决问题；不能解决问题的人，永远不能解决问题。

能够解决问题的人认为解决问题是自己存在的理由，所以总会竭尽全力去解决问题；不能解决问题的人认为解决问题不是自己的事，所以从来不会想办法和行动。

当然也有能力的差别，但是心态的差别是决定性的。能解决问题的人总能找到解决问题的办法，不能解决问题的人万事俱备也解决不了问题，因为他还需要东风，而且需要东风自动送上门来。

解决问题有三个要点：

1. 竭尽全力

没有任何问题是不经过艰苦努力就可以解决的。

把解决问题达成目标作为自己的核心工作来对待，就会竭尽全力去解决问题，这是解决问题的开始。

解决问题的核心，是我们要竭尽全力向前走，不能因为任何一个前进中的困难让战车停下来。

2010 年，央行准备发支付牌照时，我做了很多努力去力争第一批拿到牌照，甚至为此把公司的 VIE 结构① 改为内资②，并更换符合监管要求的股东等等。当时我有一个朋友也在做支付公司，他们没有去申请支付牌照，他跟我说，他曾经在外企工

十二条令

第六条 解决问题

* 要竭尽全力去解决问题；
* 学会分阶段解决问题，先解决有没有，再解决好不好，再解决贵不贵；
* 解决不了问题时，及时求援。

---

① 指可变利益实体，其本质是境内实体为实现在境外上市采取的一种方式。

② 本地以外的中国大陆投资者。

作，在外企，如果遇到政府开始发放牌照而企业存在不符合牌照条件时，他们只需要告诉老板监管环境变化了，咱们企业不具备拿牌照的条件，一切就结束了。所以这次他也是这样告诉股东们，因为条件不具备所以不去申请，因为政策变了，所以公司关门大吉。他很奇怪，为什么我的心中好像从来就没有想过会拿不到牌照，也没有想过如果拿不到牌照如何在股东面前解释，而是从头到尾只有一个心思，就是如何想办法拿到牌照，条件不符合就改变股东结构，不认识人就想办法认识人，没有交情就抓紧时间建立交情。

这就是我的风格，也是我认为所有创业者必须具备的风格，工作不可能不遇到问题，我们的存在就是为了解决问题的，如果目标可以一帆风顺达成，要我们何用？如何体现我们的能力和价值呢？如果没有问题，岂不是所有的人都来竞争了？没有问题，岂不是所有人都可以成功了？

2. 分阶段解决问题

分阶段解决问题，是解决问题的最有效方法。

工作上，最坏的工作方法是想一次性解决所有的问题，然后因为其中某一个环节解决不了，导致所有的问题都没有解决，最后没有结果。按照拉卡拉的理念，没有结果就相当于没有做。

正确的做法是：

分清问题的轻重缓急，先解决重要紧急的，再解决不重要紧急的，然后腾出手来解决重要但不紧急的。

在解决每一个问题时，先解决有没有的问题，再解决好不好的问题，最后解决贵不贵的问题。

解决问题时，能解决什么就先解决什么，然后想方设法解决难度更大的问题。

如此循序渐进，最终解决所有的问题。

3. 解决不了问题时，及时求援

虽然解决问题是我们的工作职责，但毕竟我们是人不是神，没有人能够解决所有遇到的问题，都会遇到自己解决不了的问题，这时候正确的做法是：竭尽全力及时求援。

军队从来不把单打独斗取胜作为自己追求的目标，而是把取胜作为自己追求的目标。所以，在遇到强敌时，军队的第一个反应就是求援，争取援军。我们做工作也一样，发现自己解决不了问题时，甚至发现自己可能解决不了问题时，第一时间向同事、向上级求援，这是解决问题的正确方式。

任何时候、任何原因让工作停滞不前都是错误的，如果自己解决不了问题也不求援，听任问题不解决，害己害人，自己解决不了的问题，必须第一时间，竭尽全力求援。

▲ 第十节　十二条令关于沟通（条令七至九）

沟通顺畅、令行禁止，是一个组织能够拧成一股绳的基础。

沟通，是令行禁止的基础。

十二条令关于沟通的三条纪律，是保证有效沟通的有效方法。

▲ 第十一节　十二条令之七：日清邮件

　　我的朋友陈彤曾经担任新浪网总编辑多年，新浪网的新闻无论从时效性还是深度上都一直位居全国前列，这与陈彤的管理是分不开的。我第一次听说陈彤的管理"简单粗暴、直接有效"是从雷军口中，雷军告诉我陈彤给新浪网的员工制定了一个200多页的管理手册，事无巨细都做了明确规定，其中对于通信工具的规定是"陈彤的电话必须振铃十声以内接起，否则罚款××元"，导致新浪网的编辑们就是洗澡的时候也不敢把手机放到视线之外。后来我亲自要来了陈彤的管理手册拜读，终于明白，是严格的管理才让新浪网的新闻一直位居前列。

　　邮件是现代办公非常重要的沟通手段，如果不能及时回复邮件，就会非常耽误进度——尤其是发送邮件的人责任心不强不主动追问的时候。你这个环节就会成为发送邮件人工作停下来的理由，让进度骤然减慢。当然，对方因为你没有回复邮件而把工作停下来是对方的问题，但是既然作为工作环节中的一环，也有责任。

一、什么是日清邮件

　　拉卡拉十二条令规定，必须日清邮件，这是一条纪律。

　　所谓日清邮件，即所有发给你的邮件，回复最迟不能迟于发件人发出后的24小时。言下之意，手机必须保持24小时畅通，除了在飞机上必须关机，否则应该随时检查邮件、微信等工作信息并及时回复。

这是硬性的要求，尤其是对领导的要求，不管是出差，还是度假，所有发给你的邮件 24 小时之内必须给予回复。据说华为规定 17 小时内必须回复邮件，因为全世界任何一个单程飞机最长的飞行时间是 17 小时。员工尤其是领导，必须把工作当作生命中的头等大事，随时检查邮件，随时回复邮件。

二、为什么要日清邮件

我们要求日清邮件，不仅仅是对回复邮件的要求，其背后体现的更是我们对工作状态的要求。

一个热爱自己的工作，把工作当作自己生命中头等大事的人，很难想象会一整天都放得下手头的工作。如果自己家里装修，装修队随时要请示，我相信，每个人即便是在度假也会随时查看和回复邮件。日清邮件对责任心和工作状态而言，是低得不能再低的要求了。

要求日清邮件，是因为以下三个原因：

1. 保证效率

不让工作耽搁在自己这一环，是保证整体效率的基础。如果每个人都不让工作在自己的这一环节耽搁，整体的效率自然就高了。

日清邮件，是对所从事工作负责到底的态度和担当，只有能做到日清邮件的同事，才能与其他同事的工作节奏同步。

请示不是工作的终点，发出邮件，对方没有回复，不要原地等待，要邮件、电话甚至上门反复催促对方回复，不能因为对方没有回复邮件自己就停滞不前，更不能耽误进度甚至达不成目标；

别人发给自己的邮件，必须 24 小时之内回复。

2. 领导应该将全部心思时刻用在工作上

我一贯认为，领导是应该没有假期的。在拉卡拉，我最反感那些申请休年假的领导，想休假就申请休假，不要拿年假说事，仿佛年假若不及时享用就吃亏了似的，如果是这种觉悟，我不相信可以承担起领导的职责。

当然，我并不认为领导需要天天在办公室里"坐班"，我甚至对于领导是否朝九晚五按时打卡都不在意，因为我认为领导对工作最大的价值不是物理上投入的时间而是脑力上投入的时间。一个称职的领导是没有下班时间、没有节假日，甚至没有白天黑夜的。领导如果需要休假，随时可以休假，但是在"休息"和办"私事"时，不应该把工作完全抛到九霄云外。如果以"休假"或者"下班时间"为由不处理邮件，我认为是没有把工作放到第一位的表现。

如果觉得我们要求领导 24 小时开机，日清邮件"不人道"或者压力太大，最好不要做领导。我们需要的是和我一样全部身心都在工作上的队友，我希望每个队友都是靠得住的，是我可以把后背托付给他的那种队友。如果是一个只愿意把部分时间交付给工作的人，请不要当我的队友。

3. 养成良好的工作习惯

俗话说，21 天可以养成一个习惯。习惯可以变成性格，性格决定命运，可见好的工作习惯至关重要。

日清邮件，可以让你保持一个紧张有序的工作习惯，今日事今日毕，你会觉得非常轻松，而且效率非常高。

三、如何日清邮件

如何日清邮件呢？在拉卡拉，我们要求三点：

1. 随时查收和回复邮件，以及微信等通信工具的信息

领导没有下班时间、没有假期，任何时候，都要保持手机24小时开机，当然在飞机上除外。在电影院甚至洗澡、睡觉，都应该保持手机畅通，都要随时查收邮件和微信，并及时回复。

2. 处理邮件，先难后易

很多人的习惯是，吃东西时，先挑坏的吃最后再吃好的，看邮件时，先看容易简单的再看重要复杂的。这些习惯的坏处是，

十二条令

第七条 日清邮件

- 所有的邮件、微信、短信都应在24小时之内给予回复，并且先处理重要且紧急的。

领导，昨天的邮件您还没给我回复。

小拉，对不起，我在休假，昨天回复了三封邮件，剩下的还没来得及回。

领导，十二条令说日清邮件。

小拉，你说得对，是我错了。

日清邮件就是，24小时内回复所有的邮件，以及微信、短信，而且应该先集中精力回复重要且紧急的。

把最充沛的精力用在了处理简单容易的事情，而那些复杂伤脑筋的事情都留在了后面，甚至最终变成没有时间没有精力草率处理了事，这是非常不好的工作习惯。正确的工作习惯是，按照重要紧急四个维度来处理，先处理重要且紧急的，再处理紧急但不重要的，然后再处理重要不紧急的，最后是不重要不紧急的。正确的处理顺序，可以保证及时处理好重要的事情。

3. 养成正确的写邮件方式

虽然邮件是大家天天用、时时用的工具，但是大多数人还是没有掌握写邮件的正确方式，要么不写主题，要么内文平铺直叙长篇大论，要么动辄就抄送全体……

正确的写邮件方式包括：

邮件一定要有主题，让收件人一目了然，以后查找邮件也简洁明了。

邮件一定要控制抄送对象，很多人把邮件抄送给了很多那些不相关的人员，既骚扰了别人，又可能泄密。

邮件一定要简洁，要写"人话"，不要信马由缰长篇大论，最好是"一页报告、三条总结、统计分析"。我建议大家认真学习一下《毛泽东选集》里面的很多文章，毛主席的文笔真正一流，不管多高深的道理，都是用非常简洁、直白的文字表述得入木三分，浅显易懂，而且逻辑清楚，层次分明。

叙述问题不要平铺直叙，要先提出问题，然后给出解决方法以及为什么。论据要简明扼要，资料应该作为附件而不是正文，不要动辄就从盘古开天地写起，然后平铺直叙罗列流水账。

我们永远要记住，写邮件也好写文章也罢，唯一的目的是让人接受，如果长篇大论对方都不读完，谈何接受？如果写的晦涩拗口，对方都没有看懂，谈何接受？

同样，凡事唯有简单，才可能被记忆，唯有被记忆才可能被执行，一般而言，人对文章的阅读热情也就三分钟热度，三分钟之内如果没能抓住阅读者的兴奋点基本上沟通效果就趋零了。

写文章，做演讲，一定要关注受众是谁，然后用最容易被对方理解和接受的方式去说。

工作是一个持续的状态，把工作放到第一位的人才可以成为领导；一个不把工作放在第一位的人，不可能成为一个有担当的领导。

▲ 第十二节　十二条令之八：会议记录

开会，是工作的常态，每个人每天的大量时间都消耗在会议上，但是这些会议真的起到了预期的效果吗？如果没有，对所有参会者而言，都是巨大的时间浪费。

关于会议，常见的一些现象：

会议参加人太多，不应该参加的也来参加，很多人只是来听听也就罢了，经常会有无关人员在会议上长篇大论离题万里。

会议没有主题，大家七嘴八舌；或者有主题，但是被参会者的话题带着越走越偏。

对要讨论的议题事先不做准备，缺乏应有的背景和资料，所有参会人员在资讯匮乏情况下只能"侃大山""开神仙会"。

会议没有形成明确结论，散会后没有人再关心会议的内容和结论。

会议有了结论，没有后续分工，也没有人具体落实。

没有会议记录，大家对会议的结论各自理解各自表述，经常产生歧义。

造成这种情况的原因是大家不会开会。开会是一门学问，美国曾经有一本书专门写如何开会的，名字叫《罗伯特议事规则》。

其实要开好会并不难，核心是两个：一个好的会议主持，一个好的会议记录。

一、如何开会

一个好的会议，要做到以下五点：

1. 提前通知

提前发出议题，并且将会议资料发给参会者，以便大家对会议讨论的议题事先有所思考有所准备。

2. 慎选参会人

会议的参会人数不是越多越好，参会人数多了反而效果不好，参会人数要精干，一般会议人数以不超过八人为佳，与会议内容紧密相关的人必须参加，他们不在，会议相当于没开。尽可能选择那些愿意参与讨论，能够提出想法的人参会，那些每次开会只是带着耳朵来的，甚至耳朵也不带一边开会一边玩手机或者处理邮件的，不要让他们参加。

3. 要有主持人

要有明确的讨论的主题，并且开宗明义就要设定会议要输出的结果是什么，例如要做个决定，或者是要讨论出一个方案……会议主持人必须担当起会议的组织之责，要时刻牢记会议主题，并且参照《罗伯特议事规则》之类的原则，组织大家集思广益，得出会议结论，达成会议目的。

4. 做好会议记录

所有的会议必须指定会议记录人，要有会议记录，免得开会时大家讨论得热热闹闹的，一结束关上门全走了，到底会议里面明确了哪些东西？部署了什么？由谁去跟进？什么时候有结果？所有的会议必须有会议记录，以便大家会后学习落实会议结论。如果能够

十二条令
第八条 会议记录

- **谁记录：** 要选择参会人中水平较高的人做会议记录；
- **谁审定：** 会议主席要第一时间亲自审定会议记录；
- **发送范围：** 会议记录要及时发送给所有参会者以及内容相关人。

让每一个参会的人，都写一份会议记录是最好的，既可以促使参会者认真参会，聆听会议内容，也可以通过写会议记录，加深对会议内容的理解。同时，自己写了会议记录，再收到大会统一的会议记录时，体会其差别，理解更深。

5.会议主席亲自修改会议记录

会议结束后，会议主席必须亲自修改会议记录，会议记录除会议结论外，必须对于后续落实工作明确责任人、任务、时间、结果等要求，并且在 24 小时内将会议记录下发与会者以及未与会的相关人员。

二、为什么要做会议记录

会议记录，是拉卡拉十二条令中的一条纪律，之所以将之作为纪律硬性要求，是因为以下三个原因：

1.记录会议成果

会议记录不是流水账，而是将会议中产生的火花和要点记录下来，以便相关人员参考。

2.落实会议结论

一个好的会议，一定会形成最终的几个结论以及落实计划，作为会议成果，这些要在会议记录中体现。

3.资料备查

会议记录会作为公司文献，存档备查，以备未来不时之需。

三、如何做好会议记录

拉卡拉十二条令规定每一次会议，必须进行会议记录，如何能够做好会议记录呢？如何能发挥好会议记录的作用呢？

有以下四个要点：

1. 指定合适的人做会议记录

常见的错误是随便指定会议记录人，甚至指定最不重要的人作为会议记录人，这是非常错误的。

不是任何人都可以成为会议记录员的，原则上，需要参会人中水平最高的人之一做会议记录。因为记录者首先必须听得懂会议的内容，并且有极强的归纳、总结、提炼能力，对于会议中涉及的问题进行深入总结和概括，并记录下来。中国共产党召开一大时的会议记录员是毛泽东，遵义会议时的会议记录员是邓小平。

会议记录者需要有较强的文字功底，以免写出的会议记录文理不通、词不达意。

2. 会议要形成结论及后续工作安排

没有形成结论的会议相当于没开，除了浪费大家的时间没有什么价值，会议主持人必须引导会议形成结论，包括会议确定要做的事情、目标、负责人、进度等等，并且对于事情的重要性进行排序，列出前三大重要项目，以便大家分头落实执行。会议记录的核心，是记录上述会议结论。

3. 会议主席要第一时间亲自审定会议记录

很多时候会议记录员直接就把会议记录发送给参会人员了，这是错误的。会议记录必须经过会议主席的审定，以免记录员因为自己的理解等问题导致会议记录失真，而且会议主席审定的过程本身就是会议主席补充和完善自己对于会议结论意见的过程。一份经会议主席认真修订的会议记录，才是会议的最大成果。

4. 会议记录应该在会议结束 24 小时之内发出

发送范围，是所有参会者，以及没有参会但与会议内容或者会议结论相关的人。

会议记录有两种形式：一种是会议纪要，一种是逐字稿。两者各有各的用途。

会议纪要，要简明扼要，而且要总结出要点，以便贯彻执行；逐字稿，要原汁原味，当然需要把口头语等进行润色，但是应该尊重原文，不要搞成既不是讲话原文也不是会议纪要的两不像。

既然大家花时间开会了，就必须尽可能把会议开得有效率和有成果，会议记录是非常有效的一个工具，可以帮助我们实现这个目的。

▲ 第十三节　十二条令之九：写备忘录

领导找你谈工作给予了很多指示，对领导而言，谈完就结束了，他还有很多其他的事情要考虑和处理；对你而言，领导的指示是否记住了？是否理解准确？领导做出的承诺他自己会不会忘记？如何把领导的指示转达给相关的人？

两个部门、两个人协商一件事情，协商完了，双方理解的是一个意思吗？如何确保双方一致会记得彼此的约定？

造成这些现象的原因，是因为没有养成良好的工作习惯，准确说，是没有养成写备忘录的工作习惯。如果有备忘录，上述这些问题都会迎刃而解。

一、什么是备忘录

备忘录是书面的，对于一些约定、思路、计划等的描述，发送给相关的人，用于提醒大家以及作为大家相互协同的依据。

备忘录可以是纸质的，也可以是邮件，甚至是微信、短信。

二、为什么要写备忘录

备忘录在欧美，是非常标准的工作习惯，中国企业还不是应用得很广泛。但是在拉卡拉，我们将之作为十二条令之一，作为一条纪律提出来，就是希望员工们能够发挥好备忘录的作用，将之作为有效的管理工具使用。

备忘录的发送对象是上级、平级以及合作伙伴。总之，是与工作相关的人。

具体而言，备忘录有以下几个作用：

1. 记录

上级的大脑里面就像有一个一个的小隔间，大脑只用来思考那些必须他们去思考和处理的事情，任何事情他们一旦处理完成之后都会将之封装在一个小隔间之中，然后把这个小隔间的门关上把这些事情忘掉，空出空间来思考下一个事情。这就是拉卡拉十二条令要求和领导谈话之后必须写备忘录的原因，因为领导做完指示后会把这些事情隔断，去思考别的事情，你若不写备忘录，很可能领导就忘记自己和你的谈话了。

2. 确认

写备忘录，尤其是与上级谈话之后的备忘录，另外一个核心作用就是请上级确认你对谈话的理解，并补充指示。把备忘录提交给上级后，上级会做出审定和修改再返回。虽然上级的工作相当繁忙，不与你谈话时基本上不会研究思考你的事情，但是刚刚与你谈完话，面对你的备忘录，思路一定是依然在你的事情上的，在审定你提交的备忘录时就会发现你的理解歧义，或者主动补充一些谈话时没有阐述透彻的东西，可以更好地达成谈话的目的。执行最大的难题是对指令理解偏差，上级跟你说 A，你理解成 B，但上级不知道你理解成 B，你也不知道他布置的是 A，你按照 B 去做……写备忘录，包括确认指令、及时报告等纪律都是为了确保上下理解一致的管理工具。最重要的是，上级和你都可以通过把备忘录转发的方式，让相关人员了解事情的来龙去脉以及上级的指示。

3. 提醒

每个人都很忙，我们一定要清楚，哪些事是自己的事，哪些事是别人的事，一个基本的原理是，自己的事必须自己盯着。别人不会帮你盯着你的事，你的事需要别人参与，要自己盯着、提醒、跟进。写备忘录可以提醒自己盯着自己的事，也可以提醒对方注意该注意的信息。

我越来越发现，分清楚事情的性质对于工作太重要了。很多人成为输家就是因为没有分清楚哪些事是自己的事，哪些事是别人的事，结果把自己的事当作了别人的事，例如工作。工作是自己的事，不是领导的事，解决问题达成工作的目标是你自己的事，很多人对于自己的工作，以为把思路提交领导之后就万事大吉了，等着领导的反馈，如果领导不反馈自己也就认为工作结束了，这都是非常错误的思路。请示领导只是你做事过程中的一个环节，不能把中间环节当作结果的，做菜需要加盐，有人会因为申请需要盐时上级没有回复就停止做菜等着挨饿或者吃不放盐的菜吗？

另一种是把别人的事当成了自己的事，例如那些喜欢八卦的人，天天把时间放在八卦上而影响了工作，就是把别人的事当成自己的事。当然工作中也有很多热心肠，谁找他帮忙都热心地跟着掺和，帮助别人做别人的事，而忽略了自己的事，这都是非常错误的。一个组织固然要强调协同，但是协同之前是必须各就各位、各司其职。如果每个人都不做好自己的事天天讲协同，组织会乱成一锅粥；如果每个人都把自己的事做好同时讲协同，组织的战斗力会倍增；如果每个人都只做好自己的事不讲协同，组织的战斗力依然强大，只是效率会低一些。最核心的，是做好自己的事，不要把别人的事当自己的事。

写备忘录，就是盯自己的事的一种有效方法，因为我们假设别人不把我们的事当作他们自己的事，所以如果我们不提醒、不盯着，他们就会忽略这些事。我们要把双方协商好的事情写出书面的文字，发给对方"备忘"，防止对方忘记。

三、如何写备忘录

1. 什么时候应该写备忘录

写备忘录是一个非常好的工作习惯，有三种情况需要写备忘录：一种是和上级谈完工作之后以便彼此备忘，一种是把自己的思路想法写给相关部门，一种是把双方的一些约定写给对方。

2. 备忘录写什么

原则上备忘录什么都可以写，只要是你认为对方应该知晓和记住的信息都可以写。

十二条令
第九条　写备忘录

- 何时写：和上级沟通后；有新思路或想法时；双方做出约定后；
- 写什么：你认为需要对方知晓和记住的信息；
- 发送范围：你认为应该知晓备忘录内容的部门或个人。

3. 怎么写备忘录

三条总结、一页报告、统计分析，这些条令纪律都是非常好的写备忘录的原则，可以多使用，目的只有一个：写清楚、写明白。

小时候写作文，要写清楚时间、地点、人物、事件。写备忘录，对于约定的事情，必须责任人、任务、时间、投入产出、目标等要素一个都不能少，核心原则是，写的人和看的人理解无歧义。如果可能有歧义，就要进一步描述，直至清楚无歧义，这是写备忘录的核心原则。

4. 备忘录的发送范围

不论是写给上级、平级还是合作伙伴的备忘录，原则上都应发送给直接对口的岗位，并抄送其上级，以及你认为应该知晓备忘录内容的部门或个人。

写备忘录，一个在欧美流行了上百年的工作习惯，简单、有效，希望大家多多使用。

▲ 第十四节　十二条令关于汇报（条令十至十二）

汇报，是汇报情况，也是总结和复盘，正确的汇报可以让我们看清问题，抓住实质。

大学时代，我提出了一个理念：复杂问题简单化、简单问题庸俗化、庸俗问题黄色化。这是有效的沟通方式，把复杂的问题用"黄色"的比喻表述出来，简单易懂，让人印象深刻。

十二条令关于汇报有三条纪律：三条总结、一页报告、统计分析，是提升汇报效果的有效工具。

▲ 第十五节　十二条令之十：三条总结

一、什么是三条总结

有人喜欢面面俱到，所以我们可以看见诸如"成功企业家的五十条守则""市场营销的十四个要点"等心灵鸡汤文，有人喜欢长篇大论，所以有的总结报告长达几十页……

造成这种情况的原因只能是两个：

一个是本位主义，表达时根本没有从对方角度考虑问题，完全以自我为中心，想写什么写什么，丝毫不顾及别人是否看得懂以及是否会接受。

另一个是水平问题，站的高度不够，或者理解得不够深入，还不具备用简单方式进行表达的能力。这个世界上，把简单问题复杂化很容易，而把复杂问题简单化很难。

拉卡拉十二条令规定，三条总结，这是一条纪律，大到公司三年战略规划，小到如何接客服电话，都要用三条说清楚。

三条总结，不是总结出最重要的三点，而是用三点把所有的事情说清楚。任何一件事情，如果不能用三条说清楚，说明我们没有想清楚，要么是水平不够，要么是深度不够，要么是高度不够。

二、为什么要三条总结

凡事唯有简单，才能被理解；唯有被理解，才能被记忆；唯有被记忆，才能被执行。

现代社会是一个信息爆炸的社会，也是一个快节奏的社会，没有人有耐心花十分钟看完一篇文章，也没有人有兴趣去记忆十几、几十条原则。

有一次我被女儿的学校邀请去给初中生们讲一堂课，我就给他们讲：教给你们几个对你们一辈子都有用的"武功招式"吧。孩子们很感兴趣。我教的第一个"招式"就是三条总结，让他们从现在开始，试着把任何事情都用三条说清楚，而且只能用三条。如果你想到了七条、八条，对不起，去掉四条、五条，

十二条令
第十条 三条总结

- 站在一定高度，从全局思考；
- 通过归纳、总结和提炼，用三条将所有问题说清楚；
- 语言要简单、直接、口语化。

只能说三条，但是请注意不是留下最重要的三条，而是用三条说清楚全部事情。

这是锻炼大家归纳、总结、提炼能力的一个法宝，任何一件事情如果用三条说不清楚，说明没想清楚。我跟小朋友们讲，如果你们从现在开始就训练自己凡事都用三条说清楚，长大一定会成为一个了不起的人。

在拉卡拉，我也将三条总结作为十二条令中的一条纪律，要求所有的员工践行。我坚持认为，所有事情，小到如何做鸡蛋炒西红柿，大到如何管理公司甚至国家，都可以用三条说清楚。我写的三本书《创业36条军规》《有效管理的5大兵法》《精进有道》同样可以总结成三条，只是更加抽象，大家理解起来会有些难度罢了。

有人会认为，简单的问题可以用三条总结，复杂的问题做不到三条总结。这恰恰是我们要解决的问题，我们追求的就是把最复杂的问题能用三条说清楚。

所谓的复杂问题，是因为还没有想清楚所以才是复杂问题，是因为看问题的高度不够所以才是复杂问题。如果一眼看到底、如果站到足够高的高度了，就可以用三条把问题说清楚，也就不是复杂问题了。

三、如何做到三条总结

如何才能做到三条总结呢？同样有方法可循，三个要点：

1. 站在山顶找路

一幅油画，站得越近，越看不清楚画的是什么；站得越远，看得越清楚。当然距离要适中，如果站得太远，整个画面变成一个小黑点，又是什么都看不清楚了。

在山里找路。站得越高，看得越清楚。站在山脚下，看到的只能是森林和树干；站在半山腰，已经可以若隐若现看到一些道路了；站在山顶，所有的道路一目了然，大路小路、平坦的路、崎岖的路、远路近路尽收眼底，很容易选择出最佳的道路。

看问题也一样，距离要适中。站得太近，如同盲人摸象一般，只能看见局部看不清全貌；站得太远，只能看清轮廓也看不清全貌；距离适中，恰到好处，既可见全貌又可见核心脉络。

2. 不断归纳、总结、提炼

我们看问题，如果眉毛胡子一把抓，只是罗列出所有的因素，说明我们没看懂；如果看懂了，我们会发现很多因素其实是一类，可以合并同类项变成一条。

合并完所有同类项，把问题总结为十几条之后，我们再进行分析，看是否可以进一步进行归纳、总结和提炼。如果站在更高些的高度，哪些问题属于细枝末节，哪些属于核心问题，核心问题中是否有些问题属于同类项可以合并。总结之后，要进行提炼，站在更高的高度，把总结出来的东西再总结，提炼出三条。这三条涵盖了问题的所有方面，是我们理解问题以及掌握问题的关键，掌握了这三条，就掌握了这个问题。

归纳、总结、提炼，这是非常重要的逻辑分析能力，其基础是常识和逻辑，常识和逻辑是我们一切思维的基础，超越常识就是骗局，不合逻辑必有问题。

所有的成功人士，都是归纳、总结、提炼能力非常强的人。他们会随时随地对新的认知进行归纳、总结和提炼，得出规律性的东西，再与自己已有的认知体系相印证，如果符合，进一步印证了他们的认知体系，让他们更自信，认知也更清楚；若不符合，他们会马上深入思考，是自己已有的认知体系不够完善还是新认知是错误的或者是特例，然后看是否需要修正自己已有的认知体系，如果需要就修正让自己的认知体系更进一步。这是他们自我学习的过程，也是他们之所以强大无敌的原因。

三条总结的过程，也是一个逼迫自己不断向上攀登认知更高峰的过程。对越复杂的问题进行三条总结，越需要站在更高的高度，进行更高水平的归纳、总结和提炼，完成了对越复杂问题的三条总结，也就完成了一次自己认知的大飞跃。

曾经有人质疑我，说你这么强调三条总结为什么还要写《创业36条军规》而不是《创业三条军规》？实际上36条军规也可以总结为三条，即做买卖、创新、走正道。但过于凝练就只有那些最卓越的企业家能够意会，对大多数创业者很难起到启迪作用，所以，我整理了四个维度，每个维度三个问题，一共十二个创业问题，然后每个问题用三条阐述清楚，是为《创业36条军规》。

3.口语化表述

文字是用来传递信息的，选择什么样的表述方法，其核心是为了更有效地沟通。表述时，一定要说"人话"——我们很多人说话喜欢弯弯绕，不直接，不简洁，说话的目的是让别人理解你所表达的意思，不考虑受众的说话完全没有意义。

口语，是最接近人类本真的语言，也是最易于记忆和传颂的，所以好的广告语都是口语化的。高明的领袖都是采用口语化表述高深的理念，例如"打土豪，分田地""打老虎，拍苍蝇"等等，效果都很好。如果三条总结是用口语化表述，那就更完美了，例如在拉卡拉我们讲如何践行企业文化？要提出来、天天讲、以身作则、融入业务——简洁明了，朗朗上口，很容易记住，也就有了执行的基础。那些根本记都记不住的表述，还谈何执行？

三条总结是拉卡拉十二条令的一条纪律，如果我们坚持按照这个纪律要求自己，就会推动我们不断站到更高的高度思考问题，不断深入分析和理解遇到的问题，不断提升自己归纳、总结和提炼的能力，让我们不断变得更加强大。

▲ 第十六节　十二条令之十一：一页报告

大多数人的报告写得不好，要么是长篇大论，好像不写个3000 字就不叫报告似的；要么是材料堆砌，把搜集来的所有资料一股脑地罗列在一起，意思是"亲爱的上级你自己读吧，必有一款适合你";要么是平铺直叙,恨不得从盘古开天地开始写起,流水账一般把过程细节一股脑地娓娓道来;要么就是语言晦涩难懂,不说"人话",似乎不掉书袋就不足以显示自己的文采。

文风很重要,在拉卡拉,我们要求一页报告,并将之作为十二条令之一作为纪律来要求。

一、什么是一页报告

所谓一页报告,就是用一页纸写完报告,原则上报告不应该超过 1000 字,而且应该采取倒叙方式:先写问题,再写结论,然后写理由,最后给出行动建议,把所有的论证过程和资料作为报告附件。

这样的报告,是简洁明了、言之有物,而且有"用",因为给出了报告与我们的关系:行动建议。

对于报告中的重点,应该以特殊字体、特殊颜色标注,以提示阅读者注意,这也是本书在每章节最后会给出一个思维导图的原因。写书的目的,是希望读者读懂,所以,必须采取一切有助于读者读懂的工具而非炫耀文采、故弄玄虚。

二、为什么要一页报告

在拉卡拉,我们把一页报告作为一条纪律来要求,其原因如下:

1. 报告唯有短，才可能被阅读

现代人处于信息爆炸的时代，对于长篇大论具有天然的反感和抵触，而每个人的工作又很忙，没有时间更没有精力读大段的文章，反正我很少认真读。一页报告，要求用一页纸把报告结论写完，同时对重点进行特殊颜色、特殊字体标注，就是为了让阅读者读下去，读懂。写报告的目的是沟通，沟通的目的是效果，让对方理解和接受并且产生对应的行动，如果不采取有助于沟通的方式方法，就失去了沟通的意义。

2. 报告唯有与阅读者相关才会被重视

没有人会愿意在与自己无关的信息上花心思，所以，一页报告要求开宗明义提出问题，给出结论，说明论据，并且给出相关的行动建议，最大限度地吸引阅读者重视本报告。处于繁忙之中的人，需要的是单刀直入地明示"需要我做什么"，没有心思也没有闲工夫去琢磨"关我何事"。

3. 报告人必须真懂

一页报告也是在考较报告人归纳、总结和提炼的能力，以及思考问题和解决问题的能力。一页报告，让那些想偷懒不做深入思考就码字交差的做法彻底失去生存的土壤，必须深入思考，真正搞懂，真正得出结论，才能写出一页纸的报告。

三、如何才能写出一页报告

把报告写成一页比把报告写成一百页要难十倍，按照拉卡拉对一页报告的要求，如果不把报告的内容彻底吃透并且思考出结论及行动建议，是无法写出"一页报告"的。下面的三个方法，有助于写好一页报告：

1. 想清楚再动笔

动笔之前，应该先想清楚报告得出的结论是什么，以及因此带给我们的行动建议是什么，如果不把这两个问题想清楚就不要动笔。这两个问题是报告的核心，研究文件和资料的目的就是得出结论，以及让我们知道要做什么，纸上谈兵的研究没有意义。这是我们写报告的意义。实际工作中，很多人会忽略这一点，为了报告

十二条令

第十一条 一页报告

- 用一页纸写完报告，不超过1000字，内容要通俗易懂、用数字说话；
- 报告的结构：结论-理由-行动建议-附件。

而报告，或者是把研究的过程以及素材当做报告的核心内容了。

2. 先问题再结论，同时给出行动建议

正确的报告结构是：1 提出问题—2 给出结论—3 列明论据—4 行动建议—5 附件，五个部分。前四个内容用一页纸写完，附件有多少就提交多少。这种结构的逻辑是，阅读报告的人首先需要知道什么问题以及结论，如果对给出的结论有所疑虑，就会阅读论据，看报告的分析是否符合常识和逻辑，是否符合他的判断，如果认同，就会阅读行动建议并发表意见。如果不认同，就会花时间研究附件，自己来分析和得出结论。行动建议，是报告中对我们最有价值的东西，报告最终都要归结到一个行动建议上，即我们该做什么，怎么做，一份没有行动建议的报告只是一份参考资料罢了，并无太多实际意义。

3. 好的文风

好的文风有两个要点：

第一是写"人话"，用通俗的甚至口语化的语言写，让读者易懂。第二是用数字说话，避免模糊的定量用词，例如"大概、差不多、很多、大量、海量"等等，这些词对于理解问题的实质毫无意义，甚至会误导，起到很坏的负面作用，好的文风是使用数据说话，数据不会说谎，数据表述更清晰准确。当然，一页报告的长度也是有限制的，应该是一页 A4 纸的长度，大概 1000 字以内把报告写完为好。

▲ 第十七节　十二条令之十二：统计分析

描述一件事物，通常有两种方法：一种是定性的方法，一种是定量的方法。前者是语文题，通常使用各种形容词来进行描述；后者是数学题，通常以数字说话。

定性的方法很多时候是不准确的，因为语言是一个层次很匮乏的工具，如果说数字是无级变速，有无限种层级来描述一件事物的话，语言对层级的描述就非常匮乏了。语言常见的形容只有"大、比较大、很大、非常大、极其大"以及"小、比较小、很小、非常小、极其小"几种而已，而这些层级之间彼此的界限也是完全不清楚的，"很大"和"非常大"之间差多少？我相信一百个人会有一百种理解。

这就是定性描述的局限性，也是在拉卡拉我们把"统计分析"作为十二条令的一条纪律的原因。

一、什么是统计分析

统计分析就是用数据说话，做定量分析。

统计是对数据进行归纳、分类、排序等，统计的数据一般用图表形式呈现；分析是对统计出来的数据进行分析，找出差异和原因，从而得出结论，为决策提供依据。分析最有价值的四个维度：跟自己比、跟兄弟部门比、跟同行比、跟中长期目标比。

二、为什么要统计分析

拉卡拉十二条令把统计分析作为其中一条纪律的原因是：

1. 全面才有意义

统计，描述的是多数情况、大概率事件、普遍性的问题，抓的是主要矛盾，反映的是基本面和主要问题。一定要擅于运用统计，所有的问题都经不起统计，一统计问题就显现出来了，统计得越好，对事实的把握就越清晰，决策就越有依据。

2. 用数据说话才准确

定性的方式不够准确，而且一旦以讹传讹之后会让事实发生性质上的变化，例如 A 描述一个东西很大，如果用定量方式描述也许只比正常的大了 15%，但是一旦用"很大"来描述，B 听到和接受的就是东西"很大"，很可能 B 心目中很大的标准是比正常的大 30%。于是乎同样的一个东西，在 B 心目中就无形中被放大了很多，若 B 再次传播时将他理解的"很大"用他的标准解释为比正常的大 30%，也许到了 C 的脑中，C 认为很大的标准是比正常的大 20%，而 B 告诉他这个东西比正常的大 30%，于是 C 很可能就会认为东西"非常大"，如此信息越传播越失真……如果采取定量描述方式，不论传播多少轮，都不会失真，因为 15% 的这个数字是唯一的和准确的。

3. 有对比才更清晰

统计分析,可以让我们看到事物之间的差异,从而看到问题的本质,一比较,结论就会很容易得出。在拉卡拉,任何数字我都要求既有绝对数又有相对数,做预算时我首先要的不是指标的绝对数字,而是要求告诉我比去年增长了百分之多少,同行的增长率是多少,两项相比较,才能判断我们的指标设定得是否合理。

三、如何统计分析

统计分析的核心是多维度分析、用数据说话。

在拉卡拉,我一直用四个维度要求大家进行分析:

1. 自己和自己比

先看环比再看同比,今年比去年增长了多少?比去年同期增长了多少?简单一比较,结论就会很清楚。如果过去两年每年比前一年的增长率都是 50% 以上,我们预计明年比今年增长 30%,那一定是我们自己出现了问题,除非有合理的解释,以及对后年甚至大后年的规划,否则我们很难接受这种增长率的下滑。

2. 跟兄弟部门比

其他子公司明年预计的收入和利润与今年的比,增长率是多少?我们是与比兄弟单位增长得高呢还是低呢?我们与全集团的平均增长率相比是高是低呢?如果是低,有没有合理的理由?有没有改进的计划?

3. 跟同行比

同行们明年预计的收入和利润与今年比，增长率是多少？其中最优秀的同行是多少？行业平均是多少？最差的同行是多少？我们的增长率和他们相比如何？如果我们比他们高，OK，保持吧；如果我们比他们低，有没有合适的理由？有没有改进的计划？

4. 跟自己的中长期目标比

在拉卡拉，每个独立的 BU（业务单位）都有一个中长期目标，

十二条令

第十二条 统计分析

- 统计：用数字说话，对数据进行归纳、分类、排序等，用图表呈现；
- 分析：针对统计出的数据做定量分析，找出差异和原因；跟自己（同比/环比/百分比等）、兄弟单位、同行、中长期目标比。

就是用多少个三年做到细分领域的数一数二。如果三年做到是卓越，六年做到是优秀，六年做不到是不合格，我们现在设定的明年目标是通向这个终极目标的卓越？还是优秀？抑或是不合格？

统计分析是一面"照妖镜"，任何指标都经不起以上四个维

度的统计分析。如果善于使用统计分析这个工具，理论上可以在完全不懂一个行业、不懂其业务的情况下实施企业的管理，因为企业的经营目标本质上是可持续增长。

记得很久以前看过一个电影，一个公司总裁失踪了，助理找了一个什么都不懂但是和总裁长得一模一样的人来"顶缸"，教给他的窍门就是，手下找你请示任何问题，让他都问："你认为呢？"不管请示人如何回答，继续问："你认为呢？"没想到就靠这四个字还真蒙混了很长时间。

虽然是电影，但是也有一定道理，如果手下足够得力的话，冒牌总裁除了问"你认为呢"，再加上让手下按照上述四个维度进行统计分析，基本上就可以做一个"货真价实"的总裁了。

▲ 第十八节 十二条令总结

十二条令，是关于指令、行动、沟通、汇报方面的"三大纪律八项注意"，是每一个拉卡拉人都必须认同和践行的，也是让一个人成为靠谱的人的最简单方法。

十二条令相当于佛教中的"戒律"，是践行"佛法"的基础动作，做到了，也就符合了"佛法"的基本要求。

十二条令，是求实、进取、创新、协同、分享五大核心价值观的落地工具。

一个践行十二条令的团队是一个有强大战斗力的团队。

想象一下，下达了一个指令，对方会第一时间回复"收到"，并重复指令和告知你执行思路和预计完成时间，进展中会及时报告情况；工作中，每个人都保持准时、说到做到，每次与下属谈话下属都会第一时间提交备忘录，任何人提交的报告都是三条总结、一页报告。

生活在这样一个团队之中，指挥这样一个团队，将是多么幸福的一件事！拉卡拉十二条令不是什么神乎其神的东西，只是一些我们需要共同遵守的工作纪律而已，认真践行的效果就是让我们每个人都成为靠谱的人，善于配合的人，让我们大大提高工作效率、大大减少工作中的扯皮、大大降低沟通成本，让我们每个人都轻松一点，让结果好一点。

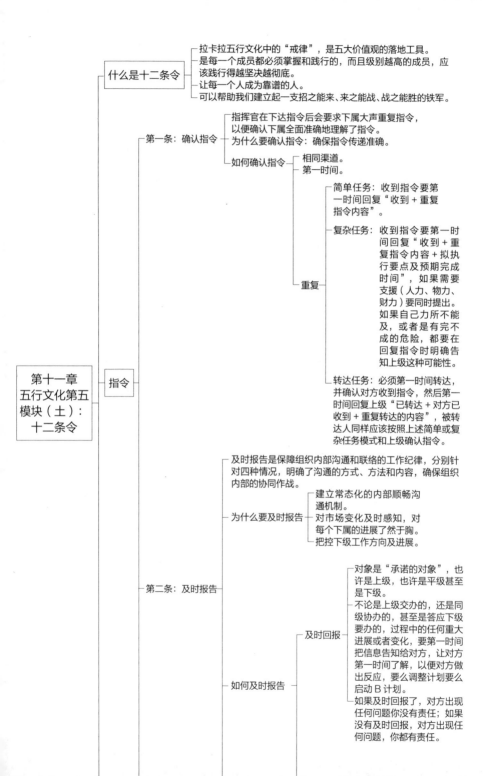

第十一章
五行文化第五
模块（土）：
十二条令

什么是十二条令

- 拉卡拉五行文化中的"戒律"，是五大价值观的落地工具。
- 是每一个成员都必须掌握和践行的，而且级别越高的成员，应该践行得越坚决越彻底。
- 让每一个人成为靠谱的人。
- 可以帮助我们建立起一支招之能来、来之能战、战之能胜的铁军。

指令

第一条：确认指令

- 指挥官在下达指令后会要求下属大声重复指令，以便确认下属全面准确地理解了指令。
- 为什么要确认指令：确保指令传递准确。
- 如何确认指令
  - 相同渠道。
  - 第一时间。
  - 重复
    - 简单任务：收到指令要第一时间回复"收到＋重复指令内容"。
    - 复杂任务：收到指令要第一时间回复"收到＋重复指令内容＋拟执行要点及预期完成时间"，如果需要支援（人力、物力、财力）要同时提出。如果自己力所不能及，或者是有完不成的危险，都要在回复指令时明确告知上级这种可能性。
    - 转达任务：必须第一时间转达，并确认对方收到指令，然后第一时间回复上级"已转达＋对方已收到＋重复转达的内容"，被转达人同样应该按照上述简单或复杂任务模式和上级确认指令。

第二条：及时报告

- 及时报告是保障组织内部沟通和联络的工作纪律，分别针对四种情况，明确了沟通的方式、方法和内容，确保组织内部的协同作战。
- 为什么要及时报告
  - 建立常态化的内部顺畅沟通机制。
  - 对市场变化及时感知，对每个下属的进展了然于胸。
  - 把控下级工作方向及进展。
- 如何及时报告
  - 及时回报
    - 对象是"承诺的对象"，也许是上级，也许是平级甚至是下级。
    - 不论是上级交办的，还是同级协办的，甚至是答应下级要办的，过程中的任何重大进展或者变化，要第一时间把信息告知给对方，让对方第一时间了解，以便对方做出反应，要么调整计划要么启动 B 计划。
    - 如果及时回报了，对方出现任何问题你没有责任；如果没有及时回报，对方出现任何问题，你都有责任。

- 及时汇报
  - 对象是上级。
  - 目的是让上级对你的一切心中有数。
  - 工作中发现了新情况、有了重大进展、重大变化，要第一时间汇报给上级。
  - 按照事情的重要性和紧急性采取不同的汇报方式。
  - 意义
    - 有助于让上级对你的工作心中有数。
    - 有助于借助上级帮助把关方向和打法。
    - 可以最大限度地获得上级的支持和资源。
- 及时通报
  - 对象是同事，以及上下游、左右游合作伙伴等友军。
  - 目的是把自己掌握的信息让对方也知晓，以便更好地协同。
  - 发现有价值的信息，或者有了新计划、新思路、新想法，写个备忘录或者邮件、微信，第一时间通报给相关各方。
- 及时求援
  - 对象首先是同事、朋友，其次是上级，最后是上上级。
  - 发现自己可能解决不了问题或者可能完不成任务时，要第一时间求援。
  - 上级的作用
    - 控方向。
    - 抓协同。
    - 做后备。
- 及时报告要讲究方法
  - 紧急的事，打电话；不紧急的事，微信或者邮件。
  - 报告时采取倒叙方式，先说问题，再说解决方案以及理由。
  - 求援时，必须明确提出请求帮助，并且提出请求帮助的具体要求，明确告知对方希望对方采取什么样的行动。

- 第三条：亲撰周报
  - 什么是周报 —— 每周的报告，要求邮件发送或者邮件发送＋微信发送，邮件发送不可少。
  - 为什么要亲撰周报
    - 强制复盘。
    - 强制计划性。
    - 制度性打破层级壁垒。
    - 便于指挥。
  - 如何写周报
    - 周报必须亲自写。
    - 周报的提交时间：每周一中午十二点前，建议写周报的时间是周六或者周日，拿出半个小时的时间，静下来，认真写。
    - 周报的内容
      - 上周的工作复盘，加上简单的得失分析和自己的思考。
      - 下周的工作计划，时刻检视这些工作是否服务于自己的月度、年度目标。
      - 自己的思考、期望的支持以及任何想和上级或者上上级说的话。
    - 周报的发送范围
      - 发送给直接上级，抄送给上级的上级，并且抄送给上级指定需要抄送的人，以及你认为对本次周报内容应该知晓的人。
      - 上级应 24 小时内回复需要回复的周报。
      - 及时回复周报是上级表达关注和激励的最简单方法。
      - 回复周报也是上级点拨下级的最简单、最高效模式。
      - 可以把周报转发给相关人，加强各部门彼此之间的沟通。
      - 周报的沟通，以思路提示为主，不到万不得已不要下达具体行动指令。

- 第四条：说到做到
  - 不能说到做到的危害非常巨大
    - 对自己，会被贴上"不靠谱"的标签。
    - 对别人，会拖累同事和所有相关部门。
  - 什么是真正的说到做到
    - 按照承诺的时间、保质保量、在承诺的性价比之内做到，缺一不可。
    - 说到做到是一种结果，所以只需问结果，不管任何原因和过程。
    - 没有说到做到的现象
      - 没有按时做到。
      - 没有全部做到。
      - 没有保质保量。
  - 如何能够说到做到
    - 想清楚再承诺。
    - 承诺的时候要留有余地。
    - 承诺了就要竭尽全力去做到。
    - 万一做不到要第一时间告知对方。

- 行动

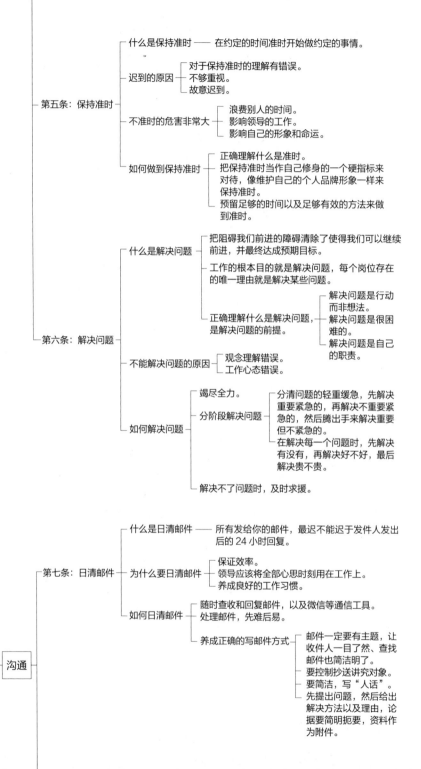

沟通

第五条：保持准时
- 什么是保持准时 —— 在约定的时间准时开始做约定的事情。
- 迟到的原因
  - 对于保持准时的理解有错误。
  - 不够重视。
  - 故意迟到。
- 不准时的危害非常大
  - 浪费别人的时间。
  - 影响领导的工作。
  - 影响自己的形象和命运。
- 如何做到保持准时
  - 正确理解什么是准时。
  - 把保持准时当作自己修身的一个硬指标来对待，像维护自己的个人品牌形象一样来保持准时。
  - 预留足够的时间以及足够有效的方法来做到准时。

第六条：解决问题
- 什么是解决问题
  - 把阻碍我们前进的障碍清除了使得我们可以继续前进，并最终达成预期目标。
  - 工作的根本目的就是解决问题，每个岗位存在的唯一理由就是解决某些问题。
  - 正确理解什么是解决问题，是解决问题的前提。
    - 解决问题是行动而非想法。
    - 解决问题是很困难的。
    - 解决问题是自己的职责。
- 不能解决问题的原因
  - 观念理解错误。
  - 工作心态错误。
- 如何解决问题
  - 竭尽全力。
  - 分阶段解决问题
    - 分清问题的轻重缓急，先解决重要紧急的，再解决不重要紧急的，然后腾出手来解决重要但不紧急的。
    - 在解决每一个问题时，先解决有没有，再解决好不好，最后解决贵不贵。
  - 解决不了问题时，及时求援。

第七条：日清邮件
- 什么是日清邮件 —— 所有发给你的邮件，最迟不能迟于发件人发出后的 24 小时回复。
- 为什么要日清邮件
  - 保证效率。
  - 领导应该将全部心思时刻用在工作上。
  - 养成良好的工作习惯。
- 如何日清邮件
  - 随时查收和回复邮件，以及微信等通信工具。
  - 处理邮件，先难后易。
  - 养成正确的写邮件方式
    - 邮件一定要有主题，让收件人一目了然、查找邮件也简洁明了。
    - 要控制抄送讲究对象。
    - 要简洁，写"人话"。
    - 先提出问题，然后给出解决方法以及理由，论据要简明扼要，资料作为附件。

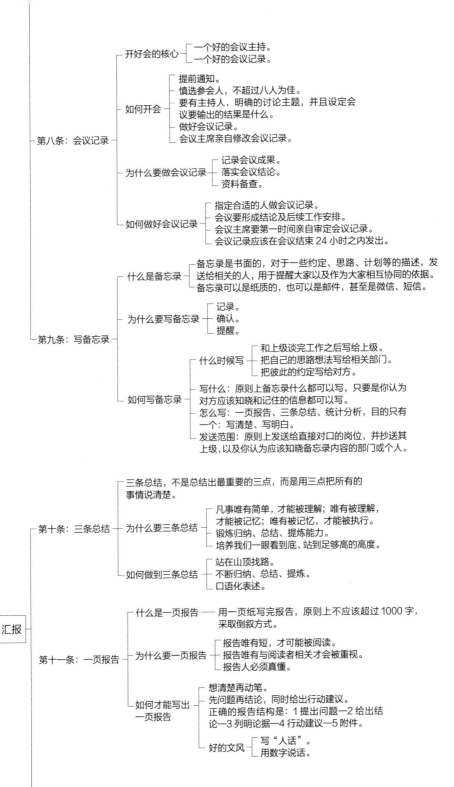

汇报

第八条：会议记录

开好会的核心
- 一个好的会议主持。
- 一个好的会议记录。

如何开会
- 提前通知。
- 慎选参会人，不超过八人为佳。
- 要有主持人，明确的讨论主题，并且设定会议要输出的结果是什么。
- 做好会议记录。
- 会议主席亲自修改会议记录。

为什么要做会议记录
- 记录会议成果。
- 落实会议结论。
- 资料备查。

如何做好会议记录
- 指定合适的人做会议记录。
- 会议要形成结论及后续工作安排。
- 会议主席要第一时间亲自审定会议记录。
- 会议记录应该在会议结束 24 小时之内发出。

第九条：写备忘录

什么是备忘录
- 备忘录是书面的，对于一些约定、思路、计划等的描述，发送给相关的人，用于提醒大家以及作为大家相互协同的依据。
- 备忘录可以是纸质的，也可以是邮件，甚至是微信、短信。

为什么要写备忘录
- 记录。
- 确认。
- 提醒。

如何写备忘录
- 什么时候写
  - 和上级谈完工作之后写给上级。
  - 把自己的思路想法写给相关部门。
  - 把彼此的约定写给对方。
- 写什么：原则上备忘录什么都可以写，只要你认为对方应该知晓和记住的信息都可以写。
- 怎么写：一页报告、三条总结、统计分析，目的只有一个：写清楚、写明白。
- 发送范围：原则上发送给直接对口的岗位，并抄送其上级，以及你认为应该知晓备忘录内容的部门或个人。

第十条：三条总结

三条总结，不是总结出最重要的三点，而是用三点把所有的事情说清楚。

为什么要三条总结
- 凡事唯有简单，才能被理解；唯有被理解，才能被记忆；唯有被记忆，才能被执行。
- 锻炼归纳、总结、提炼能力。
- 培养我们一眼看到底、站到足够高的高度。

如何做到三条总结
- 站在山顶找路。
- 不断归纳、总结、提炼。
- 口语化表述。

第十一条：一页报告

什么是一页报告
- 用一页纸写完报告，原则上不应该超过 1000 字，采取倒叙方式。

为什么要一页报告
- 报告唯有短，才可能被阅读。
- 报告唯有与阅读者相关才会被重视。
- 报告人必须真懂。

如何才能写出一页报告
- 想清楚再动笔。
- 先问题再结论，同时给出行动建议。
- 正确的报告结构是：1 提出问题—2 给出结论—3 列明论据—4 行动建议—5 附件。
- 好的文风
  - 写"人话"。
  - 用数字说话。

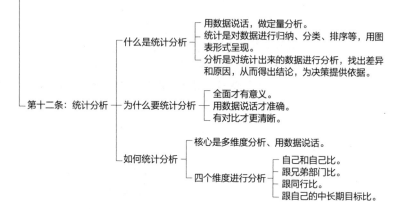

第十二条：统计分析
- 什么是统计分析
  - 用数据说话，做定量分析。
  - 统计是对数据进行归纳、分类、排序等，用图表形式呈现。
  - 分析是对统计出来的数据进行分析，找出差异和原因，从而得出结论，为决策提供依据。
- 为什么要统计分析
  - 全面才有意义。
  - 用数据说话才准确。
  - 有对比才更清晰。
- 如何统计分析
  - 核心是多维度分析、用数据说话。
  - 四个维度进行分析
    - 自己和自己比。
    - 跟兄弟部门比。
    - 跟同行比。
    - 跟自己的中长期目标比。

第十二章

拉卡拉 KTC 考核法

目前流行一种说法，认为KPI考核弊端很多，会导致短期行为、杀鸡取卵之类的，要取消KPI；也有人认为要使用谷歌公司的OKR（目标与关键成果法）考核。

我的观点：考核非常重要，考核是指挥棒，会指引被考核者向着考核者期望的方向努力；没有考核，就等于放任自流，以及鼓励大锅饭混日子，不可能有效率，更不可能有结果。

KPI考核确实有问题，只用几个定量的指标，确实无法精确描述考核者希望被考核者努力的方向，而且，既然是几个定量的指标，就是可以包装和操作的，一旦被考核者为了完成KPI而做一些短期行为，对企业的损害是巨大的。

有人分析过，如果企业的经营者为了完成当期的利润，首先选择的做法就是取消对员工的培训投入，取消研发投入等，甚至有可能采用加大应收款、加大库存等对企业伤害巨大的做法。这就是俗话说的买家没有卖家精，经营者为了完成几个KPI有无数的做法，不管KPI如何定，都不能保证被考核者既考虑现在也考虑未来。

造成这种情况，不是考核的错，而是考核指标设定不科学的错。OKR，是科学的一种考核指标，但是更科学的考核指标，是我在拉卡拉推行的KTC考核法。

▲ 第一节　什么是拉卡拉KTC考核法

KTC考核法，是我在拉卡拉推行的考核方法，总分100分，其中 K 是 KPI，三个定量的指标；T 是 Top Task，三个定性指标；两者占 50 分，C 是 Culture，即五行文化的各个要素，占 50 分。

KTC 考核法，要求既要达成当期的 KPI 指标，还必须达成上级要求的当期的三个重大任务，这是对当期或者未来非常重要的事情，同时，必须符合五行文化的要求，例如价值观、建班子、定战略、带队伍、管事四步法、管人四步法、十二条令。

如果业绩好，但是五行文化没有做到位，考核分数可能很低。只有业绩好，五行文化也做到位，才可能获得考核的高分。

一句话，KTC 考核法，要求被考核者既要完成当期业绩，也必须为企业的未来打好基础，而且必须按照五行文化要求的态度、能力和素质来思考和行动。

▲ 第二节　拉卡拉的 KTC 考核表

唯 KPI 论的坏处是当事人会为了达成当期指标而牺牲长远的目标，KTC 考核法，可以有效避免这一点。

拉卡拉KTC考核表

姓名：		代码：		公司：		工号：		部门：		直接上级：

得分总览	业绩（权重50）	0.0	自评分：	业绩（权重50）	0.0	公司：	0.0	部门：	业绩（权重50）	0.0	一级上级点评：
	文化（权重50）	0.0		文化（权重50）	0.0			上级评分：	文化（权重50）	0.0	
									美丽点	0.0	

业绩考评评分细则：
1. KPI达标指标计分规则：
收入利润类指标，超出目标值1个百分点，加1分，最高加120分；当期目标值为负值，最高分100分；低于目标值降1个百分点，减1分，100分减完为止。
2. 否决项指标：
负60分。相维具体诱因减扣减，严重违规或造成公司重大损失零考评情形，绩效成绩直接计为0分并依据相关规进行相应处理。

考评维度	权重	指标权重	KPI指标名称/TOP任务名称	目标值/里程碑描述	KPI完成值/TOP达结果	目标与结果的差异描述	指标得分（每项百分制）	加权得分（满分100分）	上级评分（满分100分）
业绩考评	50%		KPI1						
			KPI2						
			KPI3						
			TOP1						
			TOP2					0.0	0.0
			TOP3						
否决项	/		反亏污藏税反舞管漏洞	有不良表现，请说明具体情况，可在指标得分栏中计负分					
			防系统生风险	有不良表现，请说明具体情况，可在指标得分栏中计负分					

文化考评说明：
1. 原则：文化考评分数不得高于业绩考评分数+5分。
2. 被考评人：以"三看"为维度，每个维度至少选择1个文化要项，基于关键事件的文化践行，进行深入的得失分析。
3. 上级：评分主要考察两个方面，文化践行的频度和程度的深度。

权重	描述权重	维度	文化要项	文化分析	基于关键事件的得失分析	自评分（每项百分制）	加权得分（满分100分）	上级评分（满分100分）
文化考评 50%	15%	有态度	求实	创时问题	**填写说明：** 1. 对应指标弱项填：(如KPI2) 2. 关键事件：(遵循STAR法则（背景+任务+行动+结果），描述导致得出或达不到目标的关键事件。) 3. 得失分析：(主要从主观方面分析得失，对于未达到目标的分析得失原因。) 对于未达目标的分析问题原因。 (1) "得"：采取了符合部则文化要求的哪些行动，取得了正向结果 (2) "失"：违背或忽视了哪些文化要求，导致了负向偏差。			
				结果导向				
				做十出九				
			进取	主人心态				
				竭尽全力				
				日新月异				
			激情	乐观自信				
				主动求战				
				死缠烂打				
	20%	有素质	守条令（十二条令）	指令			0.0	0.0
				行动				
				沟通				
				汇报				
			懂管理（简单四步法）	先问目的				
				再做推演				
				亲手打样				
				及时复盘				
	15%	有能力	懂管理（融入四步法）	设目标				
				控进度				
				抓考评				
				理规范				
			解决问题	清除障碍				
				达成目标				
			有系点	工作结果超出预期				
				创新、理顺范成果				
			业绩好	工作结果符合"两正两反"要求				

规律总结： (在上述得失分析的基础上，从认知层面归纳两方面总结最重要的三条。其中行动计划与下一考评周期的目标关联，包括但不限于：坚持哪些做法、终止哪些做法、推行哪些新举措等)

1.
2.
3.

上级点评（选填）	亮点事件概述	奖励加分
	弱点事件概述	惩罚减分

上级评语

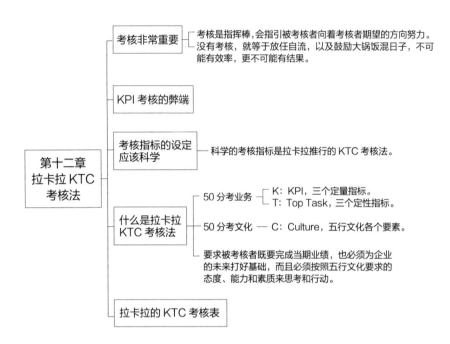

第十二章
拉卡拉 KTC
考核法

考核非常重要 ── 考核是指挥棒，会指引被考核者向着考核者期望的方向努力。没有考核，就等于放任自流，以及鼓励大锅饭混日子，不可能有效率，更不可能有结果。

KPI 考核的弊端

考核指标的设定
应该科学 ── 科学的考核指标是拉卡拉推行的 KTC 考核法。

什么是拉卡拉
KTC 考核法

50 分考业务 ── K: KPI，三个定量指标。
T: Top Task，三个定性指标。

50 分考文化 ── C: Culture，五行文化各个要素。

要求被考核者既要完成当期业绩，也必须为企业的未来打好基础，而且必须按照五行文化要求的态度、能力和素质来思考和行动。

拉卡拉的 KTC 考核表